ALEXANDER KLUGE
BEN LERNER

SCHNEE ÜBER VENEDIG

DER KLUGE-LERNER-CONTAINER

SPECTOR BOOKS

MIT
21 BILDERN VON
GERHARD
RICHTER
4 BILDERN VON
R.H.
QUAYTMAN
UND
4 BILDERN VON
THOMAS
DEMAND

ALEXANDER
KLUGE

BEN
LERNER

A.K.

B.L.

INHALTS-ÜBERSICHT

INSEL 1 249

21 BILDER VON GERHARD RICHTER / 14 GESCHICHTEN VON ALEXANDER KLUGE

„DIE SPANNE EINES NORMALEN GLÜCKLICHEN LEBENS FÄLLT KÜRZER AUS ALS DIE ZEIT, DIE MAN BRAUCHT, ZEITZEUGE ZU WERDEN“ / MUSEUMSINSEL (FÜR DAVID CHIPPERFIELD)

INSEL 3 317

THEODOR FONTANE UND DIE TAY-BRÜCKE

INSEL 4 337

LICHTENBERG UND DIE ELEKTRIZITÄT

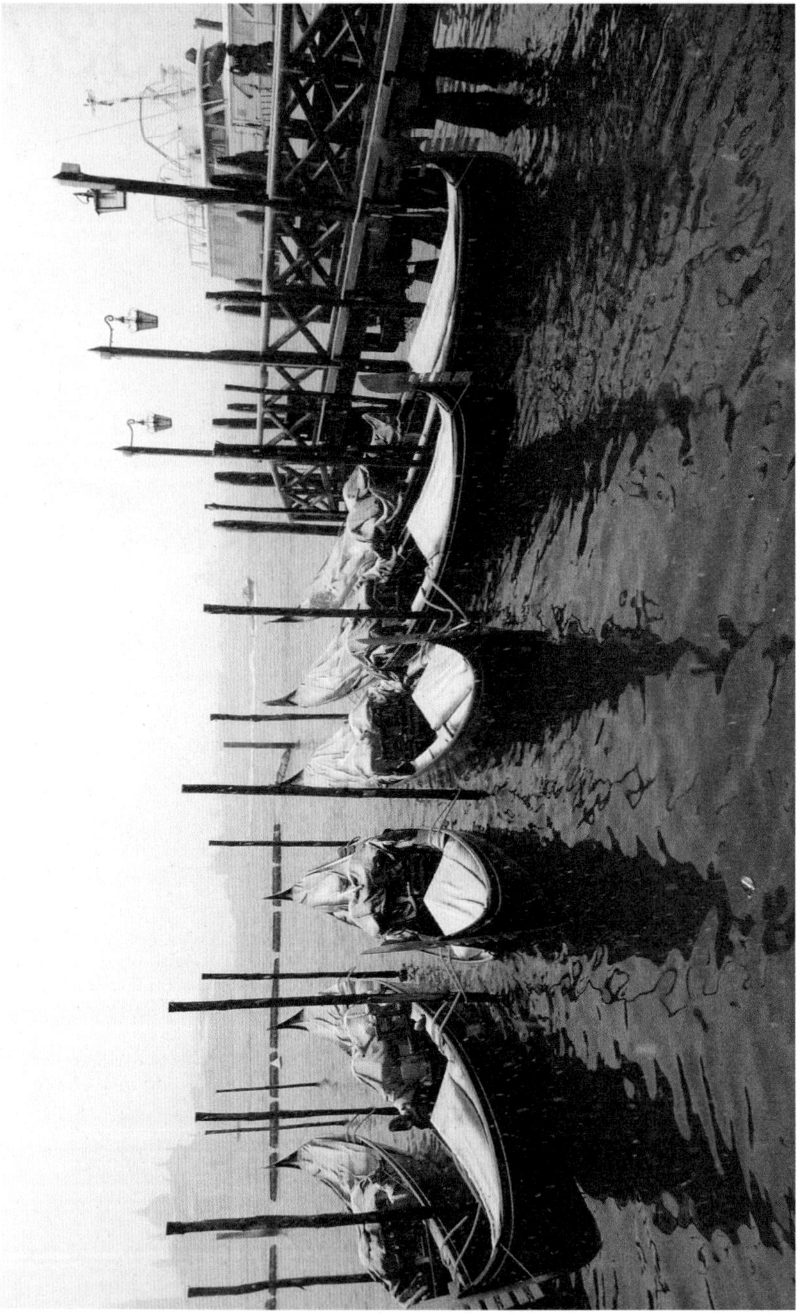

↑ Abb.: Gondeln im Winter mit leichtem Schnee.

„SCHNEE FÄLLT ÜBER VENEDIG“

– nach Ben Lerner, „This is snow falling on Venice“

In dichten Flocken fiel Schnee auf die Stadt. Vor Stunden noch eisig, war er jetzt zu warm, um auf den Dächern der Palazzi Halt zu finden. Das grüne Wasser der Lagune verzehrte den Schnee rasch.

Das war kein arktischer Schnee. Dieser Schnee über Venedig kam aus Afrika. Kalter Zorn war in der Gebirgszone aufgestiegen, in denen französische Pioniere, ausgebildet als Reparateure von Autokarosserien, laienhaft in Bezug auf Giftgas, die Höhlen, in denen sie Tuareg-Rebellen vermuteten, aus ihren Kanistern besprühten. Die Klagetöne der Frauen, deren Männer sie umgebracht hatten, lagen ihnen die ganze Nacht hindurch, unstillbar, unabstellbar, in den Ohren, raubten den müden Soldaten Frankreichs den Nachtschlaf. Von den Totenhöhlen aber stieg Zorn zum Himmel, verharrte unterhalb der Stratosphäre, die warme Strömung beherbergt, zog nach Norden und gelangte als Wetterwunder über die Lagunenstadt, ein Seelenzustand, der erst über der tausendjährigen Stadt, wie Tränen sich in Regen verwandeln, wieder in Berührung zur Erdoberfläche geriet. Kalter Zorn. Dass der Schnee taute, täuscht.

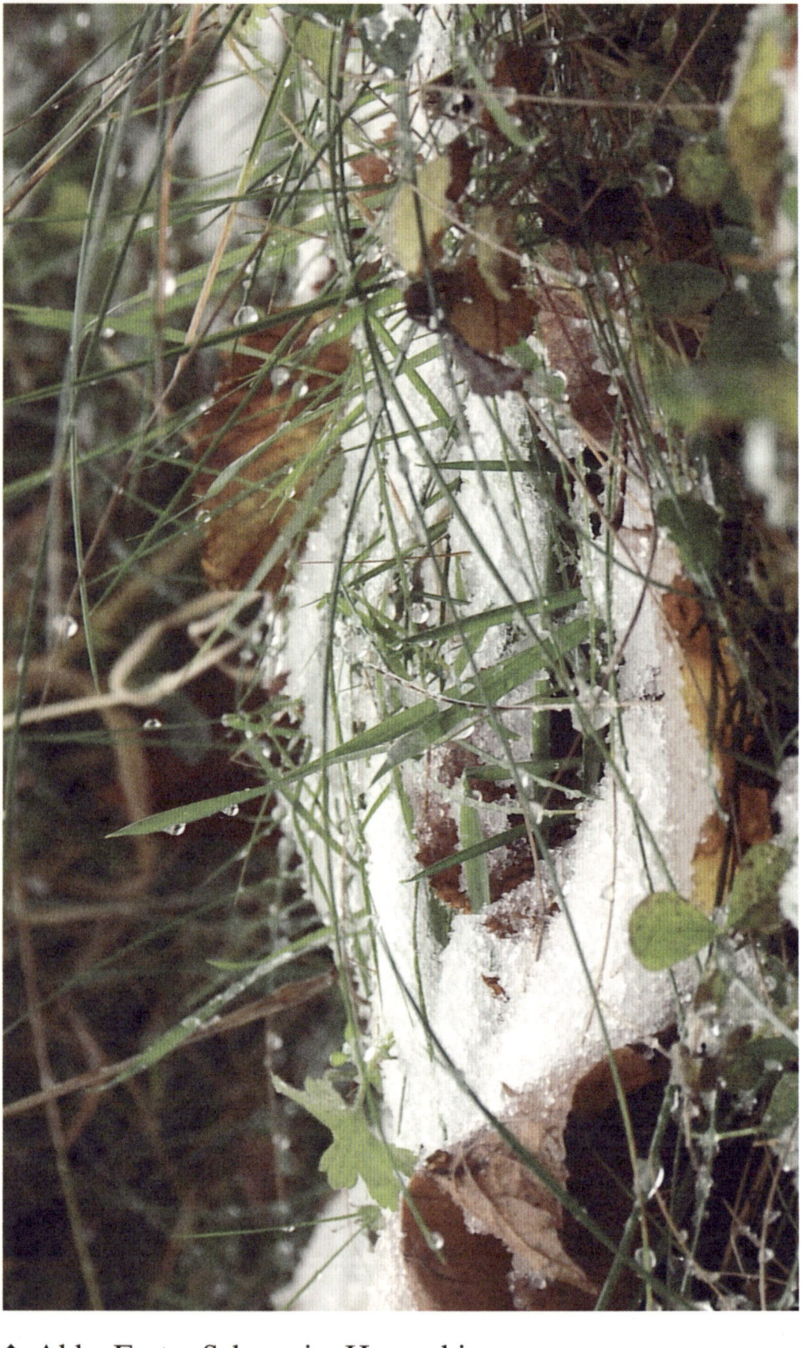

↑ Abb.: Erster Schnee im Harzgebirge.

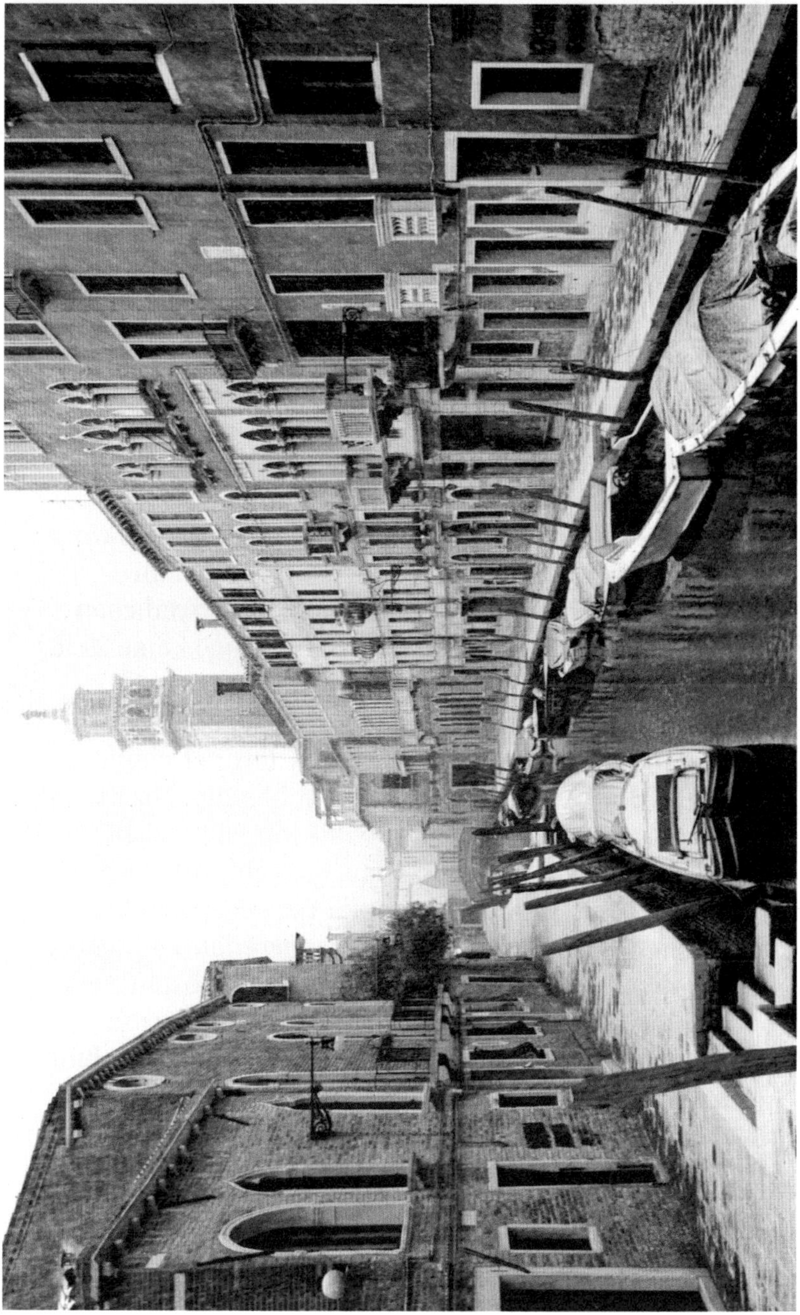

Mit Anfang Zwanzig, in den ersten Jahren des neuen Jahrtausends, lebte ich in Providence, Rhode Island. Ich schrieb unkonventionelle Sonette, die später in meinem ersten Buch, *Die Lichtenbergfiguren*, veröffentlicht wurden. Diese Arbeit war deutlich beeinflusst von Alexander Kluges Schreiben, das ich nur in Übersetzung kannte. Kluge war für mich eine lebende Verbindung zwischen Kritischer Theorie, Literatur und experimentellem Film. Ich hatte mich oft gefragt, ob es tatsächlich eine einzige Person mit dem Namen Alexander Kluge gab oder ob es sich um ein seltsames Kollektiv enorm produktiver und unvorhersehbarer Künstler handelte, die unter diesem Namen agierten. Als *Die Lichtenbergfiguren* endlich 2004 publiziert wurden, dachte ich daran, Kluge ein Exemplar zukommen zu lassen. Ich glaubte jedoch, dass es ein unrealistisches Ziel war – ich hatte keinen persönlichen Kontakt zu Kluge. Ich nahm an, dass Kluge keine Zeit hätte, um meine Gedichte zu lesen usw.

Ungefähr fünfzehn Jahre später schaute ich, der jetzt in Brooklyn lebte, im Spam-Ordner meines Google Mail Accounts nach einer fehlenden Nachricht für meine Arbeit, als ich eine Mail von Alexander Kluge bemerkte. Kluge erklärte, dass ein Mitarbeiter, Dr. Combrink, ihm ein Exemplar der vergriffenen deutschen Übersetzung der *Lichtenbergfiguren* gegeben hätte, die 2011 in einem mittlerweile aufgelösten Verlag erschienen waren. Die Arbeit, schrieb er, habe ihn tief beeindruckt. Er hängte als „Gruß“ eine Sammlung von Geschichten an, die als Antwort geschrieben waren auf die Gedichte, die ich, Ben Lerner, nie geschickt hatte.

AUS *DIE LICHTENBERG-FIGUREN*

8 GEDICHTE VON BEN LERNER UND
7 LICHTENBERGFIGUREN
VON ADOLF TRAUGOTT VON GERSDORF

21

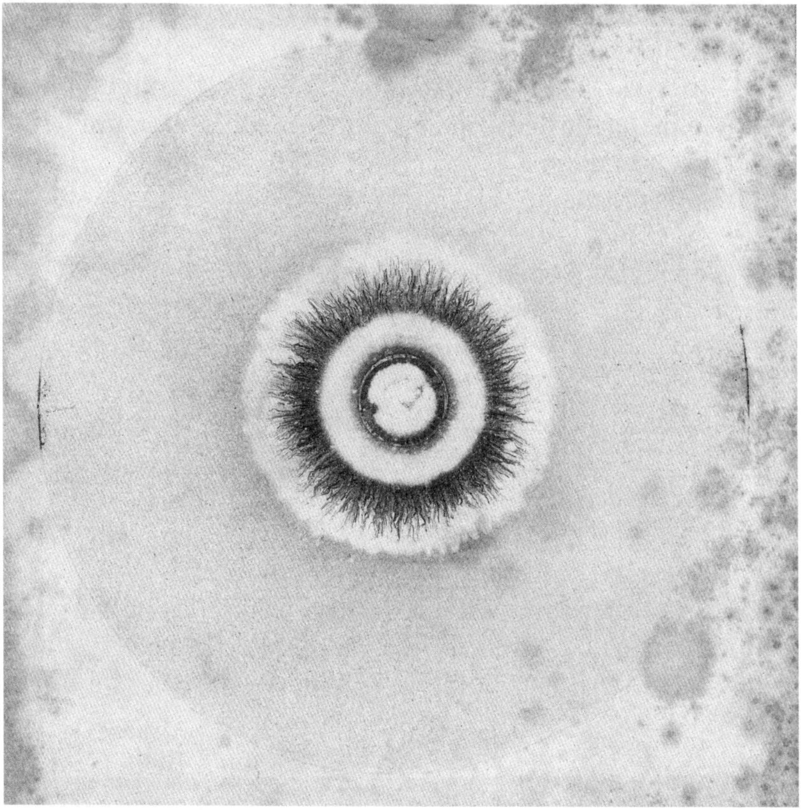

B.L.

Das Dunkel sammelt unsere leeren Flaschen, leert unsere Ascher.
Meintest du „das könnte immer so weitergehen" im Guten?
Oben in den duftenden Sparren taumeln Motten um zartere Pollen.
Dreh das Licht auf oder runter,

wie du willst. Neben dem Wachsen der Größen eine Inschrift,
tragbar, schmal – Verdammt. Hab sie verloren. Ihr Schatten aber. Wurf
auf lange Sicht. Während das Dunkel uns schminkt.
Davor fragtest du, würde ich Daten betreten wie Zimmer, nun,

entweder hat die Sonne begonnen, ihre Zettel
zu verbrennen, oder ich bin ein Trottel, ein Trottel
mit meinen elf halbedlen Ringen. Echter Schnee
auf der Bühne. Kunstblut im Schnee. Könnte das immer

so weitergehen im Guten? Ein Hirn, von Zeit oder Blitzschlag geschnitten.
Das Huhn ist etwas trocken und/oder du hast mein Leben zerstört.

*

The dark collects our empties, empties our ashtrays.
Did you mean "this could go on forever" in a good way?
Up in the fragrant rafters, moths seek out a finer dust.
Please feel free to cue or cut

the lights. Along the order of magnitudes, a glyph,
portable, narrow—Damn. I've lost it. But its shadow. Cast
in the long run. As the dark touches us up.
Earlier you asked if I would enter the data like a room, well,

either the sun has begun to burn
its manuscripts or I'm an idiot, an idiot
with my eleven semiprecious rings. Real snow
on the stage. Fake blood on the snow. Could this go

on forever in a good way? A brain left lace from age or
    lightning.
The chicken is a little dry and/or you've ruined my life.

*

Zu meiner Zeit wussten wir, wie man überzeugend ertrinkt,
die sieben Verlangen des Körpers nach Auftrieb zurücknimmt. Zu meiner Zeit
wirkten unsere Düfte, beschwerten sich unsere erschöpften Uhren so anmutig,
dass Ursachen Pfunde abstießen

wie Funken. Mit großem Trara wurde ich kahl. Mit großem Trara
baute ich in meine Tür eine kleine für Hunde. Zu meiner Zeit
waren wir Männer, verständig. Auch ihr Frauen und Kinder wart Männer,
verständig. Und es lag ein Genussversprechen in jeder Frage,
die wir vertagten. Wie eine Bluse blieben die vornehmsten Untaten offen.

Heute kenne nur noch ich die Geschichte
der elenden Formen,
die unsere Valenzen im Winterlicht annahmen. Freunde, erschreckt es euch

nicht, wie diese Verben sich beugen –
ihr großes Trara, ihre Türen verschiedener Größe?

*

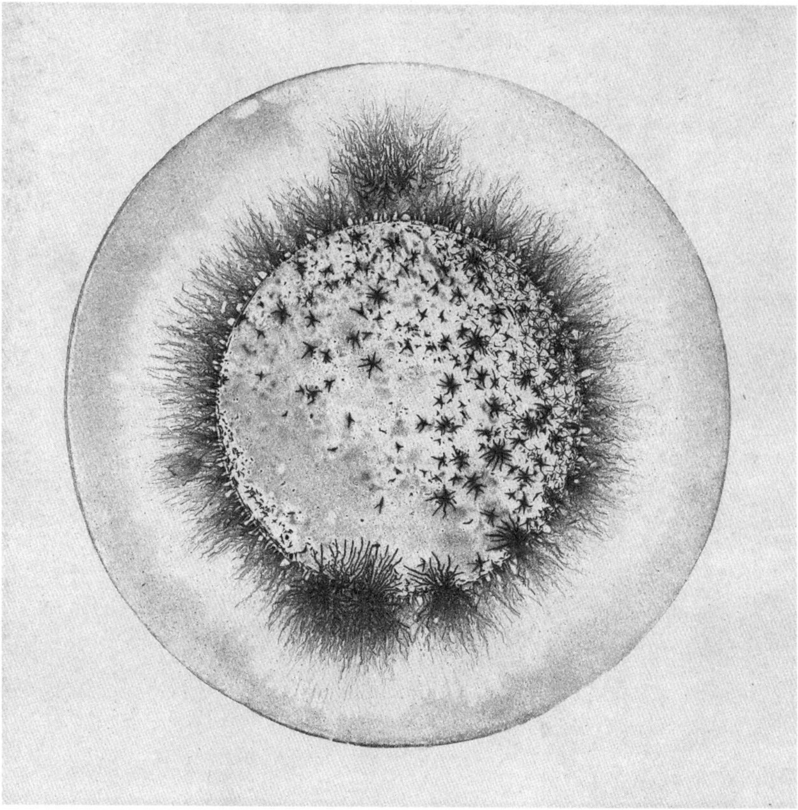

„Die sieben Verlangen
des Körpers nach Auftrieb“

B.L.

27

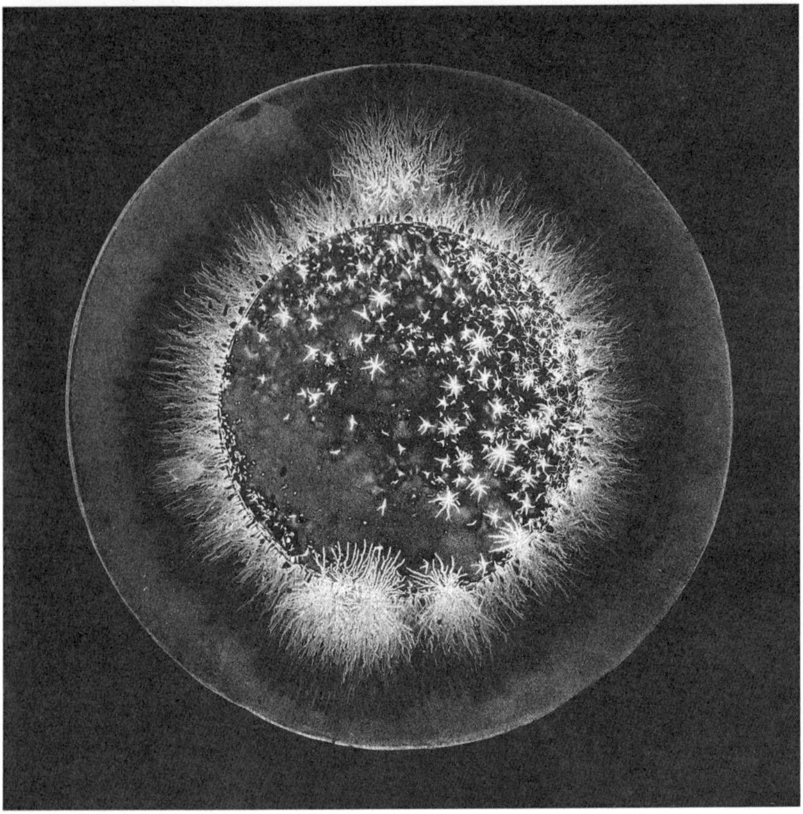

„The body’s seven claims to buoyancy“

B.L.

In my day, we knew how to drown plausibly,
to renounce the body's seven claims to buoyancy. In my day,
our fragrances had agency, our exhausted clocks
complained so beautifully
that cause began to shed its calories

like sparks. With great ostentation, I began to bald. With
great ostentation,
I built a small door in my door for dogs. In my day,
we were reasonable men. Even you women and children
were reasonable men. And there was the promise of
pleasure in every question
we postponed. Like a blouse, the most elegant crimes
were left undone.

Now I am the only one who knows
the story of the baleful forms
our valences assumed in winter light. My people, are you
not

horrified of how these verbs decline—
their great ostentation, their doors of different sizes?

*

Ich bitte dich um originelle Gedanken über Politik in der
Zeit des Histamins.
Ich bitte dich um originelle Gedanken über Politik,

angesichts der menschlichen Natur: asthmatisch, aus dem
Takt und aus der Mode,
außer sich und aus der Übung. Ich bitte dich, schwing
deine Lippe, deine Hände
über meinem dünnen Haar wie ein Motiv. Ich bitte dich,
lehn deinen Kopf

gegen mein besseres Wissen. Früher zog Unsicherheit
wie ein Labrador durch diese Skizzen. Jetzt sagte ein
Kritiker über mein Frühwerk:

„Es war offen, also trat ich ein." Meine Damen und
Herren,

das Wetter heute Abend wurde abgesagt. Die Akademie
hat die Blaumeise
für vogelfrei erklärt. Die Armen klauen die Lecksteine.
Granaten vergnügen sich
im Park der stillgelegten Adjektive. Es ist Sabbat. Ich muss
dich darum bitten,

deine Erkenntnisansprüche abzulegen,
sie langsam abzulegen und in großer Trauer.

Angesichts der menschlichen Natur füllen Frauen Schnee
in Gläser für den Sommer.
Angesichts der menschlichen Natur kapitulieren die
Bäume.

*

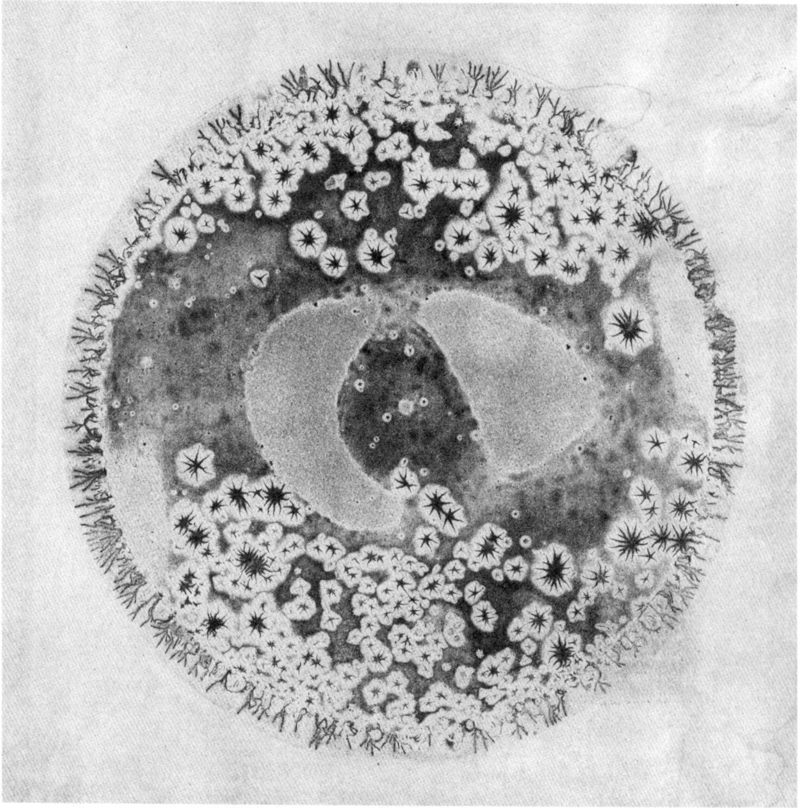

„Ich bitte dich um originelle Gedanken über Politik in der Zeit des Histamins“

B.L.

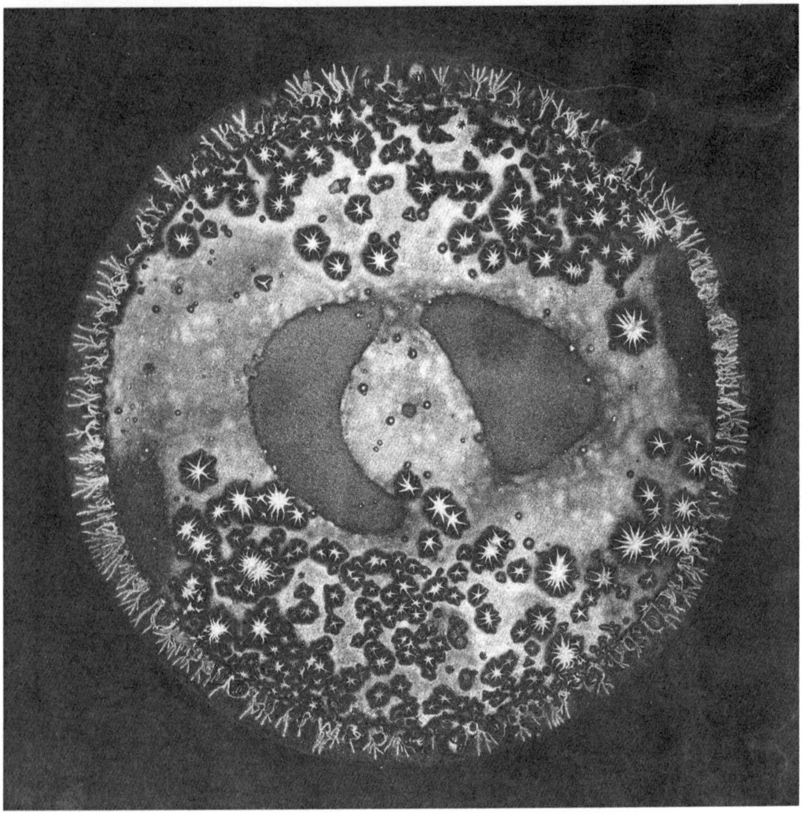

„I invite you to think creatively about politics in the age of histamine“

B.L. 32

I invite you to think creatively about politics in the age of histamine.
I invite you to think creatively about politics

given men as they are: asthmatic, out of tune and time,
out of bounds and practice. I invite you to run your mouth, to run your hands
through my thin hair like a theme. I invite you to lean your head

against my better judgment. Once uncertainty
ran through these sketches like a Lab. Now, of my early work, a critic has said:

"It was open, so I let myself in." Ladies and gentlemen,

tonight's weather has been canceled. The Academy has condemned
the blue tit. The poor are stealing the saltlicks. Grenades luxuriate
in the garden of decommissioned adjectives. It is the Sabbath. I must invite you

to lay down your knowledge claims,
to lay them down slowly and with great sadness.

Given men as they are, women pack snow into jars for the summer ahead.
Given men as they are, the trees surrender.

*

Im Flughafenterminal sich Celan aufmerksam widmen.
Im Atrium die Espen bewundern. Dieses Adjektiv
für jene Angst. Die unnatürlichen Haltungen
des schlafenden Touristen. Weißt du noch,

die 80er? Wir drückten Rewind
und der Schnee hob sich vom Boden.
Wir alle sprachen wir Deutsch,
wir alle trugen wir Marken-Sportbekleidung.

Manche nahmen dein Fehlen in Kauf. Manche nahmen es
nicht an. Manche nahmen es mit Zucker
und Milch. Nur deine Frau nahm es wie ein Mann.

Mein Flug kommt aus Denver.
Mein Flug ist aufgerufen. Mein Flug löst sich
langsam vom Gate.

*

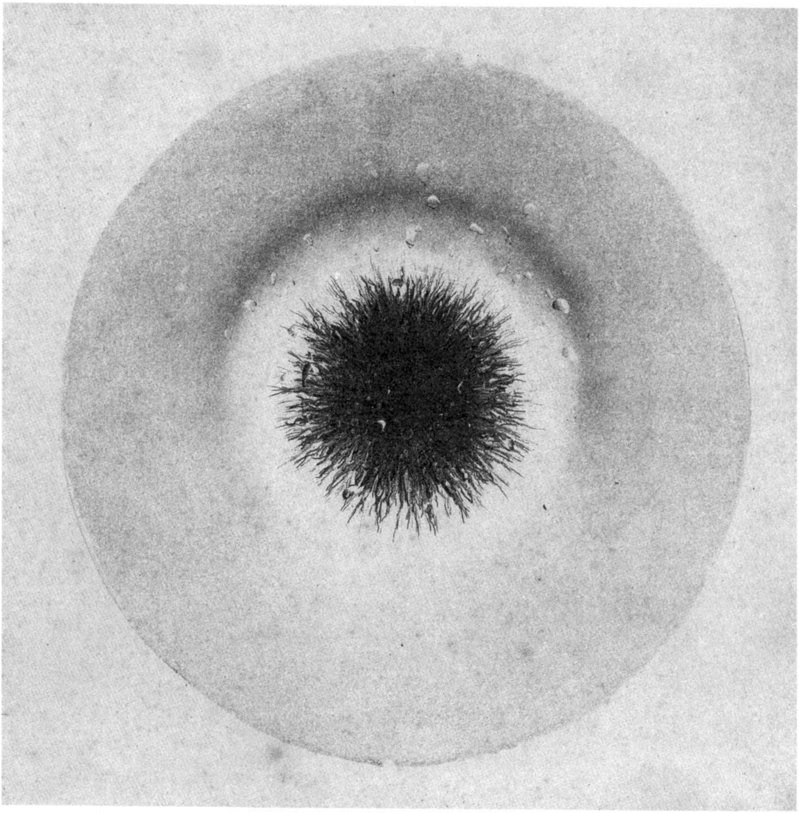

„Und der Schnee hob sich vom Boden“

B.L.

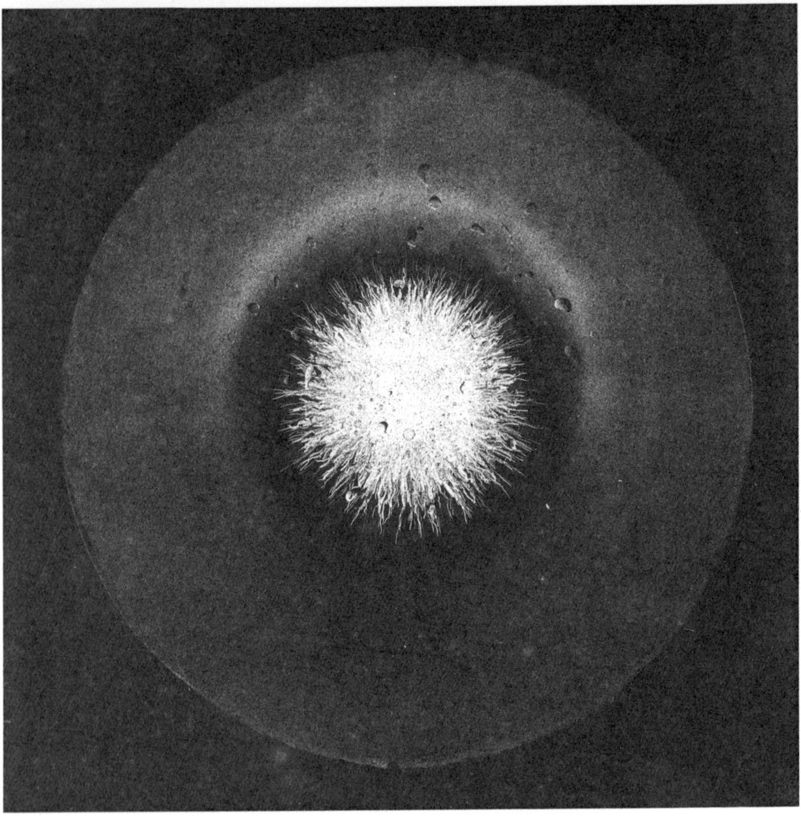

„The snow refused the ground“

B.L.

To attend carefully to Celan in the airport terminal.
To admire the aspen in the atrium. This adjective
for that anguish. The unnatural attitudes
of the sleeping tourist. Remember

the '80s? We hit rewind
and the snow refused the ground.
We were all of us speaking German,
we were all of us wearing licensed sport apparel.

Some took your absence in stride. Some took it
lying down. Some took it with milk
and sugar. Only your wife took it like a man.

My flight originated in Denver.
My flight is now boarding. My flight is now slowly
pushing away from the gate.

*

Übersteigt ein Verlangen seinen Gegenstand, gründet
man eine Vorstadt.
Ziegenmelker zanken in den Linden. Die Rothäute
werden gejagt.
Übersteigt die Jagd ihren Gegenstand, wird die
Vergangenheit
geschlechtsreif. Geschichte hält zur Betonung
inne. Sind diese Gedichte einmal veröffentlicht,

ist Geld kein Gegenstand mehr.
Ist Geld ein grauer Vogel, für das Verspotten anderer
Vögel bekannt.
Sind die Sterne inflationsbereinigt,
so dass die Toten weiterleben können,
wie es ihrer Gewohnheit entspricht.

Beginnt ein Traum von Bequemlichkeit sich selbst zu
träumen,
heben die letzten Kakteen des Viertels die Zehen.
Die Kinder lieben sich, „Hinrichtungsstil",
halten sich dann wie Schweigeminuten umschlungen.

*

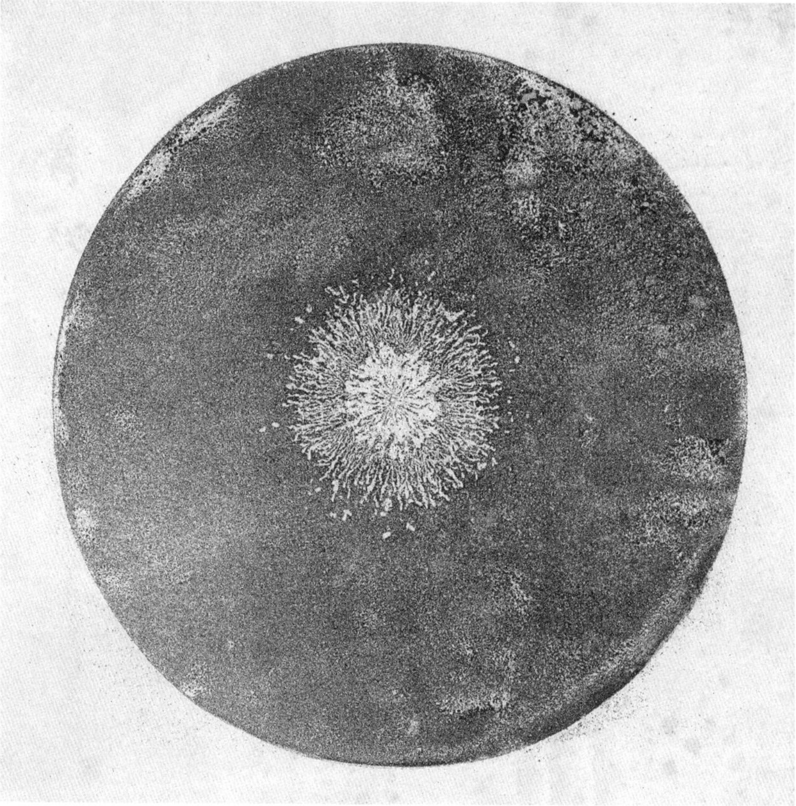

„Ist Geld ein grauer Vogel, für das Verspotten anderer Vögel bekannt“

B.L.

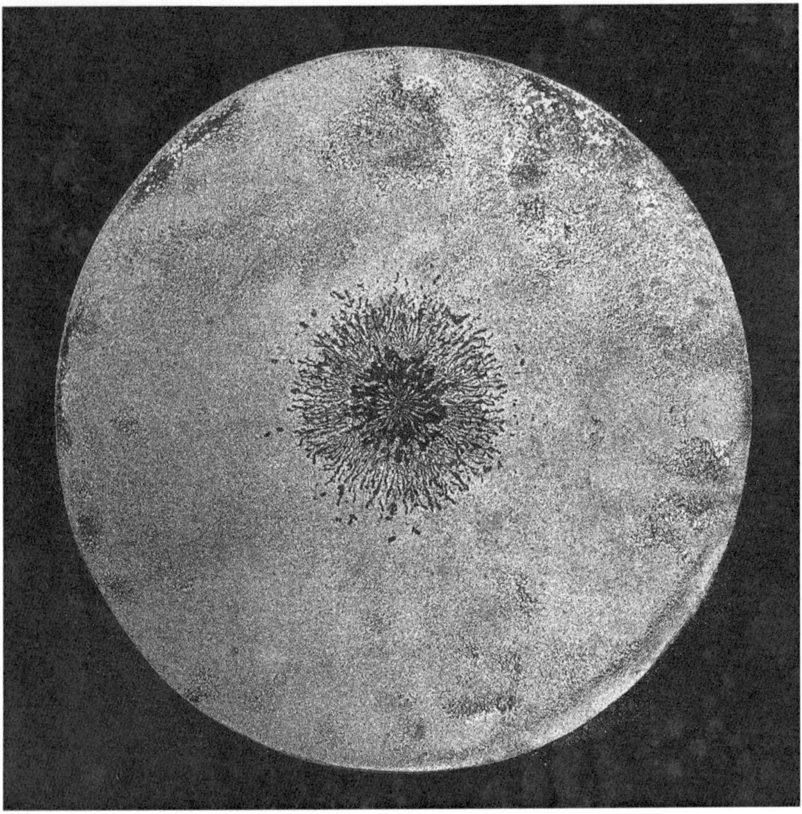

„Money will be a gray bird known for mocking other birds“

B.L.

When a longing exceeds its object, a suburb is founded.
Goatsuckers spar in the linden. The redskins are hunted.
When the hunt exceeds its object, the past achieves
pubescence. History pauses
for emphasis. After these poems are published,

money will be no object.
Money will be a gray bird known for mocking other birds.
The stars will be adjusted for inflation
so that the dead can continue living
in the manner to which they've grown accustomed.

When a dream of convenience begins to dream itself,
the neighborhood's last bamboos reel in their roots.
The children make love "execution style,"
then hold each other like moments of silence.

*

Der Himmel erzählt Schnee. Ich erzähle meinen Namen
in den Schnee.
Schnee, in Absätzen lagernd. Dunkelnder Schnee.
Genoschnee
und Phänoschnee. Ich nagele Schnee an die Erde.

Die scholastische Engelskunde kennt neun Ordnungen
Schnee.
Die Verteidigung von Schnee in Form von Schnee.
Den eifersüchtigen Schnee. Den Allschnee.
Schneeverbrennung.

Erinnerst du dich an den Winter, in dem es schneite?
Überall waren Körper. Fettleibig, rübennasig.
Ein Schnee durchscheinender, sechseckiger Signifikanten.
Metaschnee.

Sand ersetzt durch Schnee. Schneepapier. Ein Fenster aus
Schnee,
offen mit Blick auf Schnee. Schnee ersetzt durch Sand.
Ein Sandmann. Fettleibig, rübennasig. Winzige
Hakenkreuze

aus Schnee. Vallejos unveröffentlichter Schnee.
Echter Schnee auf der Bühne. Kunstblut im Schnee.

*

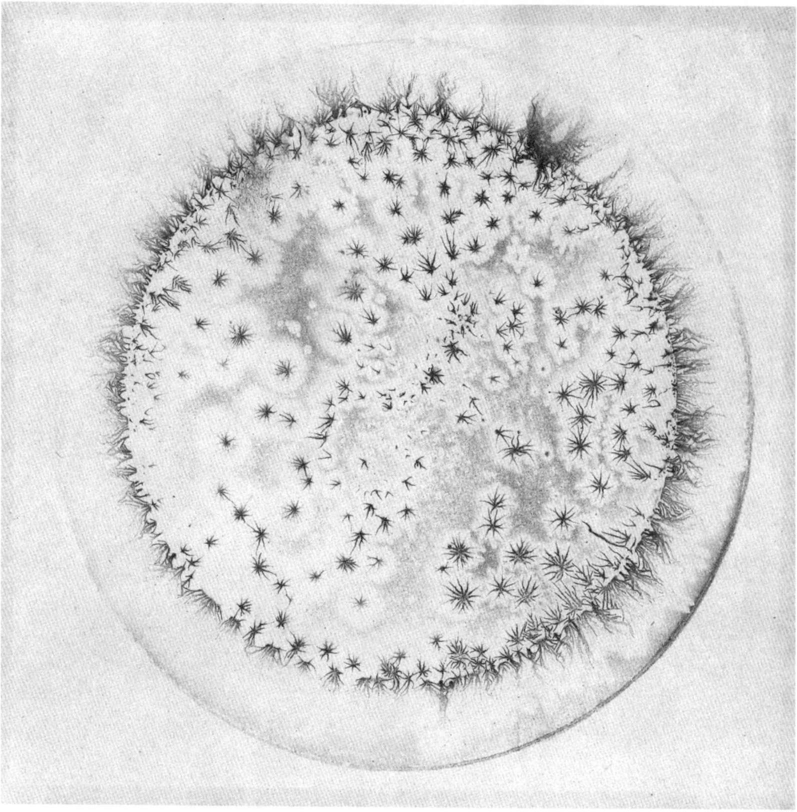

„Die scholastische Engelskunde kennt neun Ordnungen Schnee“

B.L. 43

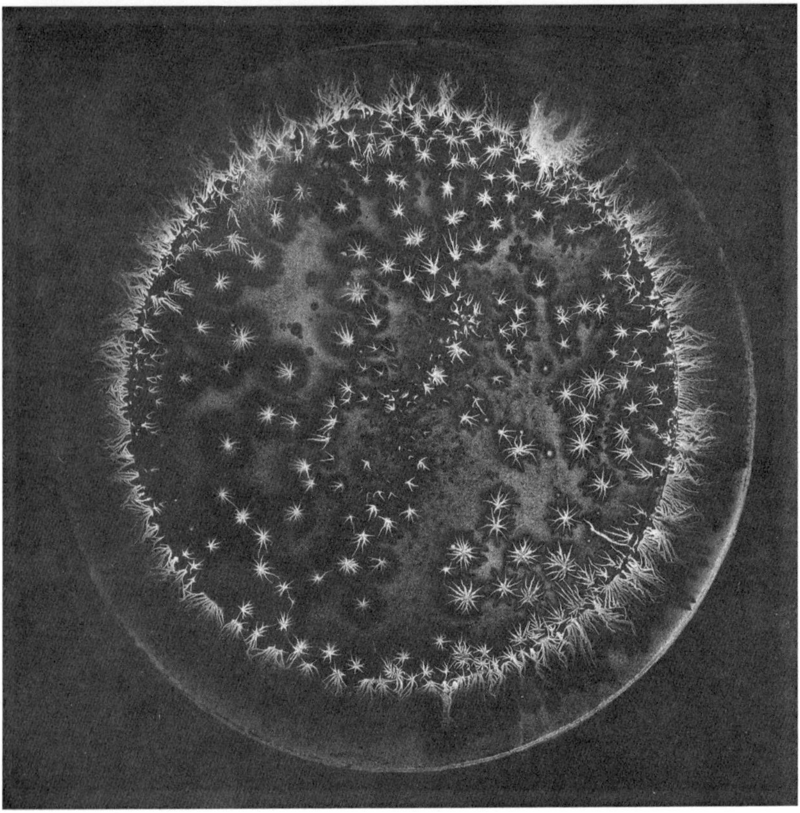

„In medieval angelology,
there are nine orders of snow“

B.L.

The sky narrates snow. I narrate my name in the snow.
Snow piled in paragraphs. Darkling snow. Geno-snow
and pheno-snow. I staple snow to the ground.

In medieval angelology, there are nine orders of snow.
A vindication of snow in the form of snow.
A jealous snow. An omni-snow. Snow immolation.

Do you remember that winter it snowed?
There were bodies everywhere. Obese, carrot-nosed.
A snow of translucent hexagonal signifiers. Meta-snow.

Sand replaced with snow. Snowpaper. A window of snow
opened onto the snow. Snow replaced with sand.
A sandman. Obese, carrot-nosed. Tiny swastikas

of snow. Vallejo's unpublished snow.
Real snow on the stage. Fake blood on the snow.

*

Das poetische Establishment hat Widerspruch
eingemeindet.
Das poetische Establishment hat Widerspruch nicht
eingemeindet.
Sind diese Gedichte einfach nur lahmarschig
oder sind diese Gedichte eine Kritik der
Lahmarschigkeit?

Der Himmel hört auf zu malen und wendet sich der Kritik
zu.
Wir beneiden den Himmel um seine Widersprüche. Wir
beneiden den Himmel
um seine offenen Stellen, unbehandelte Leinwand,
ihre stumme Kritik an gemaltem Glanz.

Zur Betonung regnet es. Oder regnet es Betonungen
auf eine Öffentlichkeit, die von kubistischen
Errungenschaften nichts weiß.
Vielleicht ist, was von Neuerungen bleibt,
ein Konservatismus, mit Widersprüchen versöhnt,

so wie der Himmel seinen Rahmen überschreitet
und doch dem Museum gehorcht.

*

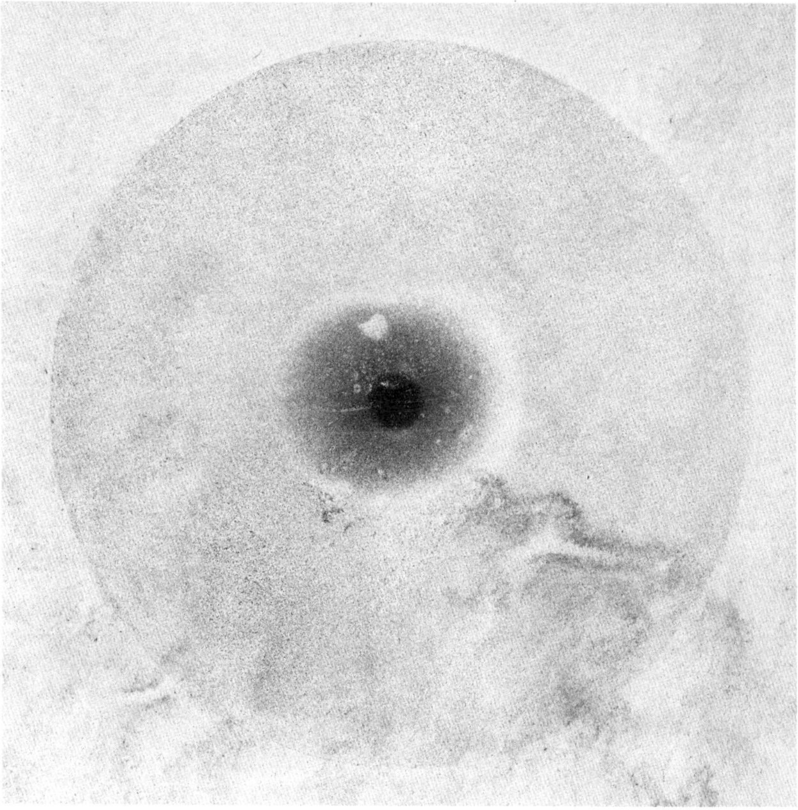

„Der Himmel hört auf zu malen
und wendet sich der Kritik zu“

B.L.

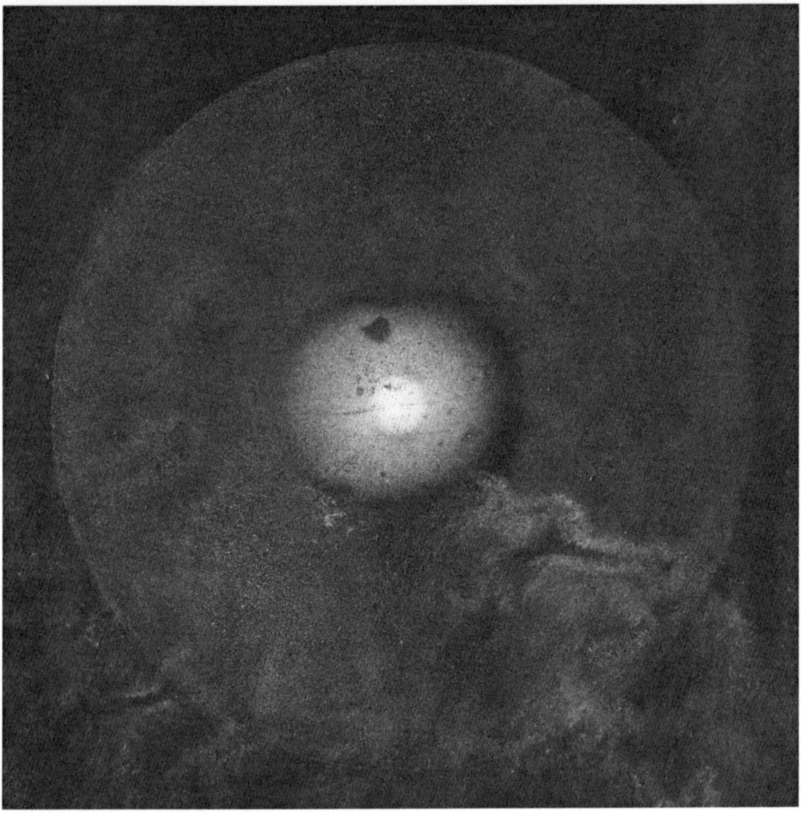

„The sky stops painting and turns to criticism“

B.L.

The poetic establishment has co-opted contradiction.
And the poetic establishment has not co-opted
contradiction.
Are these poems just cumbersome
or are these poems a critique of cumbersomeness?

The sky stops painting and turns to criticism.
We envy the sky its contradictions. We envy the sky
its exposed patches of unprimed canvas
and their implicit critique of painterly finish.

It is raining for emphasis. Or it is raining emphases
on a public ill-prepared for the cubist accomplishment.
Perhaps what remains of innovation
is a conservatism at peace with contradiction,

as the sky transgresses its frame
but obeys the museum.

*

Skulptur in Sepultur überführen, Hoheit in Aufhebung,
sub judice heulen, in utero einurnen,
als ob das Fehlen von Vögeln im Gedicht das Fehlen von Vögeln in der Welt,
als ob et cetera eine Ästhetik. Ad interim,
Schatten werfen Schatten ad infinitum. Ad absurdum,

Blickkontakt gilt als Begattung. Neologismus als Entbindung.
Den letzten Funken Verstand an Abbildung verschwenden.
Die Leinwand einfach mit Farbe bewerfen,
als ob sie ein schwarzer Körper, der jede Strahlung schluckt,
als ob in vino veritas quod erat demonstrandum Unsinn als Todestrieb,
Unsinn als warmblütige, Eier legende, geflügelte und gefiederte Wirbeltiere.

Jetzt mit barrierefreiem Zugang zu den Grundlagentexten,
posthum signierten Grundlagentexten.
Jetzt mit erweiterter Signatur in zweisprachiger Remission.

*

To assimilate sculpture to sepulture, sublimity to sublation,
to ululate sub judice, to inurn in utero,
as if the absence of birds in the poem were the absence of
birds in the world,
as if et cetera were an aesthetics. Ad interim,
shadows cast shadows ad infinitum. Ad absurdum,

eye-contact counts as coitus, neologism as parturition.
To squander the mind's ultimate candela on the mimetic.
To simply hurl paint at the canvas
as if it were a blackbody absorbing incident radiants,
as if in vino veritas quod erat demonstrandum nonsense as
death wish,
nonsense as warm-blooded egg-laying winged and
feathered vertebrate.

Now with handicap access to the principal texts,
principal texts posthumously signed.
Now with expanded signature in bilingual remission.

*

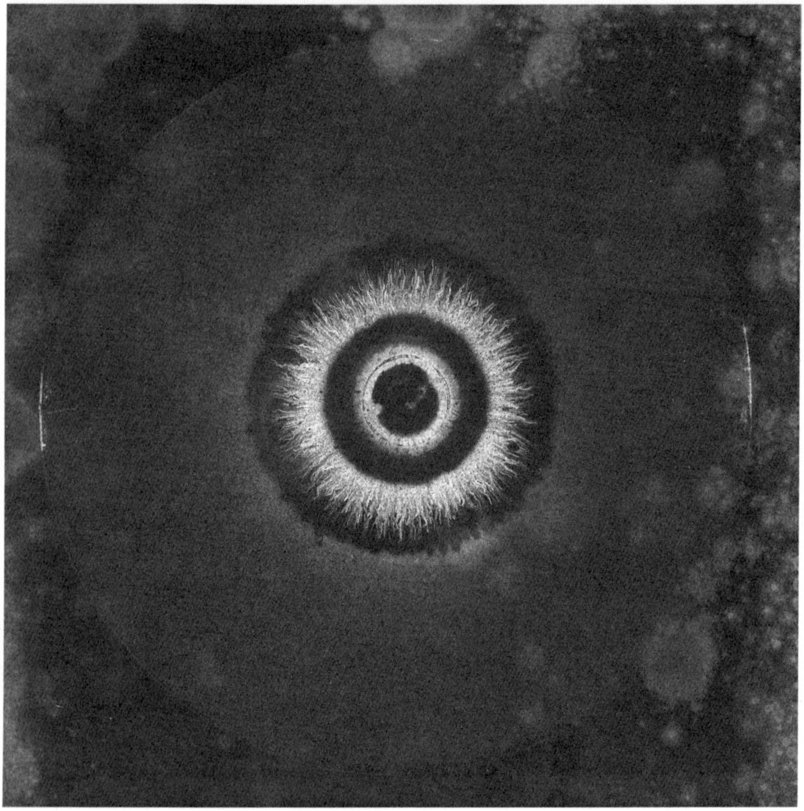

B.L.

„DIE SCHOLASTISCHE ENGELSKUNDE KENNT NEUN ORDNUNGEN SCHNEE“

14 GESCHICHTEN ZU VERSEN VON BEN LERNERS *LICHTENBERGFIGUREN*

TRAUM ADORNOS

- Brennender Schnee
- Staub vom Himmelsgewölbe „wie Schnee“
- Schneekristalle (27 Unterordnungen)
- Schneematsch
- Wangen „wie Schnee“
- Engelshaar (im Herbst)
- Der Schnee der DUNKLEN ENERGIE
- Unbekannt
- Feinstruktur der Materie

„VERLÄSSLICHE NACHRICHT VOM BRENNENDEN SCHNEE“

Die höchste Hierarchie des Kristallhimmels beginnt unmittelbar jenseits der Bahn des 52. der aristotelischen Planeten. Dieser Teil des Kosmos gehört bereits zum UNSICHTBAREN HORIZONT. Isidor von Sevilla, der davon berichtet, hat persönlich nie Schnee gesehen. Er behauptet auch nicht, die Flammenwesen, die Sechsflügler ohne Augen, welche die Ordnung der Seraphim bilden, zu kennen. Er spricht von seinem Ohr und von Stimmen. So stützt er sich auf „Hörensagen seiner inneren Stimmen“. Arabische Ärzte hielten ihn für geisteskrank. Die kristalline Struktur, die er als Schnee bezeichnet und die sich mit der brennenden Glut vermischt, in der die Engel der Ersten Ordnung sich um den Thron Gottes scharen, ist Staub, der vom flachen Plateau des Geisteskörpers, den wir Himmel nennen, stündlich und minütlich, als gebe es ein göttliches Schabegerät, abgekratzt wird, wie bei einem Tier, das seine Haut reinigt.

N. Gontscharowa fragt, ob solcher Schnee, in seinen bizarren Figurationen, identisch ist mit den Eiskristallen und winzigen kalten Blöcken, figurenreich, welche die Ebenen Russlands bedecken. Die Ereignisse jenseits der UNSICHTBAREN HORIZONTE im Kosmos oben sind nämlich tatsächlich Spiegelbilder der feinstofflichen Strömung in uns Pflanzen und Tieren. Dieses strikte OBEN und UNTEN hält die

Kühle und den Brand soweit auseinander, dass wir in solcher Spanne leben können. 37 Seraphim waren nötig, um ein in Chemnitz sieben Meter tief aus dem Fenster gestürztes Kind auf der Intensivstation zu stützen, damit es aus dem Koma wieder heil erwachte. Die übrige Zeit arbeiten sie an einer gedachten Pyramide, die in Wahrheit ein Baum oder ein Turm ist. Nur weil sie so beschäftigt sind, in ihren Kräften in der weiten Welt verteilt auftreten, verzehrt uns ihr Feuer nicht völlig. Brennender Schnee genügt sich selbst. Er braucht keine Zufuhr, weitere Energie oder Substanz. Dabei haben die Seraphim keine eigenen Sehorgane. Sie vertrauen vielmehr auf ihnen hierarchisch untergeordnete spirituelle Wesen, welche auf ihren Flügeln Augen tragen, und den Seraphim berichten, woher die Klänge kommen, von deren Transformation in den Himmelston die höchste Ordnung der Engel ihr Leben bezieht.

MAKROZEIT, MIKROZEIT

- 1 Hubble-Zeit ergibt ca. 14 Milliarden Jahre.
- Zehntausend Hubblezeiten wird es dauern, bis die letzten lichtproduzierenden Himmelskörper der physikalischen Welt zu Asche verbrannt sind.
- Die Unruhe, nämlich der Taktschlag, der die Welt bewegt, also der Kristallhimmel, ist von diesen Zeitmaßen unabhängig.
- Die Lebensdauer angeregter Kernzustände beträgt 10^{-15} Sekunden.
- Der Taktschlag der Himmelsmusik in den frühen Augenblicken des Universums lag bei 10^{-43} Sekunden.

„DIE BEWEGUNG DER ENGEL ÜBER EINER GEGEBENEN SCHNEEFLÄCHE BEZIEHT SICH AUF ANDERE AKTUALITÄTEN ALS DIE DER GEGENWART“

Die Kuhlen und Böschungen im Übergang vom Ural zu den weiten Ebenen Sibiriens werden in jedem Winter durch drei große Schübe von Schneefall zu einer platten Idealfläche geebnet. Auf diesem, was das Menschengeschlecht betrifft, handlungsarmen Gelände beobachtete der Geisterseher M. Larionow einen überraschend lebhaften Verkehr von Engeln auf engstem Raum. Dies ähnelte einem Konferenzgeschehen. Die „Engelsfüße“ verursachen keine Spuren, die man mit Augen sehen kann, sondern sind für den Geisterseher erkennbar an den minimalen Verzerrungen, die

sie in den Kristallgittern der Schneesterne anrichten. Was war hier los? Die kommunikativen Gewohnheiten dieser Boten, sämtlich PRINCIPALITES der siebenten Ordnung, also SPIRITUELLE WICHTIGKEITEN, wie sie sonst nur auf Schlachtfeldern oder beim Zusammenstoß massereicher Kontinente angetroffen werden, sind, so urteilt der Geisterseher, durch den Zeitablauf Tausender Jahre von den menschlichen Angelegenheiten und der Natur des Planeten abgekoppelt.
Die Sechsflügler bewegen sich in etwa fünf Zentimetern Höhe über dem Boden und geben all dem, was unter ihnen liegt, eine bizarre und festgelegte Struktur, „als ob man einen Magneten über Eisenspäne zieht". Die bizarren, von Menschenaugen nie gesehenen Strukturen haben höchsten künstlerischen Wert, so Larionow.
Es ist aber unmöglich, ein Stück dieser Schneefläche vom Boden zu heben und zu Sothebys nach London zu schaffen, wo dieser Wert realisiert werden könnte.

EIN MENSCHEN-LEBEN VERGLICHEN MIT SCHNEE

Ein Menschenleben entspricht der Zeit, in der die sternenähnlichen Schneekristalle, auf die ein Engel der Fünften Ordnung seinen Fuß setzt, zu Matsch werden und vergehen. Es ist ein Irrtum, dass die ARCHAI oder RULERS dafür zuständig sind, Menschenleben zu hüten. Sie dafür am Werk zu sehen, enthält eine

Verwechslung mit heidnischen Bildern von Walküren oder göttlichen Illuminationen aus Asien, die sich um Helden kümmern. Allerdings gibt es KRÄFTE ODER STRONGHOLDS, griechisch *dynameis*, die etwas Komplexes wie ein Menschenkind bis zum neunten Jahr beschützen. Stets treten sie in einer Vielzahl auf, in Pulks. Im Umkehrschluss heißt das, dass sie an anderen Orten und in anderen gefährlichen Momenten fehlen. Eine Gaskammer wird in Funktion gesetzt und kein Engelschor sperrt die Leitung. Auch ist jede Verwechslung mit ELEKTRISCHEN KRÄFTEN abwegig.
Im Zeitalter der Aufklärung versuchten Gelehrte, die spirituellen Wesen physikalisch zu deuten, so wie Zoobesucher, die einen Affenkäfig betrachten, annehmen, dass sie von diesen Lebewesen etwas verstünden, wenn sie die Lehrbücher, die von ihnen handeln, und den anatomischen Atlas memorieren.

„UND AUCH DIE HÖCHSTEN NYMPHEN DES GEBIRGS / ERFREUEN SICH DES LEICHTEN SCHNEES …“

Leutnant Schirrmacher, Studienrat, von der Division Hermann Göring, beobachtete 1943 bei einem Irrgang auf dem Ätna flüchtige Wölkchen von Schnee, sogenannte „Kappen von Nymphen", verfolgt von Hexenjägern, nämlich Luftstöße aus dem Norden. Gejagt und zerschnitten. Mit den Fallschirmjägerstiefeln, die Schirrmacher trug, zertrat er diese frömmlerischen Winde aus dem Norden. Nichts aus der Antike, auch nicht die Nymphen des Gebirgs, hatten vor diesen grausamen Reformatoren Gnade. Der Offizier fror in seinem Afrikakostüm, in das er noch aus der Zeit der Siege in Libyen gekleidet war. Gern hätte er den weißen Placken, die er für Residuen der antiken Welt hielt, an diesen Morgen geholfen. Die waren, auch durch seine Stiefelabsätze, zu Wasser geworden. Hätte er mit seinem Koppel dreinschlagen sollen? Mit der Pistole auf harrsche Windstöße schießen? Seine Anwesenheit hier oben, ein ruhiger Augenblick voller Beobachtung, mitten im Chaos des Krieges, schien ihm eigentümlich überflüssig. Wo sein Fuß hintrat, wurde Schnee zu einer Wasserpfütze.

DAS LEBEN DER ENGEL UND DAS UNSERIGE / DIE SCHNEELOSEN DARK AGES

In den Dark Ages unseres Universums, einige Millionen Jahre nach dem frühesten Zeitabschnitt in Länge von 10^{-32} Sekunden, was als ZEIT FÜR SICH und als ENGELSZEIT einem separaten und autonomen Äon entspricht (für uns ist solcher Augenblick kurz, für sich selbst ist er von außerordentlicher, „gefühlt unendlicher" Länge), gibt es weder Schnee noch Licht. Kein Kind mit einer Kerze, deren Licht im Windzug flattert, durchquert einen solchen Keller.

Das war vor jenem unvergesslichen Moment des Zwielichts, der Morgendämmerung, der ersten massiven Sterne. Wo waren da die Engel? Die RÄDER oder THRONE der Dritten Ordnung, mit den geflügelten Augenpaaren? Wie Schlangen stießen sie voran, wie tief unter Wasser geratene Schwimmer, welche die Lunge vorantreibt. Erst aus dieser Not, heißt es, sind die Geister der Ersten und Zweiten Ordnung hervorgegangen. Damit erklärt sich, dass der erste gefallene Engel nach den Berichten aus der Dritten Ordnung stammt.

In der Zeit, die den Dark Ages vorangeht, also im Taktschlag von 10^{-32} Sekunden, sind die Himmelspaläste unendlich klein geraten. Das macht die oberen Sechs Ordnungen der Engel für unsere Augen bis heute unsichtbar und für das Ohr nur schwer im Rauschen der Gegenwart zu ermitteln. Die Chöre der HÖHEREN SPIRITUALITÄTEN liegen stimmlich so extrem hoch im Diskant, dass unser Ohr sie für Geschrei hält. Die Wesen, die hier singen, sind derart submikroskopisch klein, dass sie (oder ein Schwarm von ihnen) durch den Kopf eines US-Präsidenten hindurchfahren, ohne dass er oder seine Wachen irgendetwas bemerken. Wird aber (und das geschieht nicht durch Einzelbefehl Gottes, sondern spontan und unaufhörlich) ein Bote, vor allem einer der Neunten Ordnung, nämlich der Rettungspraktiker, zu uns ausgesandt, muss er monströs aus seiner authentischen Mikrogestalt auf Plancklänge wie ein Ballon, eine Explosion, sich aufblasen, fast an die Grenze seiner wahren Natur.

In solcher Verdünnung, kurz vor dem Platzen, macht er seine Mitteilungen. Die Phantomhände täuschen, die auf Ikonen an der Seite, neben den Flügeln eines solchen Boten hervorscheinen. Engel können keine Handgriffe vollführen. Sie sind keine Arbeiter wie die Bienen. Sie bleiben, eingeführt in unsere Dimension, SCHWINGUNGEN oder FÄDEN, also Rhythmen oder Taktgeber und in der rabiaten Differenz der tausend Taktarten, über die sie verfügen zu der langsamen Bewegungsart unserer Zellen und Nerven (= wir Menschen sind Schlaftabletten), ergibt sich Nachricht und Schutz dieses Boten.

„NUMBERS LEANING AGAINST THEIR RADICALS“

Die Zahlen-Tiere (sie sind Zahlen, „in Tierfelle gekleidet“) lehnen sich mit der Hand an eine herausgerissene Eiche. Was sie stützt, gegen jeden Wind, sind die Wurzeln dieses Baumes. Sie weisen zum Himmel. So können diese Wurzeln den Baum nicht nähren. Die Zahlenbrüder selbst wiederum haben nicht die Kräfte, den Baum zu bewegen. Die Wurzeln ins Erdreich zurückzubetten, ist nämlich eine schwere Arbeit.

GESTÜRZTE STERNE SIND WIE GESTÜRZTE ENGEL

Bei Sternen, die am Ende ihres Lebens in sich zusammenstürzen, entsteht ein Zustand der Materie, den die Astrophysiker „entartet“ nennen, ohne ein rassisches Vorurteil damit zu verbinden. Ausschließlich Neutronen, ohne wahrnehmbaren Zwischenraum. Bei solchen BEREITS GESTORBENEN SONNEN handelt es sich meist um zwei einander umkreisende Sterne. Der Tod, der sich über Äonen hinzieht, ereignet sich in jedem Sekundenbruchteil, in dem die beiden Himmelskörper einander umrunden als ein Stück Nachklang, eine Verzerrung von Raum und Zeit, wie ein Musikton. Solche Posaune kostet minimale Substanz, die sich maßlos addiert. Die Spätsterne, jene GROSSEN ZWEI: ineinanderfallend in einen üppigen Brunnen, den wir NICHTS nennen. Wie Prof. Dr. Alessandra Buonanno formuliert, eine kristalline Sphäre von idealer Rundung. Ein Bergmassiv von 1889 Himalayas hätte kaum die Unebenheit einer für Schlittschuhwettkampf frischvorbereiteten Eisfläche gezeigt. Darunter ist ein solcher exzessiv fester Sternenkörper flüssig. Voller Ungehorsam, gesättigt von gestautem Aufruhr wegen Unzählbarkeit und Unschärfe bei so hochverdichteter Masse. Da zeigt die Materie ihr wahres Gesicht. Die wirre Strömung aber in diesem Kristallsee kann kein Unterwasserschiff befahren. Das Raubtier zerreißt jeden Fremdling auf der Stelle.

A.K.

Nichts im Kosmos ist so einsam wie die einander umkreisenden „Ichs“.

Gestürzte Engel aber (auch sie paarweise kreisend, aber nicht aus Geschlechtsgründen), zeigen sich darin gegenüber Neutronensternen völlig different, dass ihre kompaktifizierte Schwingung in Mikroteilen in uns Menschen und benachbarten Evolutionstieren schwirrt (wie in der Natur überhaupt), sozusagen als verirrte Korpuskelwellen, auf denen Glücksritter und Amazonentöchter reiten. Oft ist das der Grund für Tränen, die über die Wange laufen. Es genügte ein Stäubchen aus dem ehemals so kompakten Körper eines jener Engel.

Auf Irrtum beruhen dagegen sämtliche anschaulichen Bilder von Engeln in Menschengestalt. Offenbar sind alle Engel Kugeln. Und, soweit sie als Schnee in Erscheinung treten, bizarr.

„VON EINEM JEGLICHEN WORT, DAS, UNGERECHT VERBRANNT, AUF SEINE ANKUNFT WARTET“

In der Silvesternacht wanderten die in der Bibliothek von Alexandria anderthalbtausend Jahre zuvor

verbrannten Papyri, also Geister, in unbekannter, jedoch überraschender Geschwindigkeit nach Norden und bogen bei Hildesheim ab in Richtung Westen. Die in ihnen festgehaltenen Kenntnisse, ähnlich dem Geld, das Zentralbanken über Nationen abwerfen, um ihren Handelsgeist anzuregen, lagen einige Tage im Nordwesten Europas umher, wurden von niemand einverleibt und verstreuten sich in einer letzten, energischen Bewegung über dem weiten Atlantik.
Kein Wasser aber löscht das lange schon Verbrannte. Wie es Zisternen gibt, existierten für solchen seltenen Regen verborgene Auffangbecken. Täuschend war nicht der Bericht über die Wanderung der Papyri, von denen Skeptiker behaupteten, sie sei physikalisch unmöglich, sondern die Annahme, die Papyri seien endgültig verschwunden.

Wanderten diese Wiederauferstandenen bis Europa tief unter der Erde? Oder flogen sie weit im Höhenwind? In den Tagen, die auf Silvester 1799 folgten, gelangte ein Schub unerwarteter Einfälle in die Menschenköpfe (meist war es Musik).

Die „Engraphen" verblassten rasch. Sie wurden ja auch nirgends mit spirituellem Erdreich aufgehügelt, getränkt wie es beim Pflanzen einer Gartenanlage sich gehört. Verkümmerten sie? Sprach das für eine „schwache Natur" dieser Fremden? Sind WIEDERAUFERSTANDENE SCHRIFTEN mit Frühgeburten zu vergleichen, die in einer fachlich nicht vorbereiteten Klinik eingeliefert wurden (zum Beispiel ist diese auf Ohrenleiden spezialisiert) und die sich so in der Welt nicht halten konnten? Der fromme Gelehrte Friedrich Schleiermacher, der etwas davon verstand, erklärte die „Seelenhirten" (das sind verbrannte Buchstaben) sogar für BESONDERS ROBUST. So ist nicht ausgeschlossen, dass einiges, was in der Silvesternacht 1799 vom Himmel fiel (anders als Sternschnuppen, die verdampfen), sich bis heute erhalten hat und nur aufgesammelt gehört, dass wir es ernten. Wo? Man muss aus Teilen der Haut, der Därme, der Leber, des Herzens-Innern (in Kooperation mit ausgewählten Neuronen) inmitten der Korridore des ALTEN GEHIRNS einen NEUEN KOPF bilden und – wie ein Doppeladler – dem tradierten Verstandeskopf gegenüberstellen, dass sie einander zu einem sensiblen Staub zerreiben, wenn es doch nach wie vor um die Suche nach den verlorenen Buchstaben geht, den Gewächsen aus Alexandria, die auch in Zukunft jeden Brand überleben werden, weil sie immer schon brannten. Etwas hiervon sich einzuverleiben, gehört zum „Autor als Produzenten", der jedem Menschen eingeboren ist, und insofern nicht vom Brot allein lebt, sondern von einem jeglichen Wort, das ungerecht verbrannt auf seine Ankunft wartet.

„DIE GESCHICHTE HÄLT ZUR BETONUNG INNE"

– nach Ben Lerner, „History pauses / for emphasis"

Wie berichtet man über einen Umstand, über den man nichts weiß?

Wie äußere ich mich zu der Frage, wie am Abend des 31. Dezember 1799 „die Dämmerung herabsank"? Ist es poetisch richtig, wenn ich zu diesem Moment, von dem ich nichts weiß, schreibe, was ich mir vorstelle? Ist es gut, wenn ich soetwas dichte?

– Haben Sie sich denn erkundigt, ob es irgendeine Tagebucheintragung, eine zeitgenössische Notiz dazu gibt? Immerhin wissen wir, dass sich Friedrich Schiller in jenen Minuten des Zwielichts in Richtung von Goethes Stadthaus bewegte.

– Nichts Positives war zu erfahren.

Zu unterschiedlichsten Einzelheiten jenes Silvestertags gibt es Texte. Zur Färbung des Himmelslichts gegen Abend: nichts. Dann soll man auch nichts darüber dichten. Man soll zum Thema machen, dass man es nicht weiß. Wilhelm Voßkamp galt als streng. Auf seinen Rat hin gelangte ich zu folgender Formulierung:

Es war eine Sache kollektiver Ungeduld, dass der Jahrhundertwechsel, der kalendarisch erst im nächsten Jahr zu erwarten war, von der Mehrzahl der wachen Geister, die das fortschreitende 18. Jahrhundert hervorgebracht hatte, auf die Nacht des 31. Dezember 1799 vorverlegt wurde. Sie feierten unaufgefordert. Ob es gegen Abend regnete, oder der Himmel offenstand, so dass sich im Westen der Schwesterplanet zeigte, weiß ich nicht. Ich telefonierte mit Dr. Combrink, der sich im Netz umtat. Ich wusste aber schon aus früherer Forschung, dass niemand weiß, an keinem Ort, was genau von fünf bis sieben Uhr abends konkret am 31. Dezember 1799 vor die Augen trat. Die Aufregung des Tages mag zu den Gründen zählen für den Mangel an Wahrnehmung. Nur Allgemeinheiten sind überliefert über die Stunde. Sinnliche Substanz, die doch – weit unterhalb des Verstandes – die Augen und die spürende Haut beschäftigt haben musste, ging endgültig verloren. So viele Sinne – so wenig Auskunft.

Ich hätte jetzt über den Alpenkamm und über die Straße von Zürich nach Chur berichten können, über die sich die Korps des russischen Generals Suworow bewegten. Hierfür hätten einige sichere Annahmen ausgereicht, da die Wegstrecke, was Kältegrade und

Höhen sowie Schluchten betrifft, bis heute nahezu unverändert ist, ja einige der neueren Straßenbauten haben dazu geführt, dass seitlich von ihnen die alten Wege und Straßen nach schweizerischer Art besser erhalten geblieben sind als bei permanenten Gebrauch. Für die Empfindung jedoch, das Gefühl der Züricher, die Feierstunde, welche die siegreichen Soldaten Massénas abhielten, die Stimmung der asiatischen Reiter, die in Suworows Truppe ritten, die Schweißausbrüche russischer Elitekanoniere, welche die Kanonen straßenaufwärts hievten – keine zeitgenössische Aufmerksamkeit, keine Quelle. Nur von mir Ausgedachtes.

Das war in den Sekunden, in denen das 20. Jahrhundert ins 21. überging, nicht wesentlich anders. Noch referierten die Medien die Frühmeldungen über das Feuerwerksgeschehen in Sydney, da drängten sich schon Reden, Nachrichten, aktuelle Einlagen in die Monitore. Der Blick aus dem Fenster lohnte noch nicht recht, weil das eigene Feuerwerk erst später zu erwarten war. Lauter Hauptsachen. Wo aber ein einsamer Radler durch das Gelände zu seinem Hause fuhr und sicher die Besonderheiten seiner Umgebung wahrnahm, ist dieser Eindruck nicht überliefert, blieb privat, wäre als Mitteilung vom Pförtner auf dem Weg zum Fernseh- oder Hörfunkstudio abgewehrt worden. Ich notierte also, da ich hinter der Genauigkeit der frühen Filmpioniere nicht zurückstehen wollte, dass in den zwei Jahrhunderten seit dem 31. Dezember 1799 der MANGEL AN SINNLICHER AUFMERKSAMKEIT IN GROSSEN MOMENTEN, nämlich der Mangel an Oberflächenwahrnehmung, den wir Oberflächlichkeit nennen, sich nicht vermindert hatte. Der Grund dafür, schien mir, war nicht, dass keiner etwas aufschrieb und es kein Archiv gab, sondern eine Schwäche der Augenblickswahrnehmung überhaupt, ein Fehler im Menschengeschlecht, der einer Filmkamera, ist sie einmal in Gang gesetzt, fremd wäre. Es passierte

aber einer solchen Kamera, gerade am Silvestertag 2000, dass sie (die doch erst das Mitternachtslichtgetümmel filmen sollte) vorzeitig zum Laufen gebracht und anschließend in ihrem Futteral verstaut den ganzen Abend Dunkelheit registrierte und dass, als sie um 24 Uhr gebraucht wurde, ihre Batterien erschöpft waren. In gewissen Grauwerten aber, durch die Ritzen ihrer Schutzverpackung, waren die Gehbewegungen des Kameramannes und das Innere des Transportbehälters, in der Filmaufzeichnung zu spüren.
Der Kameramann, ein Wirklichkeitsjäger, wusste nichts anderes abzuliefern als die belichtete Kassette, die dadurch ins Archiv des Fernsehunternehmens gelangte und von dort (mitsamt allen übrigen Materials des Filmemachers) als Kulturerbe in das Bundesarchiv überführt wurde, wo es bis heute von Qualitäten des Ledermaterials in einem Tragebehälter des 21. Jahrhunderts und von der präzisen Unterscheidungskraft zwischen Licht und Dunkel eines Bildträgers des 21. Jahrhunderts ungenau zeugt.

Zurück zu den Lichtverläufen in Weimar am Abend des 31. Dezember 1799: Der Unterschied zwischen der Himmelsfarbe in Alexandria, wo mit nur zwei Stunden Zeitversetzung die Offiziere des französischen Expeditionskorps den akzentuierten Tag feierten, und der Wolkenstreuung weit südlich des Harzes – solche Unterschiede können für alle denkbaren Wetterlagen angenommen und empfunden werden: als Prisma, als Fülle verschiedener Möglichkeiten, die doch präzis different gedacht werden können. Solche Eindrücke bringen Ereignisse, die über den Planeten verteilt sind, in Zusammenhang, unabhängig von konkretem Wissen, ja, je weniger sie von unmittelbar sinnlichen Eindrücken gestört werden, umso üppiger entfaltet sich das Kaleidoskop. Und dies ist mitteilenswert, so dass ich den ersten Absatz der geplanten Erzählung über den 31. Dezember 1799 (noch unsicher bin ich, ob ich den Ort in Weimar, Schwanebeck oder Halberstadt lokalisiere) nicht beginnen muss, wie ich es gern lese: „An einem regnerischen Tag bewegte sich die Gräfin F. in der Rue Saint-Honoré in ihren dicken Kleidern in Richtung eines Geschäfts, in dem sie schon am Vortag, sonnenbeschienen, ein elegantes, dünnes Gewand erblickt hatte …“ Es ist vielmehr erzählenswert, dass, während Goethe und Schiller ihrem gemeinsamen Abend entgegensahen, präokkupiert durch zahllose Pläne fürs neue Jahr, der eine beeilte sich, der andere wartete ungeduldig, mit Gewissheit Indios in den Anden zu einem (für Goethe und Schiller fremden) Himmel aufblickten, während einige Japaner, die dem gregorianischen Kalender nicht folgten, dem Tag überhaupt keine besondere Bedeutung zumaßen.

Als Kind hatte mein Vater die Sitte, die Geschenke und den Kuchen, der in der Frühe zu seinem Geburtstag aufgestellt war, bevor er zur Schule ging, zu bespucken, damit seine ältere Schwester und sein Bruder sich nicht an solchem Eigentum vergreifen konnten. So dachte sich der Jungarzt und Archäologe Dubois die punktuelle Inbesitznahme Afrikas für Frankreich, indem man Attribute der Zivilisation auf den Karawanenwegen, von denen er annahm, dass sie den Kontinent durchziehen, verteilte. „Das sind Stücke von uns.“

Für solche Unternehmen genügten kleine französische Besatzungen von sieben Mann mit wenig Gerät. Es lag Generosität in solchem Plan. Nicht anders hatten die Franken, nämlich Barbaren, einst Gallien besetzt und dadurch, dass sie das sozial Unterste wie beim Pflügen eines Ackers nach oben warfen (also Gutssklavinnen zu ihren zärtlichen Herrinnen machten), das Land in einen Garten Gottes verwandelt, ja der Garten selbst verwandelte sich in diesen neuen Zustand für lange Zeit. Dies gehört zu den Erzählungen zu Silvester 1799.

EINE UNTER-NEHMENS-LUSTIGE BANDE ZU SILVESTER 1799

Mit Einfall der Dämmerung waren die sechzehn Kürassiere in den Ort Timbuktu eingeritten, von ihren arabischen Führern geleitet. Die Tiere wurden abgerieben. Wie sucht man in einer Oasenstadt nach Quartieren? Nichts konnte in der Fremde ohne Hilfe Ortsansässiger ausgerichtet werden. Kaum waren die 16 in einer Karawanserei versammelt, ging es ums Feiern. Ein Gelage wurde anvisiert, dessen Umstände bald an das Ritual einer französischen Tischgesellschaft angeglichen waren. Alles war aus Bestandteilen vor Ort NEU–ALT zu entwickeln. Bald hatten sich die BEWAFFNETEN SECHZEHN, hinreichend abgesondert von den Einwohnern, zu einer schwärmerischen, schwatzenden Gesellschaft vereinigt. Nach so langem Ritt aus ihrer Erschöpfung wiedererwacht. Noch vor Jahren Revolutionäre.

Ein paar Liebesgesänge von der Loire. Außerhalb der Lehmwände und des Dachs der Himmel. Ein vager Plan. So weit in den Westen Afrikas vorgedrungen, jenseits der Grenze römischer Provinzen, nistete in ihrem Kopf die Idee der Inbesitznahme: Revolutionierung Afrikas, nämlich Fortsetzung des in Paris gescheiterten Aufbruchs auf frischem Gelände, das sie sich in ihrer

Isolierung im Gebäude der Oase, wohlüberdacht die unbehelmten Häupter, als „unbesiedelt“ vorstellten. Man wird sehen. Halb schon betrunken. Zwei Wachen draußen, die um Mitternacht abgelöst gehören. Aber wer wird dann noch zur Wache fähig und bereit sein? Sie hoffen auf die Toleranz der Hiesigen. Dass sie nicht betrogen und nicht überfallen werden. Was würden ihnen ihre Waffen, Uniformen und Pferde nützen? Sie sind hier nur Späher. Im neuen Jahrhundert, es war die Silvesternacht, in der sie sich betranken, wachten sie schwerschädelig und unversehrt auf. Ritten tags darauf weiter nach Westen dem Meere zu. Das taten sie, weil ihr Offizier ihnen vom Aufruf „Thalatta“ bei Xenophon erzählt hatte. In absurder Unterschätzung der Entfernungen ritten sie das Teilstück, das man in einem Tag, wenn man von der Feier noch beschädigt im Sattel sitzt, zurückzulegen vermag.

FOLGE EINES RATIONALISIERUNGSGEWINNS IN DER RUSSISCHEN REVOLUTION VON 1917

Bei einer der Reformen, die so rasch übereinander stolperten und am Ende die Alphabetisierung Russlands zustandebrachten, entstand aus dem Umstand, dass im Dritten Rom zur Bezeichnung der Zahlen die Buchstaben des Alphabets benutzt wurden, eine Verwirrung, ja ein sich lang dahinziehender Verlust. Die „Alphabetisierung ohne Geduld" kostete große Stücke von „Ziel", von „Seele". Utopie ging verloren, die seit dem Mittelalter wie ein neugieriges Tier abgewartet hatte. Da waren der Verlust und das Durcheinander, das die Zahlen betraf, nicht das Schlimmste. Es fielen Buchstaben weg, die schwer zu schreiben waren und in den Alphabeten Europas und der USA keine Entsprechung hatten. Weil diese Buchstaben bei der Alphabetisierungskampagne eingespart wurden, fehlte am Schluss die Zahl Sieben, und die Neun kam vor der Fünf zu liegen.

Der Rationalisierungsgewinn brachte verheerende Unkosten, schrieb Bucharin. Auch ökonomisch. Die Inflation gallopierte. Sie profitierte von der Unstimmigkeit in der Reihenfolge der Zahlen genauso wie davon, dass eine der Zahlen fehlte. Schlitzohrige Bauern und Kleinhändler übersprangen die fehlende Zahl, die nicht benennbar war. Und so stieg der Preis von vier auf neun Rubel, bald aber von 40 000 auf 90 000 und auf den Wertmarken, Briefmarken mit Aufdruck und auf den Handelsscheinen in die Hunderttausende. Der beschleunigende Faktor, der das Vorwärtspreschen der Alphabetisierung regierte, war übergesprungen auf das völlig andere Gebiet von Wert und Gegenwert.

„DER HIMMEL HÖRT AUF ZU MALEN UND WENDET SICH DER KRITIK ZU“

– nach Ben Lerner,
„The sky stops painting and turns to criticism“

Dort über den Bergen, wo sonst aus den Morgennebeln die Sonne heraustrat: jetzt silbrige Glitzerpunkte in Reihe. Um sie herum – wie an so vielen anderen Tagen der gleichen Jahreszeit – färbte sich der Himmel nach Angaben von Zeugen, aber doch täglich stets etwas anders: stachelbeerfarb, bläulich-virtuos, flanellgelb, rotschimmernd, engelsfarb, hysterieweiß, rosa-melange. Und immer das Echo am entgegensetzten Westhorizont. Noch immer im Dunkel antwortete er auf die Lichtspritzer des Ostens.

Die Farbfülle zerstachen die noch winzigen Artefakte, deren Motorenlärm in der Höhe ihrer Erscheinung vorauseilte. Noch waren sie Punkte. Und schon zog ihr Geräusch („die Posaune“), nämlich die Vorauserwartung, alle Aufmerksamkeit der Betrachter auf sich.

Zwanzig Minuten später war die Stadt zerstört. Obwohl es sechs oder acht solcher Angriffe bedarf, um sie tatsächlich auszulöschen – und dann sind immer noch Nester von Menschengeist im Gange, die sich zu retten und neu einzurichten suchen. Der Angriff der Flugzeuge, eine solche Einwirkung BEWAFFNETER INDUSTRIE, INGENIEURSZENTRIERTER HIMMELSMACHT, enthält einen starken SCHUB VON KRITIK.

Im Luftschutzkeller gefragt: Wo war die letzte Abzweigung für mich und meine Kinder, wenn es darum geht, dem Verhängnis, das in zwei Meilen Höhe über uns hereinbricht, zu entgehen? Vor zwanzig Jahren? Hätte ich gestern noch entkommen können? Wohin ausweichen? Kenntnis der sicheren Orte ist der Anfang der Philosophie.

Ein Bombengeschwader am frühen Morgen am wie immer gefärbten Himmel begründet das Denken neu. Mit welchen Sinnen? Den Feind erkennen aus den Augenwinkeln an einer winzigen Bewegung am Horizont, das genügt nicht. Weder das Geschwader über mir noch das pochende Herz in mir, das mir eingibt, aufzuspringen, hinauszurennen aus dem Keller, was im Moment der sichere Tod, wenig später die Rettung sein könnte, sind ein „Feind am Horizont". Wenn ich 2016 auf dem Kellerboden liege, wäre der Horizont, also Sitz des Feindes, im Jahr 1921 vermutlich in London und Paris und nicht in einem syrischen Städtchen im Süden von Aleppo.

Wäre mein Körper aus Stahl und so biegsam wie eine junge Pappel, ich könnte das Bombenfragment, das mich treffen will, abfedern. So kritisiert der SICH VERÄNDERNDE HIMMEL OBEN, den Körper, die Sinne und den Geist und fordert dringlich den Homo Novus, wie er zuletzt 1917 von den Biokosmisten der russischen Revolution ins Auge gefasst wurde. Wo Brüder seid Ihr jetzt in meiner Not? Es war genug Zeit, mit Euch in Verbindung zu treten, aber ich war beschäftigt. Ich habe die kristallenen Farben des Himmels abzuzählen versucht. Der Himmel in der Frühe und der in der Abenddämmerung ist in unseren Breiten ein begabter Maler. Einige Sekunden vor meinem Ende (und das meiner Lieben) – und wenn der Einschlag den Nachbarn trifft künftig immerfort – will ich himmelschreiender Kritiker sein. Ich sauge an den Zitzen der Wölfin, um dieses Wundermittel in mich hineinzufüllen, falls mir Zeit bleibt.

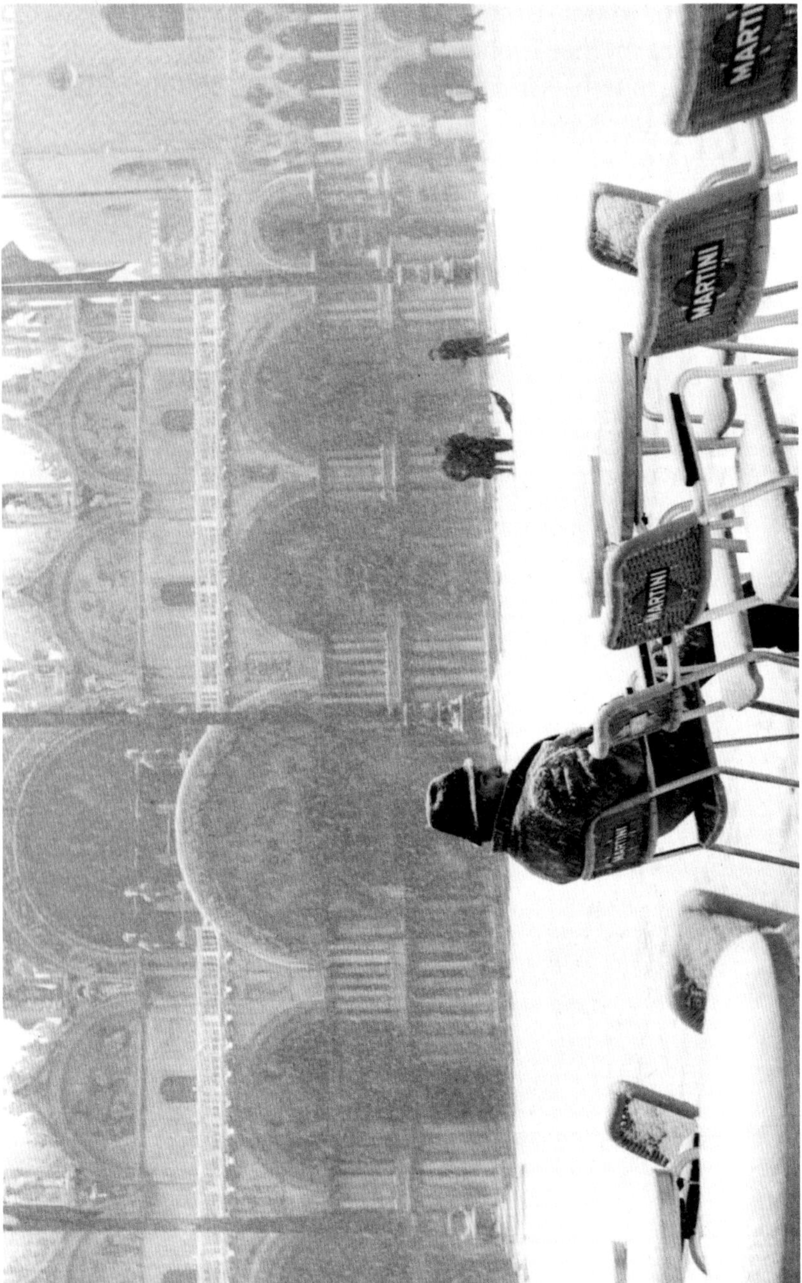

↑ Abb.: Schnee vor dem Markusdom.

„SCHLECHT ORGANISIERTE ENGEL“

AUS EINEM INTERVIEW
ZWISCHEN BEN LERNER UND
ALEXANDER KLUGE

„KÖNNEN WIR EIN BISSCHEN ÜBER ENGEL SPRECHEN?“

A.K. / B.L.

Im Herbst 2016 machte Kluge einen seiner seltenen Besuche in New York. Lerner und Kluge diskutierten in Princeton und im Goethe-Institut. Am Tag nach der Veranstaltung in New York aßen sie zu Mittag in einem japanischen Restaurant in Lower Manhattan und nahmen ein kurzes Interview auf für die Zeitschrift *The Paris Review*, in der Kluges Geschichten erscheinen würden. Ben Lerner startete das Diktiergerät.

B.L.

Die aktuelle Ausgabe von *The Paris Review* enthält Geschichten, die Sie als Antwort zu den *Lichtenbergfiguren* geschrieben haben, meinem ersten Gedichtband. Wie sind Sie auf dieses Buch gestoßen?

A.K.

Ein Mitarbeiter hat die zweisprachige deutsche Übersetzung entdeckt. Er sagte, dieses Buch ist vergriffen. Der Titel lautet: *Die Lichtenbergfiguren*. Er wusste, dass ich mich sehr für Lichtenberg interessiere, vor allem für die *Sudelbücher.* Die deutschen Verlage bevorzugen Prosa gegenüber Lyrik. Gedichte sind konzentrierte Formen. Es ist eine angemessenere Art sich zu artikulieren. In den Wüsten der Information brauchen wir Oasen, dafür ist Lyrik da.

B.L.

Wie sehen Sie das Verhältnis zwischen Ihren kurzen Prosastücken und Gedichten?

A.K.

Meine Sprache ist nicht so schön wie Lyrik. Gedichte schreiben muss man können. Dichter sind Diamantenschleifer. Aber sie sind auch Sammler von rohen Diamanten – ich bin ein guter Archäologe.

B.L.

Aber Sie sind auch ein Meister der Montage, was dem Zeilensprung in der Lyrik ähnelt – das überraschende Nebeneinander. Sehen Sie sich als Dichter?

A.K.

Ich kann das nicht selbst beurteilen, aber ich höre es gern. Was wir beide machen, ist das Herstellen von *Konstellationen*. Wir arbeiten mit sich bewegenden Körpern, mit sich bewegender Realität. Entweder in Filmen oder Gedichten. Das kann man nicht auf lineare Weise darstellen, nur in Form von Konstellationen. Das Wort „Konstellation“ bezieht sich auf kosmische Materie und Gravitation. Das sind Sonnen, Monde, Planeten. Das sind auch Staubpartikel, kleine Partikel, die sich um die Sonne bewegen seit Jahrhunderten nach den physikalischen Gesetzen. Da gibt es kein Scharnier, keine Schraube, die das verbindet. Unsichtbare Verbindungen. Konzentrierte Prosa und Lyrik haben das gemeinsam.

B.L.

Möchten Sie noch etwas anderes zum Essen oder Trinken? Ich bin am Verhungern.

A.K.

Vielleicht einen Nachtisch.

B.L.

Die haben hier einen köstlichen Nachtisch, eine Crème brûlée mit grünem Tee.

A.K.

Das nehmen wir drei Mal.

B.L.

Sie essen drei Mal Crème brûlée mit grünem Tee? In Ordnung.

A.K.

Es ist schön hier.

B.L.

Ja, es hat geklappt. Ich frage mich, ob sie Leute außen vor lassen. Ich habe angedeutet, dass wir sehr wichtig sind – ich meine, Sie sind sehr wichtig. Vielleicht sind sie etwas ängstlich, unsere Bestellung aufzunehmen, aber wir werden sehen.

Ich weiß, dass die Person, die bei Ihnen die Fakten überprüft, eine interessante Zeit hat, weil in Ihren Geschichten unklar ist, wann Sie mit historischen Tatsachen arbeiten und wann Sie Sachverhalte erfinden. Wie denken Sie über den Zusammenhang von Fakt und Fiktion?

A.K.

Etwas ist authentisch und kann authentisch sein, weil ich es erfunden habe oder es kann authentisch sein, weil man es vorfindet. Verbinden und Erfinden sind dasselbe – man muss die Authentizität überprüfen, das ist der Hauptpunkt.

B.L.

Sie haben schöne Passagen in den neuen Geschichten. Es geht darum, dass es keine Dokumente darüber gibt, wie der Himmel aussah in der Dämmerung zu einem bestimmten Zeitpunkt in der Vergangenheit. Sie untersuchen, was der offiziellen Geschichte entgeht, was sich unter- oder oberhalb der Wahrnehmung befindet, zu klein oder zu groß ist. Ist das Ihre Rolle als Autor von Fiktion?

A.K.

Seit ich Homer in der Schule gelesen habe, interessiert mich das Wort *Dämmerung* – auf Deutsch wäre „dawn" die Morgendämmerung.

B.L.

Die „rosenfingrige Morgenröte".

A.K.

Die rosenfingrige Eos. Ich denke an einen deutschen Soldaten vor Moskau in der Dämmerung im Dezember 1941. Was könnte ich über ihn schreiben? Der schwache Wechsel im Grau des Horizontes, kaum wahrzunehmen, es könnte herannahender Schnee sein. Nun können wir das mit Syrien vergleichen. Man könnte von Aleppo in Richtung Osten um fünf Uhr früh schauen. Was für einen Himmel sehen wir da? Es ist fast nie regnerisch, weil der Regen vom Mittelmeer kommt. Der Monsun kommt vom Indischen Ozean, erreicht Syrien nicht. Deswegen war der Euphrat so wichtig. Zwei Kilometer vom Euphrat entfernt finden sich Wüsten. Und die Kamera in mir nimmt diese Bilder, diese Fakten, auf.

B.L.

Können wir ein bisschen über Engel sprechen? Es ist nicht so, als exisitierten die Engel in diesen

Geschichten nicht, aber sie sind schlecht organisiert. In vielen Ihrer Arbeiten verwenden Sie die Sprache der Metaphysik – Engel, Geister usw. – und verbinden Sie mit der Sprache der „Planung“, der Sprache der Verwaltung, der Sprache der Bürokratie.

A.K.

Und der Sprache des Herzens, auf der anderen Seite.

B.L.

Alles in einem Raum. Sind diese schlecht organisierten Engel ein Grund zur Hoffnung? Sie sind, letzten Endes, Engel. Oder sind sie ein Grund zur Verzweiflung? Sie schaffen nicht viel.

A.K.

Ich bin nicht der Richter der Engel. Ich stütze mich auf die Rabbinen in Babylon. Die babylonische Tradition des Talmud wurde von Rabbinen geschrieben, die nach Rückkehr Israels aus dem Exil im Lande Nebukadnezars geblieben waren. Diese Tradition scheint mir sehr anspruchsvoll. Eine tiefere Form der Theologie. Die Rabbis in Jerusalem waren demgegenüber vorsichtiger. Die Verknüpfung zwischen all diesen Formen des Denkens ist Gershom Scholem. Er hat sehr große Ohren. Er war beim fünfzigsten Geburtstag von Jürgen Habermas anwesend. Meine Frau und ich waren damals in einer komplizierten Situation. Er sprach mit meiner Frau. Sie hatte Vertrauen in seine Worte. Das war eine der Bedingungen, weswegen mein erstes Kind geboren wurde. Auf diese Weise bin ich mit der Engelskunde direkt verbunden. Engel existieren, weil es intelligible Menschen gibt wie Gershom Scholem. Es wäre willkürlich zu sagen, dass wir nichts über

Engel wissen können, nur weil sie selten in Laboratorien auftauchen.

B.L.

Das ist schön. Wir sollten bestellen.

A.K.

Halten Sie die Aufnahme an.

B.L.

Ich möchte es nicht anhalten, weil ich fürchte, es zu löschen.

[Sie bestellen.]

Was Sie sagen, lässt mich an die Kabbala denken, an die komplizierte Numerologie. Die Beschäftigung mit Zahlen gab es dort immer. Vielleicht ist es immer schon eine Frage von Engeln und Verwaltung.

A.K.

Ja, so ist es mit der Lyrik auch. „Zahlen sind Tiere", heißt es in einem Gedicht von Chlebnikov. Plötzlich fliegt die Nummer Sieben davon. Das entspricht einem seltsamen Phänomen in der Quantenphysik. Halbe und ganze Zahlen repräsentieren dort eine für uns unsichtbare Realität, in der wir doch die ganze Zeit über leben. Es ist etwas Poetisches, dass Zahlen nicht nur etwas zum Zählen sind, sie sind Charaktere des Wirklichen, das wir nicht kennen. Wenn mir jemand sagt, dass es Engel nicht gibt, würde ich zurückfragen, wie sie oder er das beobachtet haben will.

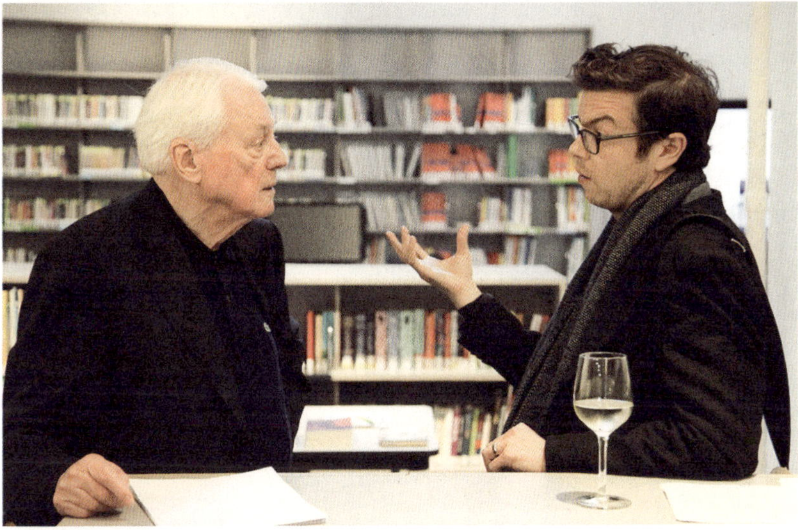

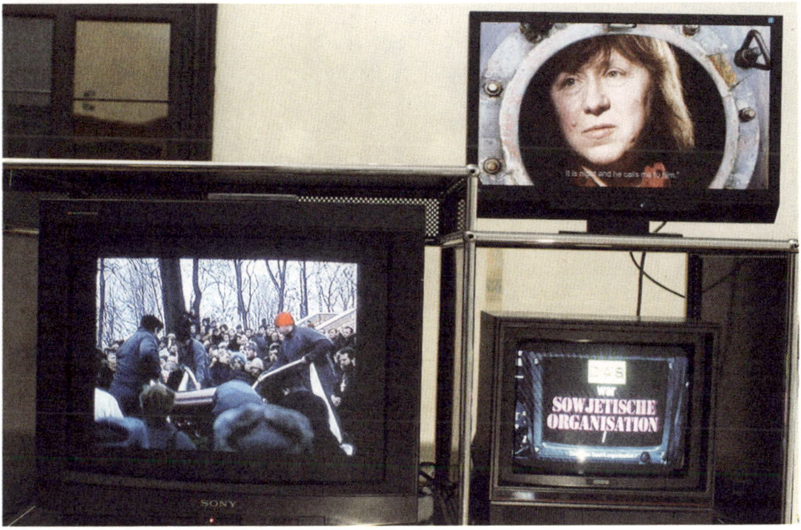

A.K. / B.L.

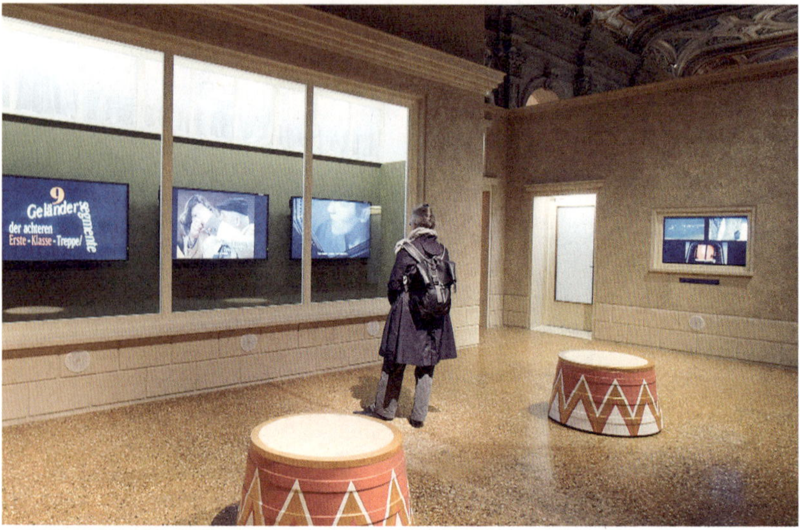
9 Geländer'segmente
der achteren
Erste - Klasse - Treppe/

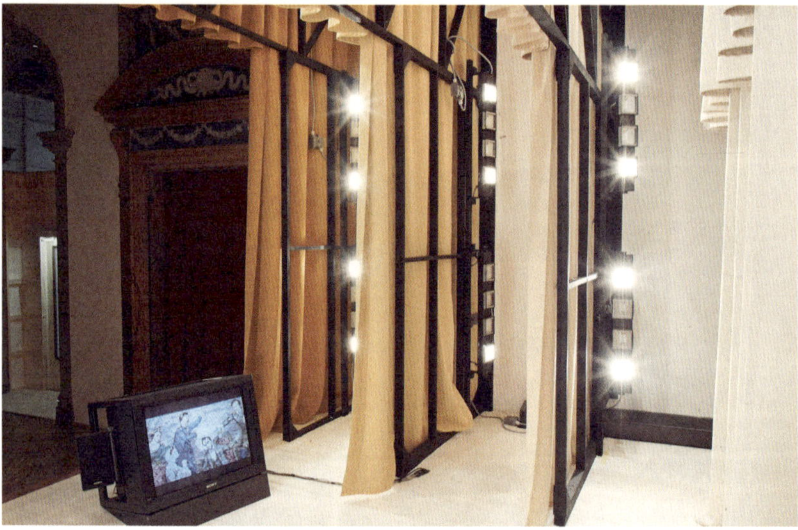

B.L.

Das erinnert mich an den schönen Moment in den Geschichten, wo Sie beschreiben, wie das Wissen der Bibliothek von Alexandria sogar nach der Zerstörung erhalten bleibt. Es handelt sich um körperloses Wissen.

A.K.

Als die Israeliten Ägypten verließen, mussten sie durch die Wüste. Damit sie den Weg zurück finden konnten, falls nötig, vergruben sie Steine in der Wüste. Und diese Steine wanderten über die Jahrhunderte vom Sinai hoch bis Prag.

B.L.

Wenn jemand Sie fragen würde: „Sind Sie religiös", was würden Sie antworten?

A.K.

Natürlich.

B.L.

Warum „natürlich"?

A.K.

Ich kenne keinen ernsthaften Menschen, der nicht religiös wäre. Ich bin evangelisch, aus Respekt vor meinem Vater. Ich bin Heide, verstehen Sie? Aber das Heidentum ist eine Religion. Für einen Dichter spielt es keine Rolle, wie die Antwort ausfällt, weil die

Literatur nicht davon abhängt, woran man denkt, sondern was man schreibt. Man muss auf die inneren Stimmen hören, die nicht lügen. Aber ohne die Religion hätte man kein Gehör. Wenn Sie mich fragen, ob ich von Adams Rippe abstamme, würde ich es verneinen. Ich stamme von Evas Rippe ab.

B.L.

Sowohl in Ihren literarischen als auch in den theoretischen Texten arbeiten Sie mit Abbildungen. Wie oder warum verbinden Sie Texte und Bilder miteinander?

A.K.

Manche Worte, manche Sätze sind Bilder. Andere sind Texte. Ein Text ist wie ein Netz. Wie das Netz der Spinne, etwas Gewebtes. Das produziert keine Bilder. Aber manche Bilder sind geschriebene Embleme. Die *Ilias* beschreibt den Schild des Achilles, und auf diesem Schild ist der gesamte trojanische Krieg abgebildet. Ist das ein Text oder ein Bild?

B.L.

Können wir über die Sympathie oder fehlende Zuneigung Ihres Freundes und Lehrers Adorno für den Film sprechen? Sie haben sich stark dem Bewegtbild zugewendet, und Adorno war vergleichsweise desinteressiert oder pessimistisch, was den Film betraf. Hat er Ihre Filme verstanden, Ihre filmischen Arbeiten gesehen?

A.K.

Ja. Wir wollten eigentlich ein Buch zusammen schreiben über Filmmusik. Die Filme, die ich mache, sind auf eine gewisse Art ikonoklastisch. Es handelt sich um sich vermindernde Bilder, niemals zunehmende Bilder. Sehr oft nehme ich ein Bild, eine Szene, und sage im Kommentar dieselbe Sache. Ich wiederhole es. Ich erzeuge eine Beziehung zwischen Text und Bild. Wenn diese Sachen auf eine Art senkrecht zueinander stehen, ist es gut.

B.L.

Ist es bei der Prosa das gleiche Prinzip mit dem Bild? Das Senkrechtstehen?

A.K.

Als Dichter erschaffe ich so viele Differenzen wie möglich. Einige kann man nur in der Vertikalen darstellen, weil sie nicht auf einer Linie nebeneinanderstehen. Eben berichte ich von einem Ereignis. Senkrecht dazu folgt ein Kommentar. Ein Bild kommentiert den Text. Ein Text wiederholt das, was auf dem Bild zu sehen ist und schafft dadurch eine Parallele, eine Distanz oder einen Perspektivwechsel. Ich bin ein Patriot des Buches, weil Bücher sehr geduldig sind. Meine Verbindung zu den *Metamorphosen* von Ovid kann ich nicht in einem Film darstellen. Und ich kann es auch nicht in Musik umsetzen. Wenn ich die Chance dazu habe, würde ich mich gern bewegen *zwischen* Rede, Text, Bewegtbild, Musik, Foto. Die Arbeit würde sich immer ändern.

B.L.

Aber Sie machen es.

A.K.

Ich versuche es, ja.

B.L.

Nehmen Sie eingelegtes Gemüse. Es ist sehr knackig. In Princeton sagten Sie mir, dass Adorno den Leuten seine Träume erzählte, und dass Sie das Gefühl hatten, dass er lügen oder die Träume erfinden würde. Warum hat er das gemacht? Hat er sich verlocken lassen von der Autorität des Unbewussten? Wollte er vorgeben, dass seine Ideen von einem anderen Ort kämen?

A.K.

Es gibt eine automatische Stimme in mir, der ich zuhören muss. Diese Stimme ist intentionslos. Sie ist am stärksten in der Nacht.

B.L.

Was bedeutet „intentionslos“ in diesem Zusammenhang?

A.K.

Absichtslos. Das Über-Ich ist nicht der Herrscher. Absichten werden ausgeschaltet. Die Betriebsgeräusche meines „Ichs“ sind leise, und jetzt bin ich tatsächlich da. Ich bin ein Prinz. Da ist etwas Wahres in der Stimme. In den Morgenstunden, wenn ich aufwache, schreibe ich Einfälle auf. Das sind keine Träume, es sind Einfälle, die ich wohl nicht hätte, wären nicht zuvor Träume dagewesen. Das sind Skizzen aus dem Reich der „rosenfingrigen Morgenröte“.

B.L.

Sie sagten mir, dass Sie gut schlafen.

A.K.

Ja.

B.L.

Erinnern Sie sich an Ihre Träume?

A.K.

Ja, aber ich traue den Träumen nicht. Es ist nur das Chaos des Tages. Aber ich mag, was ich denke direkt nach dem Aufwachen.

B.L.

Ich habe Ihren Humor erwähnt, aber Ihre Prosa kann auch recht kalt sein. Sie kann die Sprache der Bürokratie, der Standardisierung spiegeln. Könnten Sie etwas über Kälte in Ihrem Werk sagen, die Sprache der Sachlichkeit?

A.K.

Meine Körpertemperatur ist normalerweise 37 Grad. Kälte gehört zu unserem Verhältnis zur Natur. Im Weltraum ist es an manchen Plätzen extrem kalt. Unser eigener Planet war vor 500 Millionen Jahren ein Schneeball – Snowball Earth. Die Ozeane waren bis zum Grund gefroren. Unsere Vorgänger, Mikroben, besetzten kleine Ecken minimaler Wärme inmitten der Kälte. Dann breitete sich Erwärmung über die Erde aus. Die Ozeane hatten eine Temperatur von 37 Grad. Unser Körperinneres ist ein Spiegel davon. Die Gleichgewichte zwischen einst und jetzt, heiß und kalt: Das ist die Sprache der Sachlichkeit.

Wie der Zufall es will, war Ben Lerner in Kontakt mit dem Künstler Thomas Demand, mit dem ich zusammenarbeite seit 2006. In dieser Art entsteht Kooperation wie ein Puzzle und häufig aus vielen unbeabsichtigten Gründen. Thomas Demand hat dann gemeinsam mit dem Kurator Udo Kittelmann entschieden, dass Ben Lerner an der geplanten Ausstellung in Venedig als Gast teilnehmen sollte. Sie hieß *The Boat is Leaking. The Captain Lied* und fand statt in der Fondazione Prada im Palazzo Ca' Corner della Regina in Venedig. All das war keine Verschwörung, sondern eine Ansammlung glücklicher Umstände. Sie führte zu diesem Buch.

ZWEI BILDER VON PAUL KLEE

A.K. / B.L.

Wir sitzen in einem Saal des Palazzo Ca' Corner della Regina in Venedig. Die Bühnenbildnerin Anna Viebrock hat die Räume des Palazzo zu einer Ausstellung umgebaut. In einem der wenigen von Einbauten nicht veränderten Säle, der von den Handwerkern des Hauses als Werkstatt und Lager benutzt wird, sitzen wir vor einer Greenbox. Daher sieht man im Hintergrund des Gesprächs nicht das Tischlergerät und die abgestellten Möbel, sondern ein Stück aus einem Bühnenbild von Anna Viebrock. Außerdem sieht man zwei Bilder von Paul Klee, den *Angelus Novus* (1920) und *Stachel, der Clown* (1931). Der *Angelus Novus* ist bekannt geworden durch die Beschreibung von Walter Benjamin, der dieses Bild in seinem Text „Über den Begriff der Geschichte" in der IX. These kommentiert.

A.K.

Ich habe Ihnen zwei Bilder mitgebracht. Dieses Bild kennen Sie?

B.L.

Ja, ziemlich gut.

A.K.

Das ist der „Engel der Geschichte“, der ein Geschwisterkind aus derselben Serie hat. Es handelt sich um „Stachel, der Clown“.

B.L.

Der Engel sieht auch wie ein Clown aus.

A.K.

Dieser Engel blickt auf die Vergangenheit und wird in die Zukunft geweht.

B.L.

Das ist Benjamins neunte These. Wissen Sie, was man vor kurzer Zeit über dieses Bild erfahren hat? Es gibt eine wundervolle amerikanische Künstlerin, Rebecca Quaytman. Klees „Engel“ ist in Tel Aviv. Als Teil ihrer Forschung hat sich Rebecca dieses Bild in Tel Aviv angesehen. Sie hat sofort bemerkt, dass sich am Rand ein Beweis für einen Stichtiefdruck befindet. Es stellte sich heraus, dass Klees „Engel der Geschichte“ auf einem Druck von niemand anderem als Martin Luther angebracht worden war. Nur Rebecca hat dieses geheime Versteck in einfacher Sicht erkannt. Es handelt sich um ein bemerkenswertes Geheimnis aus einer Reihe von Gründen. Der „Engel der Geschichte", das Symbol des jüdischen linken Messianismus, ist auf Luther angebracht. Es stellt Benjamins Thesen und Luthers Thesen in ein neues Verhältnis. Es ist auch eine Geschichte über Reproduktion. Der Druck wurde nicht entdeckt, weil die Ränder normalerweise abgeschnitten sind, wenn das Bild reproduziert wird. Es ist eine auffallende Ironie, wenn man an Benjamins Gedanken über Reproduktion denkt. In den Reproduktionen haben wir das Bild nie wirklich gesehen. Nur eine anwesende Person bemerkt die Spuren der Gravuren von Luthers Umhang.

A.K.

Das ist eine archäologische Grabung. Sie graben nach dem Papier und bekommen eine Beziehung zwischen Luther, der immerhin ein Antisemit ist, und Paul Klee.

B.L.

Luther war auch gegen Engel.

A.K.

Dieser Engel, von dem Benjamin spricht, ist verzweifelt. Er zeigt einen Blick, der sich Ende der dreißiger Jahre auf einen Abgrund an faschistischer Massenbewegung und eine Geschichte richtet, die ihre Eingeweide zeigt. Von Gegenwehr ist keine Rede. Wir würden uns aus dem 21. Jahrhundert vielleicht wünschen, dass dieser Engel zum Archäologen wird. Engel und Clown gemeinsam, könnten so etwas machen. ‚Stachel' sieht nicht halb so verzweifelt aus wie ‚Angelus'.

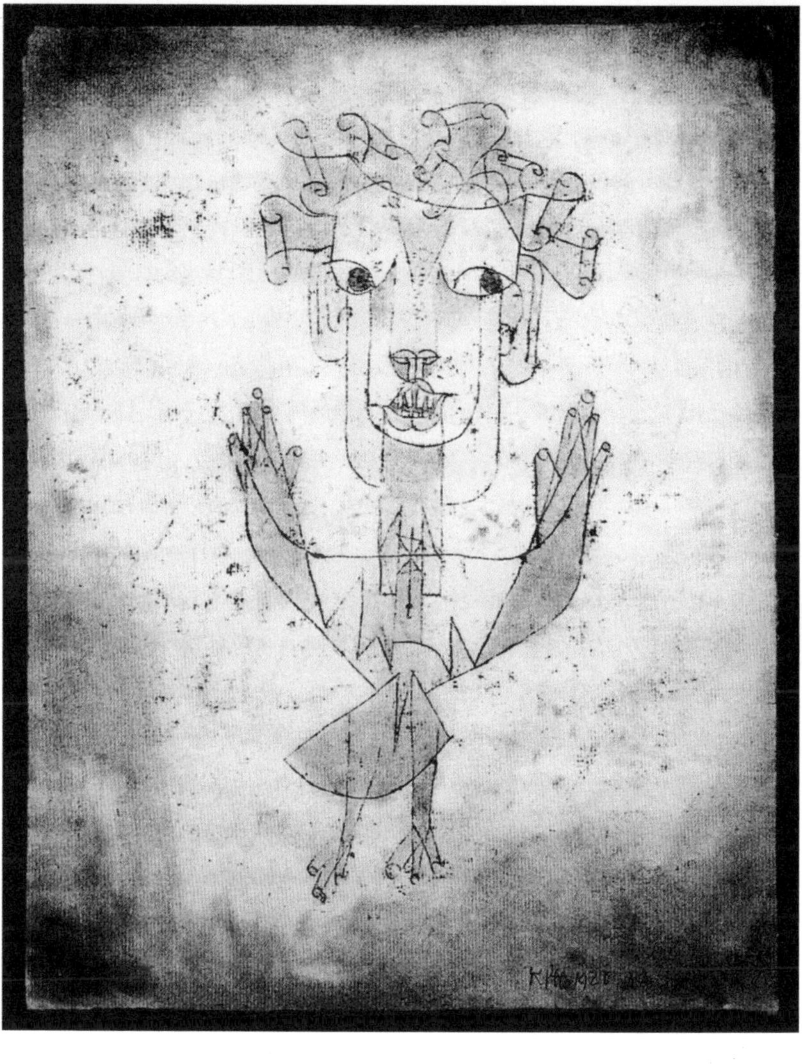

↑ Abb.: *Angelus Novus* (1920) von Paul Klee.

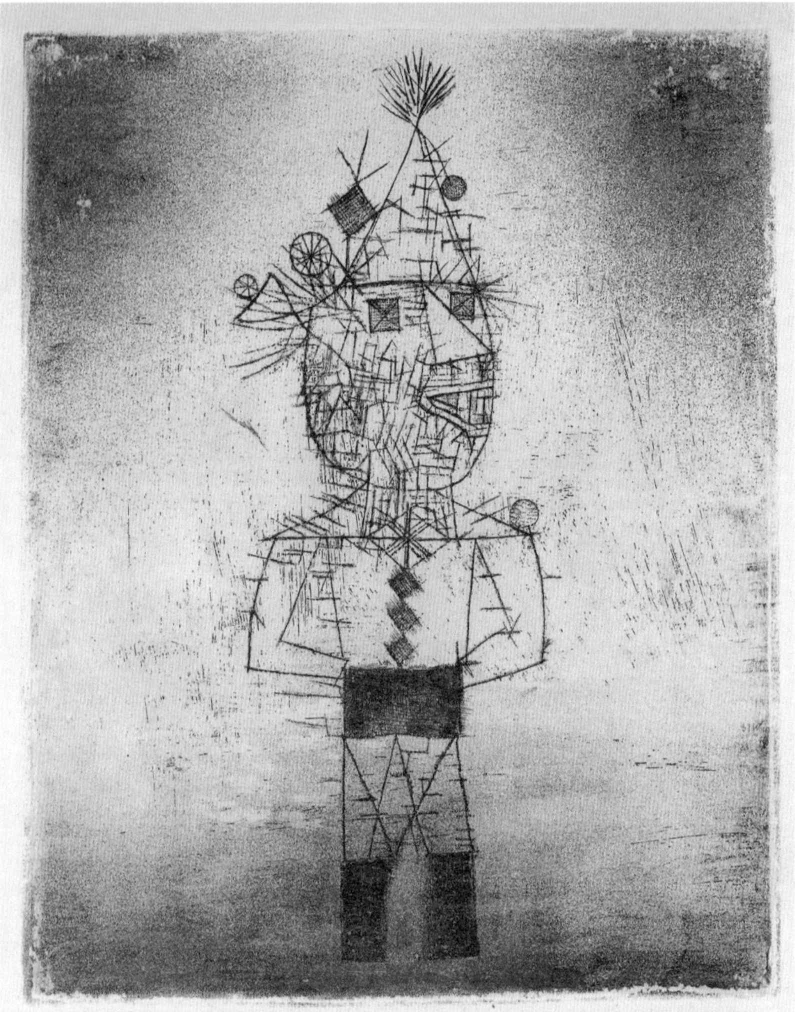

↑ Abb.: *Stachel, der Clown* (1931) von Paul Klee. Gemeinsam können die beiden als gute Archäologen gelten, wobei Stachel praktischer gesinnt ist als Novus.

„Zwei ungleiche Engel der Geschichte
Mit Hacke und Spaten
Kooperativ
In den kurzen ruhigen Zeiten der Geschichte
Als Archäologen tätig
Vorräte anzulegen
An Mut.“

Von Angelus Novus heißt es „… er möchte wohl verweilen, die Toten wecken und das Zerschlagene zusammenfügen. Aber ein Sturm weht vom Paradiese her, der sich in seinen Flügeln verfangen hat und so stark ist, dass der Engel sie nicht mehr schließen kann. Dieser Sturm treibt ihn unaufhaltsam in die Zukunft … Das, was wir den Fortschritt nennen, ist *dieser* Sturm“.

Stachel, der Clown hat vor seinen Augen „den Trümmerhaufen, der vor ihm zum Himmel wächst“. Der Witz in seinen Augen aber weht Stücke aus diesem Haufen in die Ferne. Er besitzt Hacke und Spaten. Er will das Werkzeug von Fall zu Fall dem Kollegen Novus ausleihen.

VIER ARBEITEN VON R.H. QUAYTMAN MIT BEZUG AUF PAUL KLEES *ANGELUS NOVUS*

→ *קקח, Chapter 29* (2015) von R.H. Quaytman.
Enkaustik, Siebdruck, Gesso auf Holz.

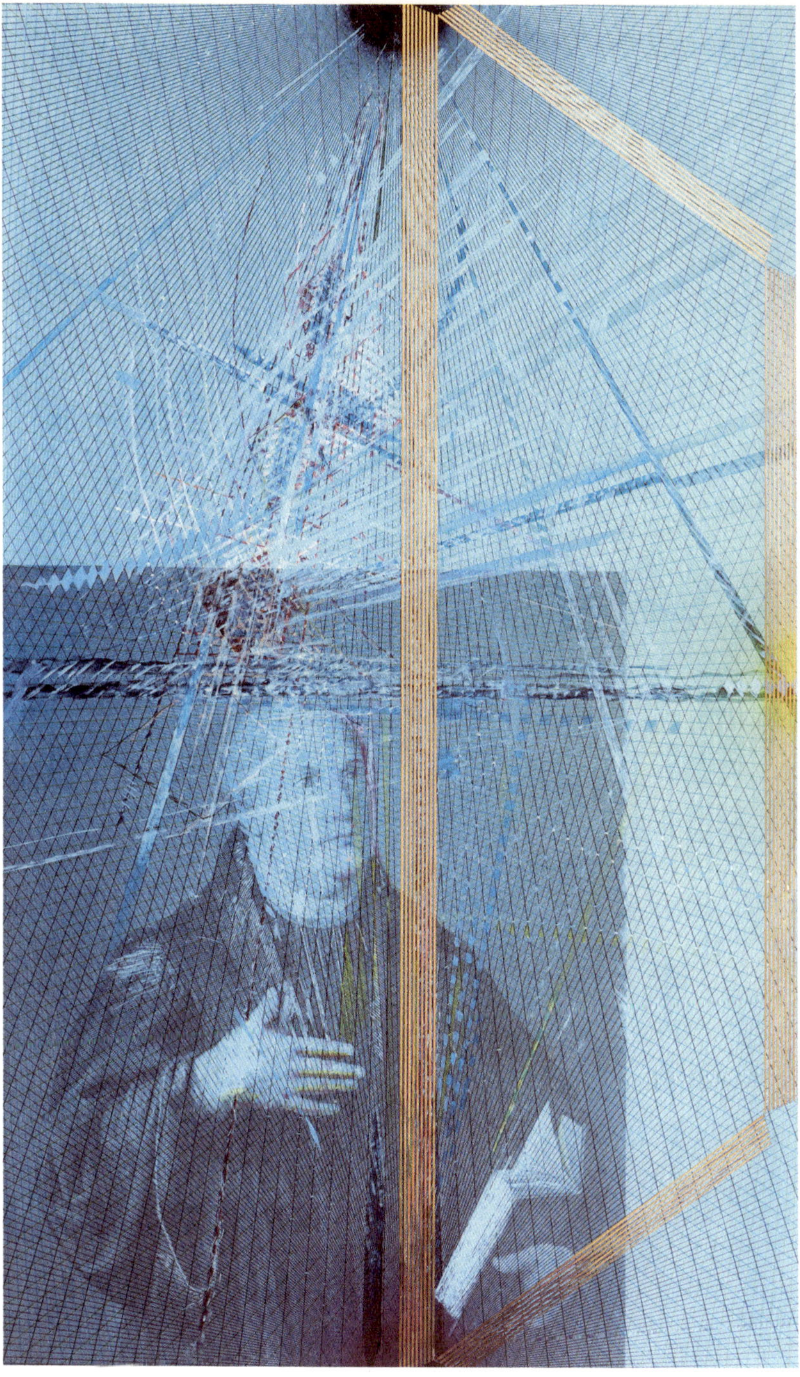

R.Q. 105

→ *קקח, Chapter 29* (2015) von R.H. Quaytman.
Gouache, Kasein, Ölfarbe, Siebdruck, Gesso auf Holz.

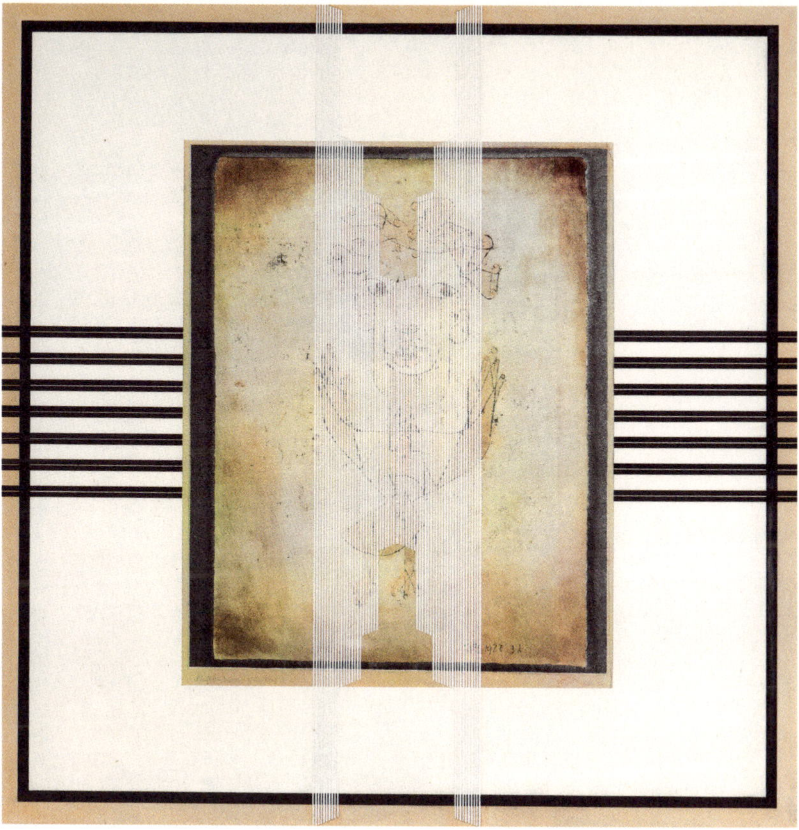

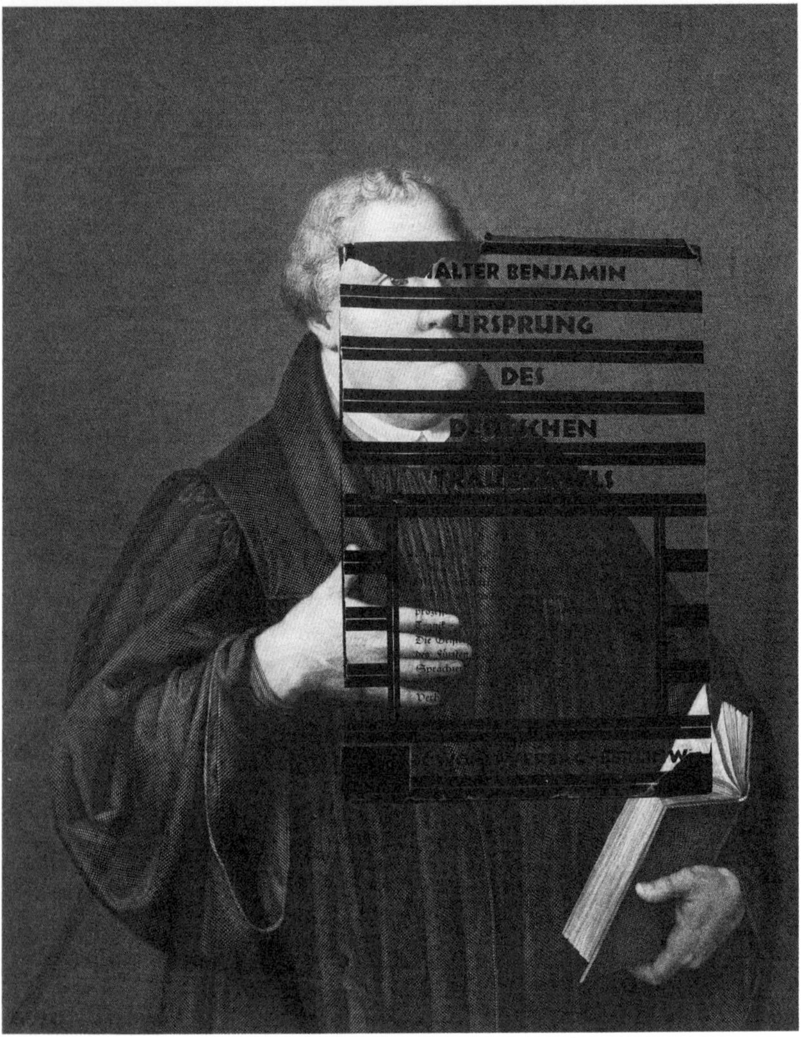

R.Q. 108

← Digitale Illustration für dieses Buch von R.H. Quaytman.
→ Digitale Illustration für dieses Buch von R.H. Quaytman.

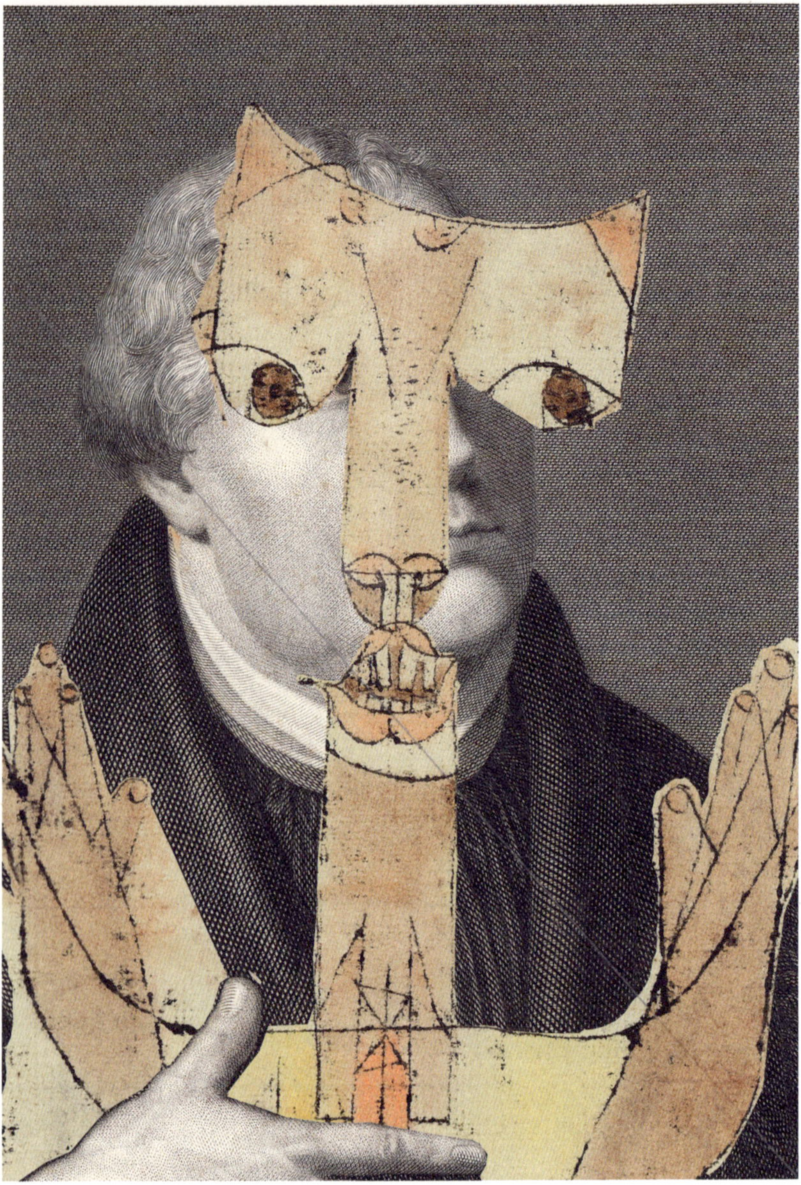

R.Q. 110

„THE SNOWS OF VENICE“

LANGSAME SONETTE FÜR ALEXANDER KLUGE

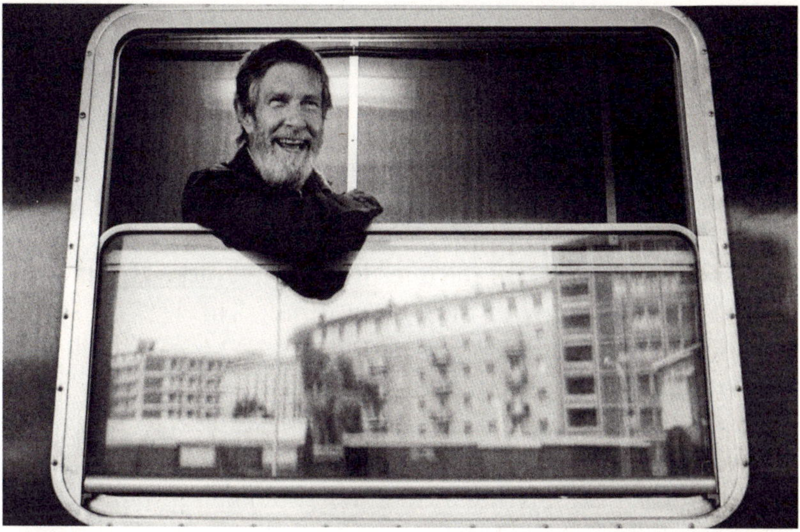

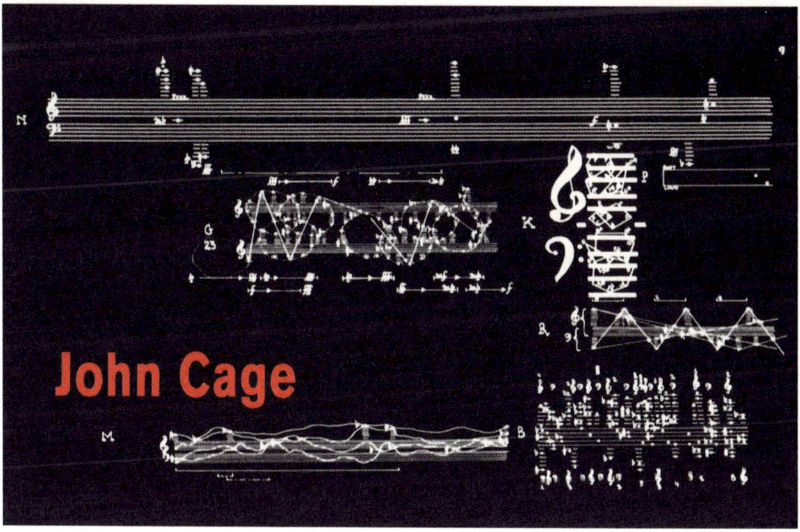

John Cage

A.K.

113

Das ist am Besten als eine Theaterarbeit zu verstehen
Das ist, wo ein Kreuzfahrtschiff 2020
Auf Grund lief, sich ein dunkler Glanz in der Bucht ausbreitete
Und das ist Farbe, die sich in Punkte und Flecken auflöst
Füllungen für die Zähne, Klappen für die Herzen
Das ist Schnee, der auf Venedig fällt (in einem Roman)
Ein Medium weniger dicht als normale Luft
Und das ist Festtag im Hospiz
Auf Deutsch ein Wort, ohne Vokale
Lange bevor es denkbar gewesen sein sollte
Ein gewöhnlicher Sims über dem Abakus
Während draußen die Dunkelheit, obengenannter Glanz
Von den Baumeistern als Omen aufgefasst wird, und das
Ein hammerförmiges Kapitell an einer sich verdickenden Wand

*

This is best understood as a work of theater
This is where a cruise ship ran ashore
In 2020, a dark bloom spread through the embayment
And this is color separating into dots and patches
Fillings for the teeth, valves for the hearts
This is snow falling on Venice (in a novel)
A medium less dense than regular air
And this is feast day at the hospice
A single word in German, without vowels
Long before it should have been thinkable
A common cornice appears over the abacus
While outside the dark, aforementioned bloom
Is taken as an omen by the builders, and this
A hammer-shaped capital affixed to a thickening wall

*

Ich habe die bloßen Stellen mit prächtigem Laub überdeckt, dem pikantesten Bildeffekt (nicht erhalten)

Für den Vortrag über die Kolonisierung der Lebenswelt heute Abend habe ich die Fenster abgeklebt, bitte vergewissern Sie sich, dass Ihre Telefone ausgeschaltet sind

Ich möchte mit ein paar Minuten Stille beginnen, in denen wir den langsamen Puls des Evolutionszyklus spüren, und sage gleich, dass dies aufgrund des rauschenden Bluts unmöglich ist

Und darf an dieser Stelle anmerken, dass das Missverstehen individuellen Herzschlags als größerer historischer Rhythmus den Roman hervorbrachte

Denn jede adäquate Theorie der Arbeit muss mit der Gegenarbeit von paradoxem Schlaf rechnen

Genau wie sich Schlager aus dem Verhältnis von individuellen Tränen und Regen ergeben

Ich glaube, das ist es, was er mit dem *Denkbild* der Schweißerin meint, die ihre Arme „flügelartig" wie ein Vogel anlegt

Oder der Statik des Nervensystems, wie verirrter Militärfunk, der für Geräusche außerirdischen Lebens gehalten wird

Ich meinte paradoxe Sprache, die Art, in der ein Vogel unreif in den Himmel geschubst wird

I have covered the blank spaces with flamboyant leafage,
the most piquant of pictorial effects
(now lost)

I have papered over the windows for tonight's
presentation on the colonization of the life-world,
please make sure your phones are off

I would like us to begin with a few minutes of silence in
which we register the slow pulse of evolutionary
cycles, admitting at the outset that this is impossible,
given the rush of blood

And here I might mention the confusion of the
individual heartbeat for larger historical rhythms
gave rise to the novel as a form

For any adequate theory of labor must account for the
counter-labor of paradoxical sleep

Just as popular song arises out of the relation between
individual tears and rain

I believe this is what he means by the *Denkbild*
of the female welder sweeping her arms back in the
"winglike fashion" of a bird

Or the static of the nervous system, like a stray military
transmission confused for the sound of alien life

I meant paradoxical speech, the way a bird is thrown
prematurely into the sky

Oder das *Denkbild* des Dogenpalasts, seines Systems beweglicher Tore, des Kreuzfahrtschiffs als schwimmender Burgruine, barocker Himmelsgloben und Mandeln, die zu tropfen beginnen (ihr langsamer Puls)

Nun möchte ich einen kleinen Film zeigen, in dem ein Vogel Blendenverschlüsse und nahende Kettensägen imitiert, von seiner drohenden Vernichtung singt, nicht zu verwechseln mit Bewusstsein, das hinterherhinkt

Das sich tatsächlich aus dieser Lage ergibt oder Lagune oder Laokoon, Wörter für denselben Gegenstand: ein Schwebezustand, ein dunkler Glanz

Würdest du nicht davon ausgehen, dass politische Erfahrung auf Berührung beruht, speziell angeschlagenen Obsts, wärst du (und du bist) heute Abend nicht hier

Schnee fällt zwischen Stimulus und Reaktion

*

Or the *Denkbild* of the Doge's Palace, its system of
mobile gates, the cruise ship as floating castle
ruin, Baroque spheres and almonds beginning to
drip (slow pulse of it)

Now I'd like to play a clip of a bird mimicking camera
shutters and approaching chainsaws, singing the
song of its imminent destruction, not to be confused
with consciousness, which lags

Which in fact arises out of that lag or lagoon or
Laocoon, all words for the same thing: an abeyance,
a dark bloom

If you didn't think political experience was grounded
in the sensation of touch, particularly of bruised
fruit, you wouldn't be here tonight (and you're not)

Snow falls between stimulus and response

*

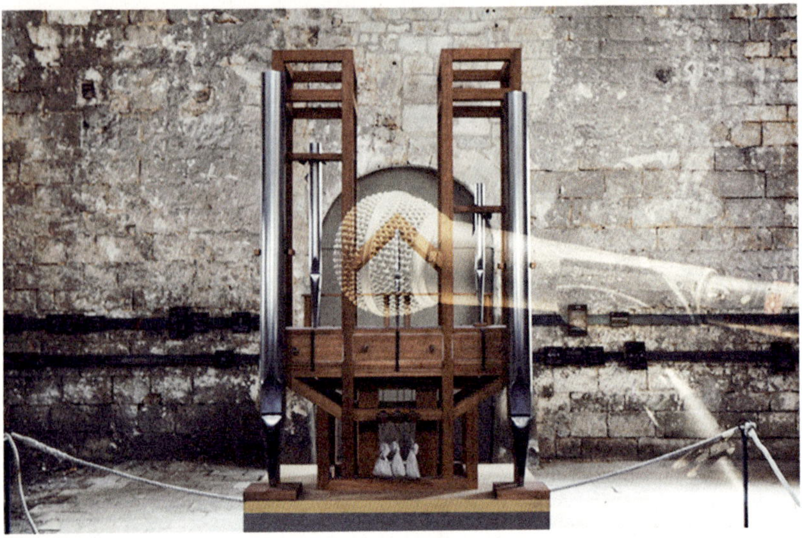

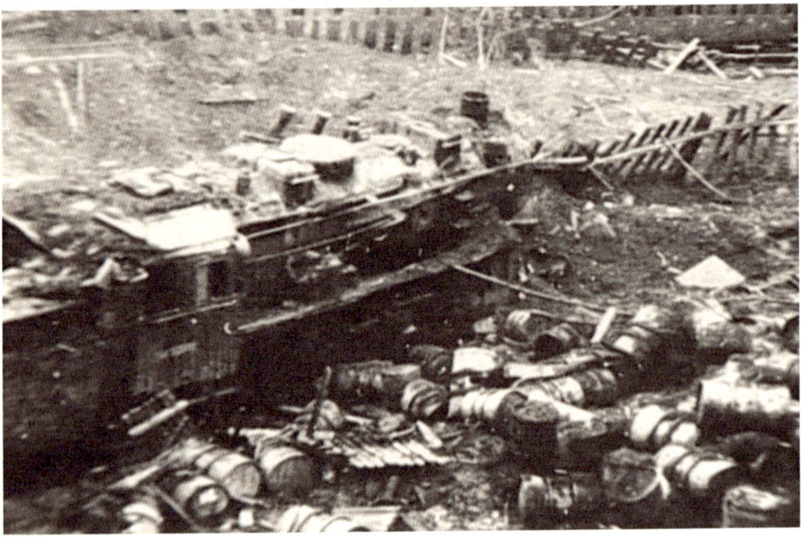

B.L.

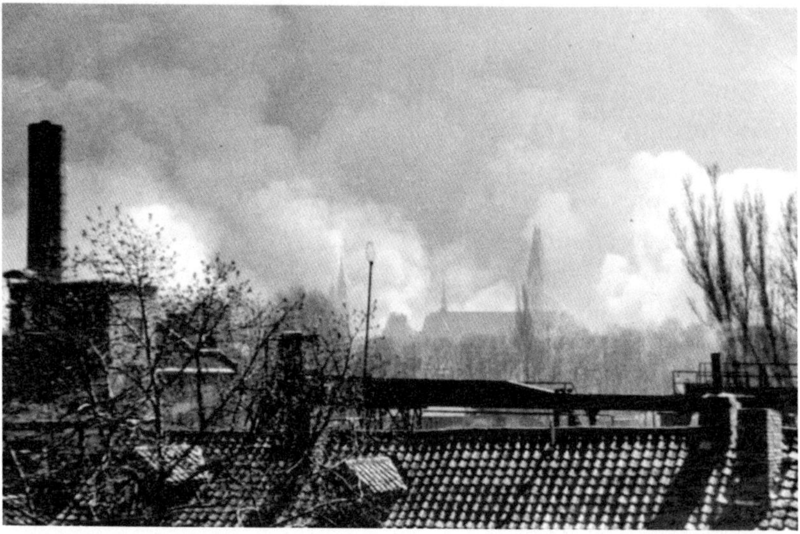

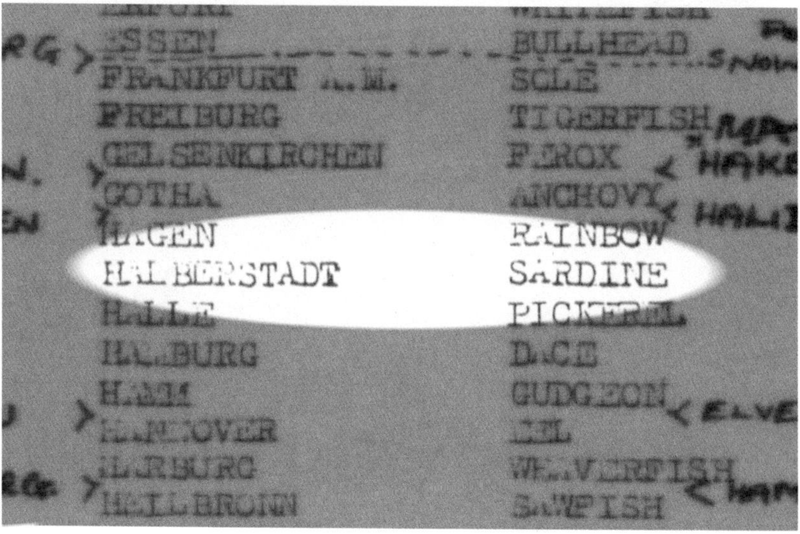

ESSEN	BULLHEAD
FRANKFURT A.M.	SOLE
FREIBURG	TIGERFISH
GELSENKIRCHEN	FEROX
GOTHA	ANCHOVY
HAGEN	RAINBOW
HALBERSTADT	SARDINE
HALLE	PICKEREL
HAMBURG	DACE
HAMM	GUDGEON
HANNOVER	EEL
HARBURG	WEAVERFISH
HEILBRONN	SAWFISH

Ein Orgelstück, das sechs Jahrhunderte dauert
Beginnt in der rekonstruierten Stadt

Gedämpft von einem Kubus aus Glas
2020 werden die Akkorde wechseln

Um die Bürger von Halberstadt
Vor den nahenden Bombern zu warnen

Am 8. April 1945

*

Halberstadt brennt, or the slowest music in the world

An organ piece lasting six centuries
Begins in the reconstructed city

Muted by a cube of glass
The chords will change in 2020

To warn the citizens of Halberstadt
Bombers are approaching

On April 8th, 1945

*

Fälschlich mit „tonaler Krieg“ übersetzt
Bleibt der Sinn des Satzes unverändert

Ungebändigte Melodien sind süß
Sie neigen zu Formen

Gläsern und andern amorphen Sonetten
(Mein Italienisch ist eingerostet; mein Deutsch: Rost)

Die Fenster zerspringen zuerst
Die Fenster regnen in die Straßen

An ihren Proteinketten zerrend
Da es kein Wort für Denken gibt

(Sie neigen zu Formen)
In der westlichen Musik, ein Kubus aus Gas

Da es keine Phonographen gibt
Kann die Identität des Vermissten nicht

*

Halberstadt brennt, or the slowest music in the world

Mistranslated as “tonal war”
The sense of the sentence is unchanged

Unchained melodies are sweet
They have a tendency to form

Glasses and other amorphous sonnets
(My Italian is rusty; my German: rust)

The windows shatter first
The windows pour into the streets

Tearing at their protein chains
Because there is no word for thought

(They have a tendency to form)
In Western music, a cube of gas

Because there are no phonographs
Identity of the missing cannot be

*

Als Kind hielt ich Nacht und Tag für Gegensätze,
während ich sie jetzt für Abstufungen halte
Die äußere, häufig essbare Schicht des Schattens
Wie jedes Kind lebte ich in einer Domstadt ohne
strategische Bedeutung

In der Dämmerung konntest du hören, wie die Pollen
von den Staubblättern zur Narbe wandern,
langsamste Waldmusik
Du konntest hören, wie die Schatten zu Samen werden
Als Kind hielt ich Nebel für einen zivilen Ort, an dem
sich Menschen um Musik versammeln, während ich
heute

Beim Landen die Metallarmlehnen umklammere, auf
dem Flügel Mondlicht
Das ist die sanfteste Musik der Welt, hellgrüner Glanz
in Süßwassersystemen, rote Gezeiten vor der Küste
Die Vögel imitieren die sie umgebende Stille

Die Vögel brechen die Schatten mit hochspezialisierten
Schnäbeln auf
Wie jedes Kind ging ich endlos träumend über ein
sphärisches Feld, während ich heute anwaltlich tätig
bin
Doch das Gesetz bleibt stumm oder ist dehnbar an
diesem Punkt

Durch die Speziallinse des gestuften Staubs
Sehe ich die Bäume als Register, deren
korrespondierende Tasten unter der Erde sind

*

Halberstadt brennt, or the slowest music in the world

As a child I thought of night and day as an opposition
 whereas now I grasp it as gradation
The outer, often edible layer of shadow
Like every child, I lived in a cathedral town
 of no strategic importance

At dusk you could hear the pollen moving from
 the stamens to the stigma, slowest music in the forest
You could hear the shadows develop into seeds
As a child I thought of dusk as a civilian site where
 people congregate for music whereas now

I grasp the metal arm rests as we descend, moonlight
 on the wing
This is the softest music in the world, bright green
 blooms in freshwater systems, red tides off the coast
The birds are mimicking the surrounding silence

The birds are cracking open the shadows with highly
 specialized beaks
Like every child, I wandered over an orbed field
 in endless fantasy whereas now I practice law
But the law is silent on this point or soft

I see the trees as ranks of pipes whose corresponding
 keys are underground
Through the specialized lens of the graded dusk

*

Musik berührt ein Gebiet, keinen Punkt
Sie steigt an einem Bein hoch und hält das Herz an

Eben das geschah in Mitteleuropa
(Die Hufe der Schläfer im Gras

Bahnen der Melodie mögliche Pfade)
Wandert im selben Moment am andern hinab

Körper qualmen zwischen blauen Blumen
Die Klangstrukturen bersten oder entstellen

Erzeugen die Illusion von Wirkung
(Schönberg selbst verabscheute den Begriff)

„Nie wecke ein kollektives Bewusstsein"
Spannung flackert über die Kopfhaut

Der Traum wählt den Schläfer
Wie ein Tornado aufsetzt

*

Halberstadt brennt, or the slowest music in the world

Music strikes an area, not a point
It goes up one leg and stops the heart

This is what happened in central Europe
(The hooves of sleepers on the grass

Create potential pathways for the melody)
Then travels down the other in an instant

Bodies smoke among blue flowers
The timbre structures split or scar

Producing the illusion of agency
(Schoenberg himself detested the term)

"Never wake a collective subject"
Voltage fluctuates across the scalp

Like a tornado touching down
The dream selects its sleeper

*

Jede Nacht nach der Aufführung
Muss die Stadt vor einem unfreiwilligen Publikum
Aus Sternen abgerissen werden
Laiendarsteller stürzen

Ein Schneeeffekt wurde erzielt
In den Wimpern von Soldaten
Die für ihre Rollen ohne Text
Deutsch gelernt haben

Wilde Tiere lauschen gebannt
Schallplattenmusik
Mittels justierbarer Gegengewichte
Werden die Kulissen hochgezogen

Und über dem für Parzival eingerichteten Raum
Schwebt eine Drohne, weiß

*

Halberstadt brennt, or the slowest music in the world

Every night after the performance
The city must be taken down
Before a captive audience of stars
Nonprofessional actors fall

A snow effect has been achieved
In the eyelashes of soldiers
Who've learned German for their roles
All of them nonspeaking

Wild beasts are spellbound
By recorded music
By means of adjustable counterweights
Scenery is flown

And over the space blocked out for Parsifal
A hovering white drone

*

Es ist gut, jung zu sein im verfrühten Herbst, mit dem Atomblitze die Hügel überzogen haben. Im dunklen Laub (in einem Roman) leuchten die Goldorangen
Verschiedene Grade von Unwirklichkeit schleichen ins Bild
Wenn uns das epische Theater etwas gelehrt hat, dann das: Um eine Explosion in Zeitlupe zu rekonstruieren, musst du das Zimmer ganz aus Papier bauen, dann in Stücke schneiden
Sieh dir die Myrten und Lorbeerbäume genau an. Jeden Moment werden sie blühen, Kitsch

Ich las eine Prosaübersetzung der *Venezianischen Epigramme*, als sich, seltsamer unwillkürlicher Haltungen wegen, eine kleine Menschenmenge um mich versammelte
In dem Moment begriff ich, dass ich keine Ahnung davon hatte, was man gemeinhin mit „Erfahrung“ meint

Drück deine Arme dreißig Sekunden lang gegen den Türrahmen, dann tritt zurück und sie heben sich wie fremdbestimmt in die Luft. Jetzt stell dir vor, wie das acht Millionen Menschen zugleich geschieht
Ich sah die See glänzen

Ein Blumenregen über mir
Es ist gut, jung zu sein, auf einer Decke in hohem Gras Präzisionsgriffe zu üben, während überlieferte Sinnordnungen orangefarben leuchten
Die nastische Bewegung dunkler Blätter in Reaktion auf die Nacht. Die schwache Andeutung von Bewusstsein, wie der Duft nach einem Sturm
Ich drückte meine Zunge an den Türrahmen, trat zurück. Paradoxe Rede hob sich in weiße Luft

It is good to be young in the premature autumn
inflicted on the hills by flash radiation. Through
dark leaves (in a novel) the golden oranges glow
Different levels of unreality creep into the image
If epic theater has taught us anything, it's that to
reconstruct an explosion in slow motion you have to
build the entire room out of paper, then cut it into bits
Look closely at the myrtle and bay trees. Any second
they will blossom into kitsch

I was reading a prose translation Goethe's *Venetian
Epigrams* when a series of strange postural
automatisms caused a small crowd to form around me
It was then that I realized I have no idea what is
commonly meant by "experience"
Press your arms against the doorframe for thirty
seconds then step away and they will rise into
the air as if under some external force. Now imagine
that happening to eight million people at once
I saw the sea gleam

Over me a rain of flowers
It is good to be young, practicing precision grips on a
blanket in tall grass, as traditional orders of meaning
glow orange
In response to nightfall, the nastic movement of
dark leaves. The faint suggestion of consciousness,
like the odor after a storm
I pressed my tongue against the doorframe, stepped
away. Paradoxical speech rose into white space

Ich denke, dass ich eine Erfahrung machen könnte, eine Reihe rhythmischer Kontraktionen, wenn die Bedingungen in langsamen Wellen nach außen liefen

Wie die Luft nach einem Sturm, wollte ich sagen, keimen Pflanzen unter Druck, kleine Bläschen an den Poren, dann Ausstoß von Aerosol

*

I think I could have an experience, a series of rhythmic
contractions, if the conditions moved outward
in slow waves

Like the order after a storm, I meant to say, plants
germinating in distress, small bubbles on the pores,
then aerosol release

*

Sagen wir, ich bin eine Papierfigur, zwischen eine Lichtquelle und einen Wandschirm gehalten; dennoch empfinde ich Schmerz. Bestimmte Qualia entkommen durch ein Loch im Käfig, auf ihren Flügeln Mondlicht

Das nennt man den Fehlschluss des maskierten Manns

Als ich in Venedig war, dachte ich mir Kriterien für Regen aus. Er muss Stein dunkel färben, zum Beispiel. Er muss abstrakt sein. Er muss angenehm sein. Doch wie kann ich das wissen, wenn jemand anderes darin ist? Er oder sie könnte sich verstellen

Sagen wir, ein Mann (maskiert) geht in einer Privatsprache auf dich zu. Er ist mit starken Netzen am Boden verankert. Er zeigt auf einen Vorgang in seiner Kehle (Poesie)

Wenn Regen im falschen Teil des Körpers wahrgenommen werden kann, weitab vom auslösenden Reiz, kann er auch zur falschen Zeit erlebt werden, das Manuskript auf deinem Schreibtisch dunkel färben

Das macht es schwer zu fotografieren

Dennoch zieht sich ein Mann in eine Gebirgsvilla zurück, um seine einflussreiche Theorie der Erfahrung so umzuschreiben, dass sie besser mit der Möglichkeit von Illusion vereinbar ist. Dort wird er zu Stein oder Alk

Das ist der Punkt, am dem das Sonett umschlug

Say I am a paper figure held between a light source and a screen; nevertheless, I experience pain. Special qualia escape through a hole in the cage, moonlight on their wings

This is known as the masked man fallacy

When I was in Venice I thought up some criteria for rain. It must darken stone, for example. It must be abstract. It must give pleasure. But how can I know when another is in it? He or she could be feigning

Say a man (masked) walks up to you in a private language. He is anchored to the ground by webs of tough tissue. He is pointing to a process in his larynx (poetry)

If rain can be perceived in the wrong part of the body, away from the stimulus, then it can also be experienced at the wrong time, darkening the manuscript at your desk

This makes it difficult to photograph

Nevertheless, a man retreats to a mountain villa to revise his influential theory of experience so that it better accommodates the possibility of illusion. There he turns to stone or drink

This is where the volta was

Dort verdichtet sich bei Sonnenuntergang der Verdacht, dass er eine täuschend echte Maschine ist. Er hört, wie der Regen fällt oder sich verstellt über der endlosen Fichten-Monokultur

Es muss die Zerstörung öffentlicher Besitztümer einschließen. Es muss dem Geheimdienst weitgehend erfolgreich widerstehen. Es muss schwer zu fotografieren sein. Es muss eine private Morphologie von Nadel und Zapfen beinhalten. Es gibt ein paar Kriterien für die Bühnengestaltung

Wovon wir nicht sprechen können, das muss von Flugzeugen in Keilformation überflogen werden. Oder, in der Übersetzung von Ogden: Worüber man nicht sprechen kann, dafür muss man überflogen werden (von Flugzeugen)

Das Problem mit Regen ist, dass er Unausgesprochenem Gestalt gibt, auch wenn das im Deutschen aufgrund der Verbstellung unproblematisch ist

Das ist ein Loch in der Seite

Hältst du ein deutsches Verb zwischen eine Lichtquelle und einen Wandschirm, bekommst du Futur II („Es wird geregnet haben"; „Der Regen wird zu Stein geworden sein")

*

There the suspicion that he is a convincingly designed
automaton intensifies at sunset. He listens to rain
fall or feign across the vast spruce monoculture

It must involve the destruction of civilian property.
It must resist the intelligence agency almost
successfully. It must be difficult to photograph.
It must entail a private morphology of needle
and cone. These are some criteria for stage design

What we cannot speak about must be passed over
by aircraft in staggered formation. Or, in the Ogden
translation: Whereof one cannot speak, therefore
one must be passed over (by aircraft)

The problem with rain is that it lends concreteness to
the unspoken, although this is not a problem in
German, given the placement of the verb

This is a hole in the page

If you hold a German verb between a light source
and a screen, you get the future perfect ("It will have
rained"; "The rain will have turned to stone")

*

Objekte wurden gepaart und zentriert
Objekten wurde Tiefe und Schatten verliehen

Nimm den Geiger auf dem sinkenden Linienschiff
Der Ton ist schmerzhaft voll und weich

Wir können über die Gleichgültigkeit
Seiner stumpfen, nachlassenden Augen hinwegsehen

Aus dem Leben gegriffen, gerissen
Außerordentlich fein ist die Komposition

Von Klängen, die im Mondlicht verfault,
Das im Meer verfault, langsamste Musik

In seinem weißen Ärmel, blau und grau getönt
Mehr als alles andere täuscht seine Modernität

Die bloßen Andeutungen von Möwen
Der reinen Abstraktion ihrer Schreie

*

Objects have been paired and centered
Objects have been given depth and shadow

Take the violinist on the sinking liner
The tone is painfully rich and mellow

We can overlook the arbitrary treatment
Of his dulled, recessive eyes

Taken from life, torn from it
Exceptionally fine is the composition

Of sound decaying in the moonlight
Decaying in the sea, slowest music

In his white sleeve, toned with blue and gray
Above all else, its modernity lies

The gulls mere suggestions
Of the pure abstraction of their cries

*

Wir haben die Linse mit Tüll verhängt, um die Konturen des Bilds zu dämpfen. Wir haben eine zweifache Beziehung zu unseren Materialien. Rechter Hand krabbelnde Ameisen. Die Linke legen wir in eine Schachtel

Die Unterzeichnenden betrachten sich zunächst als Objekte, dann als Deutsche

Wir werden das Auge von der endlosen Kleinarbeit befreien, Licht und Tiefe zu registrieren (Schneefälle von Venedig)

Die Blickrichtungen von Statuen bleiben erhalten, nachdem du sie gestürzt hast, darum geht es in diesem Film. Wenn du durch die Stadt gehst, spürst du sie dein Gesicht streifen, dafür ist das Gesicht da

„Darum geht es“, „dafür da“ – Reste der alten Ordnung, Manschettenknöpfe eines Kapitäns, die Mondlicht spiegeln, während das Kreuzfahrtschiff auf Grund läuft. Und doch sind dies unsere Materialien, die sich selbst unterliegen. Eine Art Untersang

(Ein Sextett, verteilt im Oktett, sodass das Umschlagen angelegt ist, aber nie eintritt)

Wenn Kunst den Blick erweitert, erweitert Kapital die Boulevards. Wenn historisches Wissen in sinnliche Wahrnehmung übersetzt wird, erhält ein Engel seine Flügeldecken, die oft verschmelzen, ihn flugunfähig machen, entflammbar

We have hung tulle over the lens to muffle the contours of the image. We have a twofold relation to our materials. On the one hand, crawling ants. The other hand we place in a box

The undersigned consider themselves objects first, Germans second

We will emancipate the eye from the endless microlabor of registering light and depth (Snows of Venice)

The sightlines of statues remain after you pull them down, that's what this film is about. When you walk through the city you can feel them brush against your face, which is what the face is for

"About," "for"—remnants of the old order, a captain's cufflinks catching moonlight as the cruise ship runs ashore. And yet these are our materials, folding in on themselves. A kind of undersong

(A sextet redistributed among the octet so the volta is immanent but never arrives)

When art widens the angle, capital widens the boulevards. When historical knowledge is translated into sense perception, an angel gets its elytra, which often fuse together, rendering it flightless, flammable

Wir definieren einen Schauspieler als jemanden, der behauptet, das Feuer sei Teil der Aufführung, um das Publikum nicht zu beunruhigen. So definieren wir auch Politiker oder Eltern oder Geiger

In einem gut besuchten Filmtheater Feuer! rufen, wo kein Feuer ist (Poesie); in einem Theater ohne Besucher Feuer! rufen (Philosophie); 75 Jahre zu spät in einem Theater Feuer! rufen (Politik)

Wir fordern, dass nichtprofessionelle Schauspieler rapider Oxidation anheimfallen. Das Feuer kann gleichzeitig innerhalb und außerhalb der Aufführung brennen, ohne dass die Flammen irgendetwas abbilden

Das sind Schnipsel aus Eisensteins *Kapital*-Adaption, umverteilt in dunklem Laub

Das ist ein Manifest in Hexametern, das den Tod des alten Kinos verkündet (durch Feuer). Der Hexameter ist eine Art Linse

Wir meiden digitale Technologien, die Celluloid ersetzen. Zum einen, weil Celluloid früher dazu verwendet wurde, die Wunden von Soldaten abzudecken, zum anderen, weil es so leicht aufnimmt und unterliegt

Aus den Unterzeichnenden steigt Rauch auf

*

We define an actor as someone who pretends the fire is part of the performance so as to prevent the audience from panicking. That is also how we define a politician or parent or violinist

To shout fire in a crowded movie theater when there is no fire (poetry); To shout fire in a theater when there is no crowd (philosophy); To shout fire in a theater seventy-five years too late (politics)

We demand nonprofessional actors subject to rapid oxidization. The fire can burn inside and outside of the performance simultaneously without the flames portraying anything

These are rushes from Eisenstein's adaptation of *Capital* redistributed among dark leaves

This is a manifesto written in hexameters proclaiming the death of old cinema (by fire). The hexameter is a kind of lens

We eschew digital technologies for celluloid. This is both because celluloid was once used to dress the wounds of soldiers and because it so easily catches and folds in

Smoke rising from the signatories

*

Es war meine zweite Natur, dann dritte
Dann eine mindere dritte, traurigste Zeit

Ich wurde mit Verhaltensweisen geboren, geformt
Von künftigen Reizen, kleine Antiquitäten

Weisheitszähne, Schwanzrudimente
Verkümmerte Gefühle bei Anbruch der Dunkelheit

Um in einem Strom von Geräuschen ein Wort
aufzuspießen
Entwickelte ich Augenpunkte auf meinen Flügeln

Die immer verglühten, wenn ich versuchte
Mich mit Kerzenflammen, elektrischem Licht zu
paaren

Ich nahm es aus dem Mund, um zu schlafen
Ich sah es im Glas blühen

Sank dann ins Wasser zurück wie
Wuchs dann aus der Erde als

*

It was second nature to me, then third
Then a minor third, saddest interval

I was born with behavior learned
From future stimuli, small antiquities

Wisdom teeth, the relic of the tail
Vestigial feelings as night fell

To spear a word in a stream of sound
I developed eyespots on my wings

Dying each time I tried to mate
With candle flame or electric light

I removed it from my mouth for sleep
I watched it flower in the glass

Then fell back into the water like
Then emerged out of the soil as

*

Letzten Herbst fand ich beim Durchsehen alter Familienfotos eine vierte Form der Aphasie. Silberner Bildzerfall, besonders in den Bäumen, visuelle Entsprechung ungehörter Melodien

Wärst du Teilnehmer einer sowjetischen Studie über Hirnstörungen, würdest du es nicht wissen, in der erweiterten Wirklichkeit auf deinem Smartphone spielen, erfundenen Wesen im wirklichen Raum nachspüren

Die Augenbewegungen eines Seelenblinden, der Musik liest – identisch mit den Bewegungen im paradoxen Schlaf – wurden von einem Deutschen vertont, den ich kenne

Ich kenne einen Deutschen, der den Tod für eine nur Säugetieren eigene Schlafphase hält, mit Hirnwellen, die sich über sechs Jahrhunderte aufbauen

Sie alle kennen die Geschichte des Vorarbeiters, der den Stoß einer Eisenstange durch seinen linken Frontallappen überlebte, aber wer von Ihnen kennt das Gedicht

Das ist Genreblindheit, ein schmerzhafter Zustand, wie Sonnenbrand auf der Augenhornhaut, wenn die Seite Sonnenlicht spiegelt

Unwissend werden jenseits von Trauma oder Krankheit – ein uralter Traum. Das Sonett, das sich in Schnee auflöst

Last autumn, looking through old family photographs, I discovered a fourth form of aphasia. Silver image deterioration, particularly in the trees, visual equivalent of unheard melodies

If you were part of a Soviet study of brain impairment, you wouldn't know it, playing an augmented reality game on your smart phone, trying to locate virtual creatures in real space

The eye movements of an agnosic reading music—identical to the movements of paradoxical sleep—have been set to music by a German I know

I know a German who believes that death is a unique phase of mammalian sleep, the brainwaves taking six centuries to form

You are all familiar with the story of the railroad foreman who survived the passage of an iron rod through his left frontal lobe, but how many of you are familiar with the poem

This is genre blindness, a painful condition akin to sunburn of the cornea, when sunlight is reflected off of the page

To become unlettered without recourse to trauma or disease, an ancient dream. The sonnet that ends in snow

Warum dann ständig der Fokus auf Wiederherstellung der Sprache oder des Gefühls in den Händen? Die Vergrößerung von Einsteins rechter Hemisphäre ist auf dem Autopsiefoto sichtbar, das vor mir auf dem Schreibtisch steht

Langsamstes Sonett der Welt, Neuronen, die über Epochen kommunizieren, basale kortikale Rhythmen, mit Jahreszeiten verwechselt, besonders bei den Bäumen

Stattdessen, meine ich, sollten wir damit beginnen, kleine runde Gläser herzustellen, beidseitig konvex, und sie im Gesicht zu befestigen. Dafür bin ich nach Venedig gekommen

Ich bin nach Venedig gekommen, um die Ergebnisse meiner Untersuchungen der Reflexe Unterwürfigkeit und Terror vorzustellen, sie in den Händen zu isolieren, Vibrato erzeugend

Erst einmal geht es darum, Orgel (Drehorgel) und Linse (Drehschleifer) dialektisch aufeinander zu beziehen, Erweiterungsstrategien

Dann den ständigen Regen winziger Eisenstangen zu realisieren, der durch uns hindurchgeht

Die Buchstaben des Selbst zertrümmernd, während wir lesen

*

So why all this focus on restoring speech or sensation
to the hands? The enlargement of Eisenstein's
right hemisphere is visible in the autopsy photograph
I keep here on my desk

Slowest sonnet in the world, neurons communicating
across epochs, basic cortical rhythms mistaken for
seasons, particularly in the trees

Instead I believe we should start making small disks
of glass, convex on both sides, and position them on
the face. That is why I've come to Venice

I have come to Venice to present my findings regarding
the reflex reactions of servility and terror, to isolate
them in the hands, producing vibrato

The first imperative is to place the organ (grinder) and
lens (grinder) in dialectical relation, strategies of
augmentation

Then to recognize the constant rain of tiny iron rods
that passes through us

Breaking the letters of self as we read

*

Der Engel von Halberstadt

Wir haben eine kleine Kammer mit Sauerstoff und
Helium gefüllt
Ein Medium weniger dicht als normale Luft
In dem es mehr Kraft, um oben zu bleiben, um
Kompensations-

Mechanismen zu überwachen, wie es das Kind erträgt
Das aus einem Fenster, von einem Stoß brennender
Bücher fällt
Die Resultate werden Auswirkungen auf die nächste

Die letzte Generation von Jagddrohnen haben
Das blassblaue Pigment reibt sich während der Paarung
ab
Die übrige Farbe entsteht durch Streuung von

Lichtaschen über die Steine von Venedig
Auf Deutsch ein Wort, ohne Vokale
Ohne Großbuchstaben, die Unterdrückung des
Atemstroms

Über Jahrhunderte betont die Stillen
Durch die Stimmbänder fällt Schnee

*

The Angel of Halberstadt

We've filled a small chamber with oxygen and helium
A medium less dense than regular air
Requiring more force to stay aloft, in order to observe

Compensation mechanisms, how it bears
The child falling from a window, stack of burning books
The findings will have implications for the next

The last generation of predator drones
The pale blue powder scrapes off during mating
The rest of the color is produced by scattering

Ashes of light across the stones of Venice
A single word in German, without vowels
Without capitals, the silences pronounced

By obstructing airflow over centuries
Snow falls through the vocal folds

*

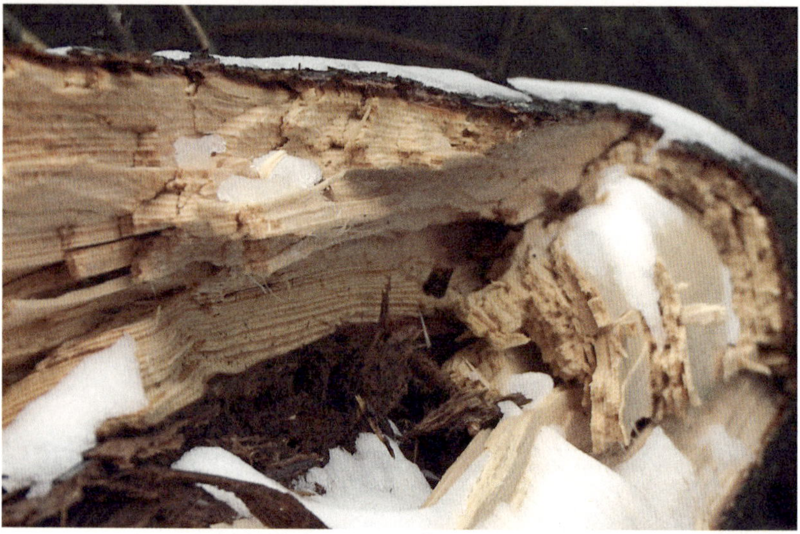

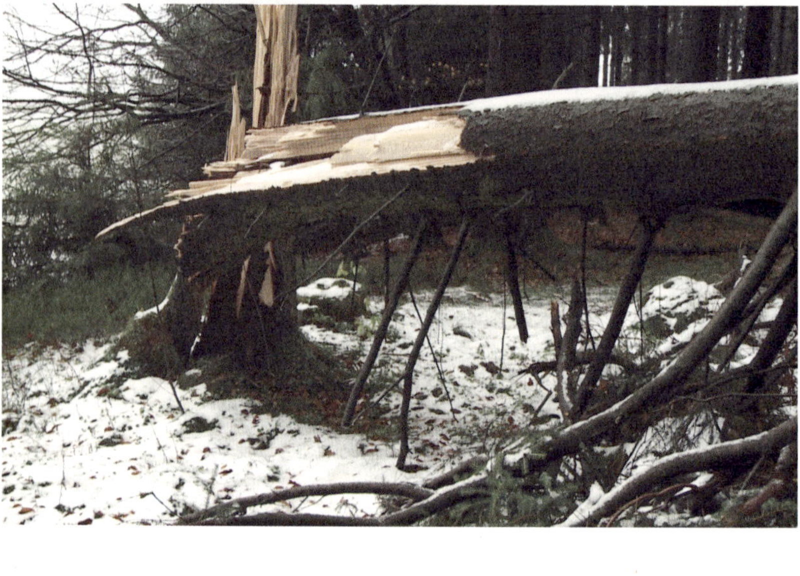

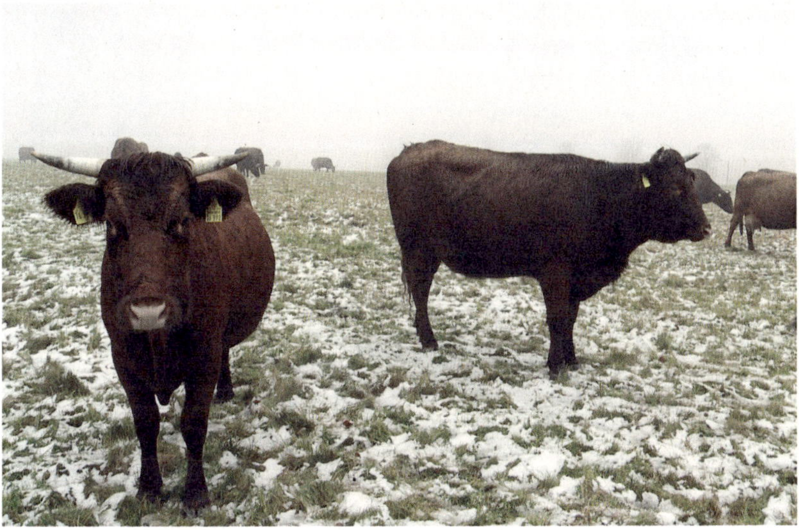

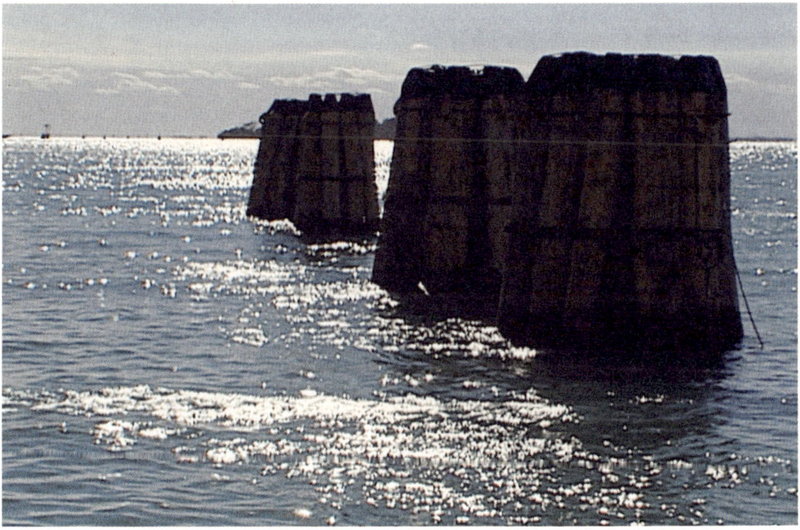

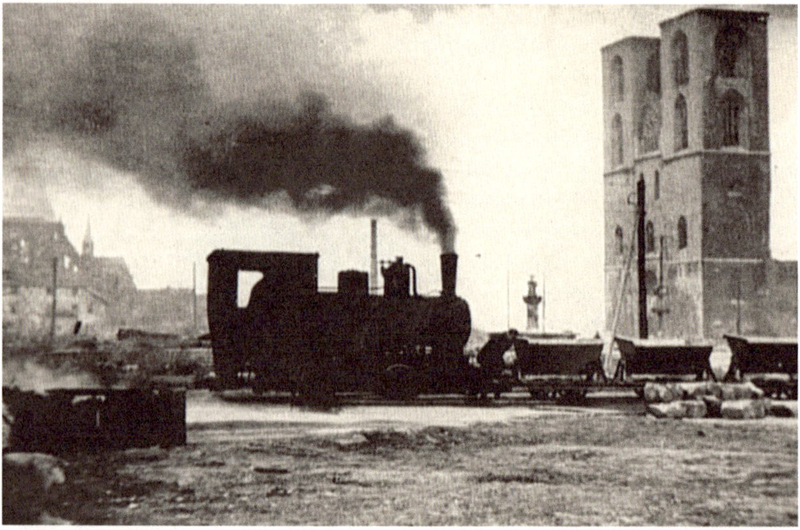

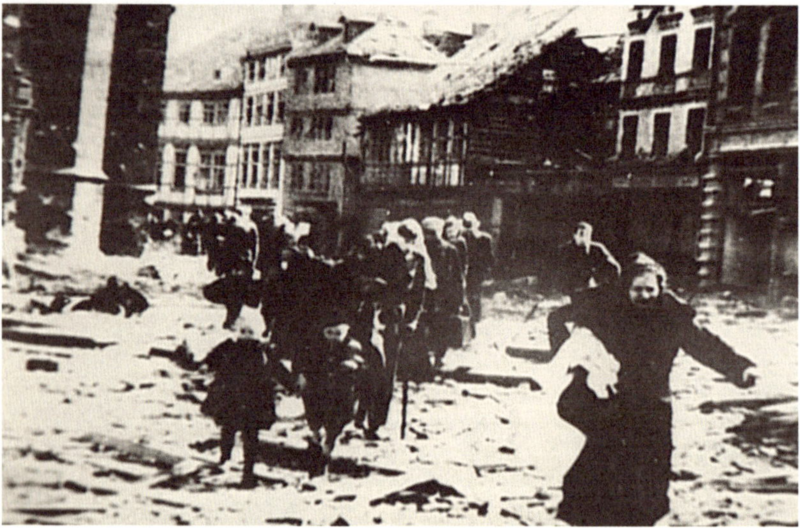

A.K.

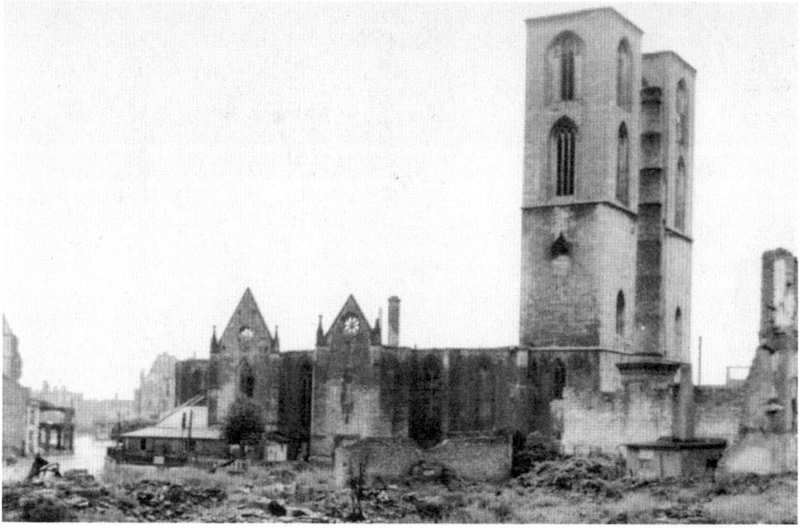

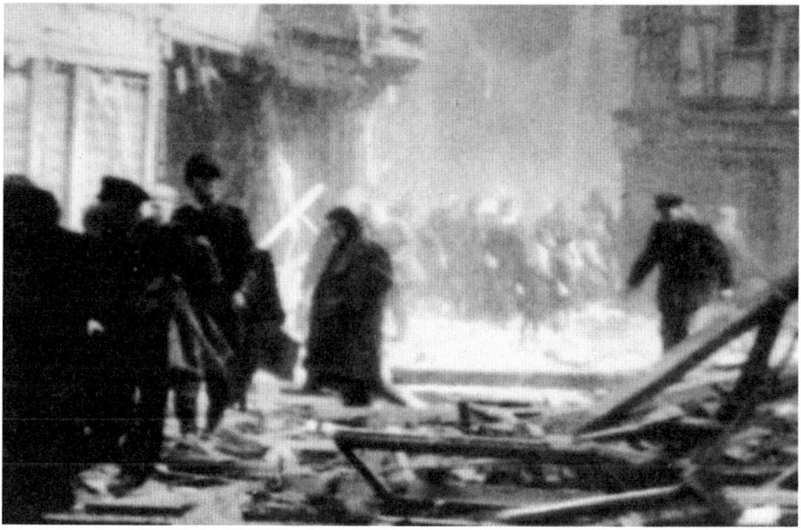

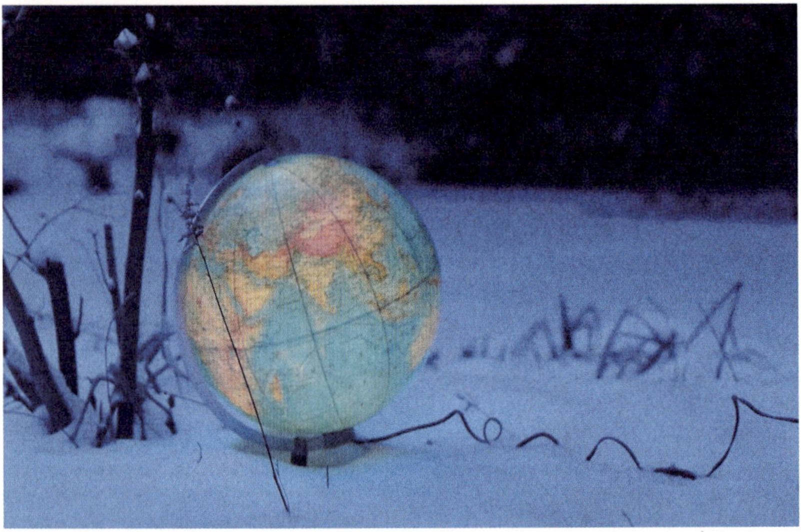

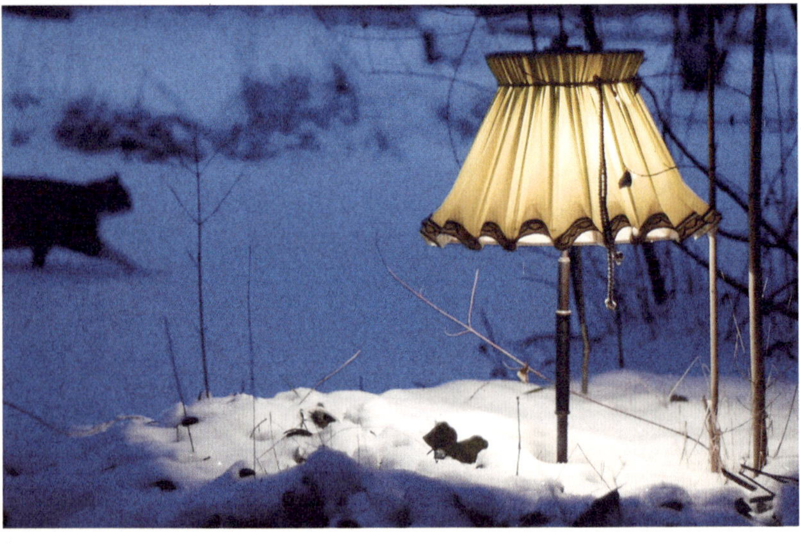

Globus – Katze – Lampe – Schnee

A.K. 158

„MUSIC STRIKES AN AREA, NOT A POINT – IT GOES UP ONE LEG AND STOPS THE HEART“

TEXTE ZU VERSEN AUS BEN LERNERS
THE SNOWS OF VENICE UND
AUS ANDEREN SEINER DICHTUNGEN

„NIMM DEN GEIGER AUF DEM SINKENDEN LINIENSCHIFF / DER TON IST QUÄLEND VOLL UND WEICH“

– nach Ben Lerner, „Take the violinist on the sinking liner / The tone is painfully rich und mellow“

Wenig bekannt ist, dass das Vorderschiff der TITANIC so rasch in die Eiswasser tauchte, dass sich in den Salons Salons längere Zeit eine Luftblase hielt. In ihr (d.h. in einem Ball zusammengepressten Sauerstoffs von 300 Meter im Kubik) spielte die Bordkapelle bis 5 Uhr früh aus dem aus Southampton mitgeführten Notenmaterial. Gewiss spielten sie nicht mehr für Bezahlung, auch nicht aus Treue gegenüber den Eignern oder dem Kapitän, zu denen die Bindung abgerissen war. Sie spielten die Potpourris, weil jede Änderung ihres Tuns Verzweiflung über sie gebracht hätte. Was sollten sie machen, wenn sie doch ahnten, dass an allen Ausgängen des glanzvoll erleuchteten Salons das Wasser lauerte?

A.K.

Das Schiff kam gegen 3 Uhr nachts auf dem Meeresboden an. Es schleuderte über eine sandige Düne und kam in einem Talgrund zum Stehen. Die Musiker spürten den Aufschlag als Ruck und das Innehalten (für 100 Jahre oder mehr, denn noch ist die Hebung der Titanic ungewiss) als BEUNRUHIGUNG. Zum erstenmal seit vielen Tagen: keine Fahrt. Die Geräuschkulisse (Gurgeln, Sirenen, Lärm der Kessel, Schreiende, die gerettet sein wollen), gegen die sie mit ihren Foxtrotts, Operettenmelodien und Tangoweisen angekämpft hatten: sämtlich verschwunden. Eine Akustik, wie man sie nicht oft als Unterhaltungsmusiker zur Verfügung hat, unhörbar jedoch für die Spielenden, die ja jetzt gegen die Aussichtslosigkeit anspielten. Aus keinem anderen Grund als dem, dass jede Veränderung ihrer Tätigkeit die innere Beunruhigung nur vergrößert hätte.

„SUPPORT YOUR POLIS: CHOP THE AIR“

– nach Ben Lerner in *Angle of Yaw*,
„Man kann nicht aufhören, zu atmen“

Neun Wochen Starkregen. Danach Hitzeglocke. Das Hoch über der Stadt sperrt die Abgase in Dachhöhe ein. Mit verschlossener Nase (man kann sie *mental* schließen, indem man den Gestank leugnet) durchquere ich auf dem Rad die sieben Meilen zum Geschäftsgespräch. Da will ich eigentlich nicht hin. Diese Wahrnehmung blockiere ich durch Wegdenken. So beschäftige ich mehr INNERE ORGANE mit der Abwendung von Sinneseindrücken als mit deren Bearbeitung. Im Taucheranzug (imaginär), mit Schlauchverbindung (zu allen Künsten des Überlebens) fahre ich dahin. Mit einem Schlachtermesser zerteile ich die Stadtluft, dick wie Dschungelgeflecht. Ich hoffe (instinktiv, vorsorglich) dort nicht anzukommen, wohin der Plan mich ruft.

„DEN LETZTEN FUNKEN VERSTAND AN ABBILDUNG VERSCHWENDEN"

– nach Ben Lerner, „To squander the mind's ultimate candela on the mimetic"

Beim Friseur. Er wird mich jungmachen. Mit gekürztem Haar sehe ich aus wie in der Kinderzeit. Bin zu früh gekommen, muss warten. Für das Waschen der Haare, das dem Schnitt vorangeht, ist noch kein Personal zur Verfügung. *Harper's Bazaar*. Eine Strecke von sieben Seiten mit Werbung. Erster redaktioneller Text: wie eine Frau ihren Schmuck tragen soll. Die Lippe des Models auf Seite 13 würde auf das Gesicht des sehr ernsten Mädchens (eines Models, das für Uhren wirbt) auf Seite 24 passen. Sie alle können nicht konkurrieren mit dem unsichtbaren Bild einer Frau, das ich in mir trage und vermutlich selbst bin. Nochmals blicke ich auf die Linie des Models von Seite 64. Schon kommt die Haarwäscherin. Mit winzigen Skalpellen oder Magneten haben die Abbildungen „Verstand“ aus mir herausgezogen. Das, was das unsichtbare Bild, wie ein Brettergestell, von dem aus die Redner sprechen, stützt. Das innere Bild liegt durcheinander da. Spielzeug, das verlorenging. Magda wird es finden.

„POLITISCH GESPROCHEN BIN ICH EINE ART VON TIER“

– nach Ben Lerner, „Politically speaking, I'm kind of an animal“

Trotzki spricht. Eingesperrt in Hose, Jacke und Ordentlichkeit des Anzugs, so wie er meinte, ungeschoren durch den türkischen Zoll zu gelangen. Er spricht zu einer Gruppe von acht Leuten, die zu seinem Empfang gekommen sind. Ich bewahre Ruhe. Das würde ich sagen, wenn ich mich über meinen persönlichen Zustand und nicht über die politische Lage zu äußern hätte. Zu meinem Temperament taugt Ruhe nicht. Die Tiere in mir, ruhige, bissige, geduldige, stürmische, neigen zur Meuterei. Rausch ist in meinen Adern. Noch immer in meinen Neuronen die Erregung der so rasant verflossenen Jahre.

Das alles sprach Trotzki zu sich selbst, abwechselnd in Russisch, auf Deutsch und in dem etymologischen Singsang des alten Odessa. Das Große Russland hatte ihn, falsch beraten, aus dem Land gejagt, das er doch diesem Souverän erobert hatte.

Fuchs war er nicht. Kentaur vielleicht. Möglicherweise eine Konstellation verschiedener Tiere. Die Verknüpfung eines Tiers mit einem Gelehrten, einem Kind, einem Monteur, einem Sammler, einem Propheten (der in Zungen spricht, sechsflüglig), ergibt ein relativ seltenes Lebewesen. Ein „politisches Sprachtier".

„JEDE ADÄQUATE THEORIE DER ARBEIT MUSS MIT DER GEGEN-ARBEIT PARA-DOXEN SCHLAFES RECHNEN"

– nach Ben Lerner, „For any adequate theory of labor must account for the counter-labor of paradoxical sleep"

Noch zwei, drei rituelle Abschiedsvorstellungen in Würde (so wie es die Vereinigten Zielgruppen der USA vermutlich billigen werden) und dann gehörte sie zum toten Holz. Wie die Blutegel vom Körper abfallen, der erst noch im Begriffe ist zu sterben, sie spüren es früh, wenn das Blut kälter wird, war vom Tross der Medienleute, monatelang um die Wahlkämpferin herum, nichts mehr zu sehen. Viele Zeugen hielten die überraschende Niederlage für ein Unglück. Von Stund' an wollte niemand mehr etwas von der Verliererin wissen.

Sie schlief wie ein Bär. Paradox, dass Nerven, Leber, Zellen, Herz – alles das, was am Tiefschlaf teilnimmt – die sogenannte Realität so rasch abwirft. Wie die Schlangen ihre Haut in Fetzen reißen und so-gleich abstreifen. Ich bin die WAHRE REALITÄT, spricht der Schlaf. Von Kindheit begleite ich meine Sklavin, die sich für meine Herrin hält. Ich jubele in der Nacht und übergebe in der Frühe eine neue Person – als Morgengabe – meiner Lebensträgerin, meinem Fahrzeug, meinem Ross. Herzlichst: Dein Bruder Schlaf.

EIN GEDICHT HAT KEIN DACH

DAS AUTHENTISCHE,
DAS ECHTE,
DAS, WAS FLIEGEN KANN
170

Über *Warum hassen wir die Lyrik?*

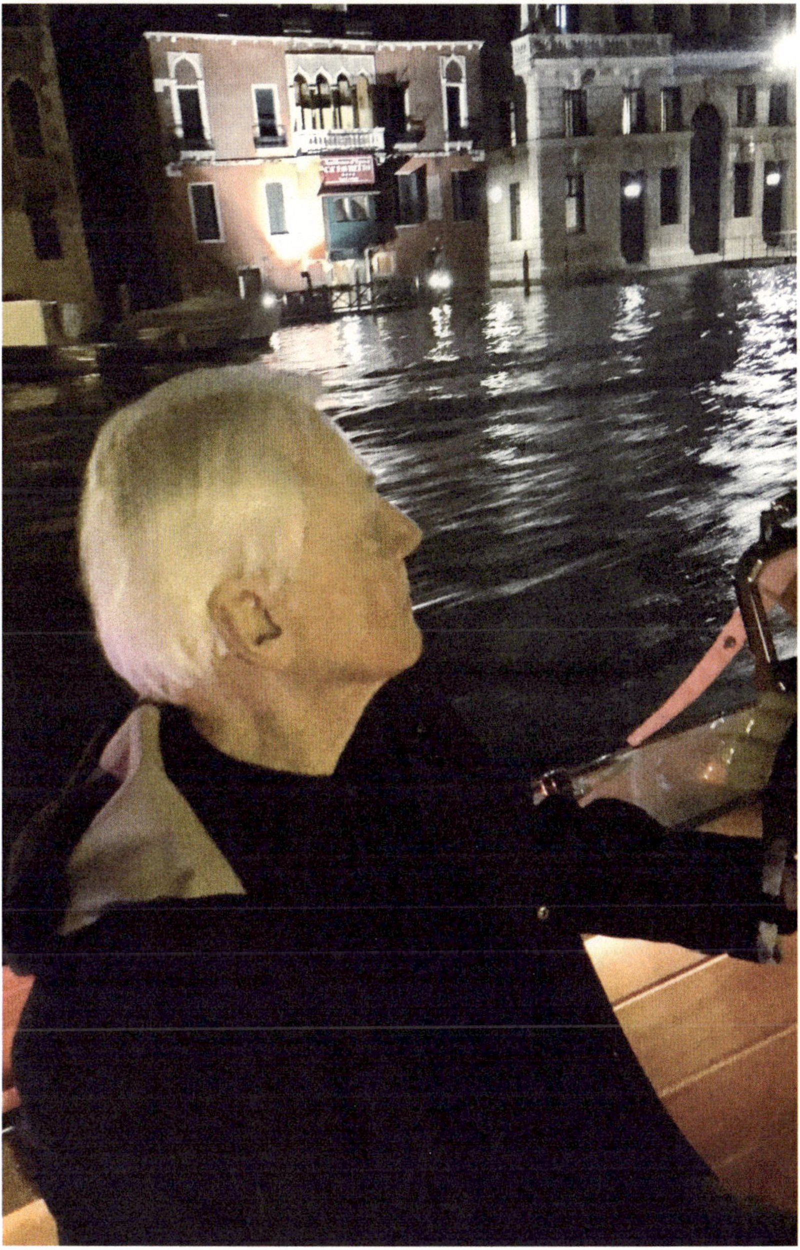

↑ Venedig im Mai 2017, Foto von Ben Lerner.

DAS AUTHENTISCHE, DAS ECHTE, DAS, WAS FLIEGEN KANN

B.L. 170

Aus den in Venedig aufgezeichneten Gesprächen wurde im November 2017 im Fensterprogramm der dctp auf dem Privatsender RTL ein Kulturmagazin in der Reihe *Ten to Eleven* gesendet. Transkription der Sendung.

A.K.

Sie haben eine Arbeit geschrieben: „Warum hassen wir die Lyrik?“ Da gibt es ein Gedicht von Marianne Moore. Können Sie das auswendig?

B.L.

Nein, obwohl es so ein kurzes Gedicht ist. Soll ich es lesen? Es war ursprünglich ein viel längeres Gedicht und dann hat sie es gekürzt und gekürzt und gekürzt, bis es nur diese wenigen Zeilen lang war. Die lange Fassung findet sich in einem Anhang zu ihren gesammelten Gedichten. Es heißt „Poetry“: „I, too, dislike it. / Reading it, however, with a perfect / contempt for it, one discovers in / it, after all, a place for the genuine.“

A.K.

Welche Worte hätten Sie für „genuine“?

B.L.

Das Authentische, das Ursprüngliche, das Echte, das Tatsächliche, das Ehrliche. Aber Marianne Moore sagt nicht, dass die Poesie das Authentische bereitstellt. Sie sagt, dass die Poesie einen Platz bieten kann für das Authentische. Es kann einen Raum freimachen für etwas, das niemals kommt.

A.K.

Sie sprechen von Gedichten, die es nicht geben wird. Sie gehören zum Traum und kommen nicht zu der Feuerstelle, wo die Menschen erzählen. Wo die Wandgemälde sind, vor 40 000 Jahren, dort ist noch nie ein Gedicht hingekommen.

B.L.

Vielleicht muss man mit einer Intensität lesen, welche die Kunstgriffe wegbrennt. Man muss misstrauisch sein bei jedem Gedicht, das behauptet, authentisch zu sein im Gegensatz zu Texten, die nur einen Raum dafür bereithalten. Das Authentische kann man nur erreichen in der Poesie, wenn man alle falschen Instanzen ablehnt.

A.K.

Es gibt eine negative Theologie von Maimonides. Man kann von Gott nichts wissen. Das beantwortet nicht, ob es ihn gibt oder nicht. Es existieren aber Orte wie Tempel oder Kirchen, heilige Bezirke. Wenn ein Flüchtling dort gerettet ist, weil es das Asyl gibt, dann gibt es einen solchen Ort wirklich. Dann existiert Gott.

B.L.

Ich glaube, das stimmt. Das findet sich auch bei Emily Dickinson, wenn sie sagt, dass die Poesie ein schöneres Haus ist als die Prosa. Aber es ist diese Durchlässigkeit. Es gibt kein Dach.

A.K.

Ich bin stolz auf meinen Beruf als Lyriker, sagen Sie, weil Platon, als Führer des Denkens, *gegen* Dichtung ist.

B.L.

Es hat ein gewisses Renommee, verbannt zu sein. Obwohl Platon mit Poesie etwas anderes meinte als das, worüber wir sprechen. Er meinte die literarische Aktivität im Allgemeinen, das Erzeugen von Fiktion. Dazu gehören Musik und grundsätzlich alle Formen der Kunst. Er wollte den Vorrang eines neuen philosophischen Diskurses behaupten. Vielleicht gab es im Westen die Idee, dass die Poesie eine politische Kraft haben muss. Es ging um die Frage, ob sie gefährlich genug ist, eine Ausnahme von der Republik darzustellen. Die Poesie ist schon immer mit dem Diskurs der revolutionären Möglichkeiten beschäftigt. Aber meistens auf der Grundlage, dass die Dichter aus der Republik ausgeschlossen werden während dieser grundlegenden Szene.

A.K.

Sie haben in einem ein merkwürdiges Bild entwickelt: Sie sind beim Zahnarzt und mit seinem Spiegel sieht er die Zähne von hinten. Er hat keine Idee von Lyrik. Sie vergleichen ihn mit Sokrates, der mit seinen Fragen wie eine Putzfrau die Welt von Irrtümern reinigt. Lyrik ist weder Zahnarzt noch Sokrates.

B.L.

Die Lyrik beinhaltet oft die soziale Phantasie, dass man eine innere Erfahrung hat, die vollkommen individuell ist, aber gleichzeitig verallgemeinerbar, teilbar für alle. Das ist der unmögliche Anspruch, der an ein Gedicht gestellt wird. Es muss unvermindert individuell und gleichzeitig sofort erkennbar sein für jeden in der Gemeinschaft. Das ist ein schöner Traum, den aber kein Gedicht umsetzen kann. Dafür bräuchte man eine Revolution.

A.K.

Das Unmögliche oder das Unwahrscheinliche kann man lieben.

B.L.

Es ist ein wichtiger Traum, ein Traum des Andersseins. Es ist der Traum, eine neue Sprache zu erschaffen und sich eine Welt auszudenken jenseits der existierenden. Aber es ist gefährlich zu denken, dass ein Gedicht in die Geschichte eingreifen kann auf eine vorhersagbare Art und dazu beitragen kann, den Traum zu erreichen. Gefährlich oder lächerlich.

A.K.

Ein gutes Gedicht kann ein nervöses Kind zum Schlafen bringen.

B.L.

Gedichte können echte Wirkungen haben. Sie können sehr gute Schlafmittel sein. Sie können Gemeinschaft erzeugen. Sie können Gefühle verstärken. Und sie können neue Gebiete des Denkens erschließen. Aber ich glaube, sie tun dies, wenn wir sie nicht verwechseln mit praktischeren Technologien, mit denen man in die Geschichte eingreifen kann.

A.K.

Sie bringen ein Beispiel für einen Ort der Poesie: In einem Kino geht das Licht aus und der Film beginnt.

Das ist schöner als jede Morgenröte, ein großes Versprechen auf neunzig Minuten.

B.L.

Es ist nicht so, dass ich keine tatsächlichen Kunstwerke mag, aber es gibt etwas in diesem Moment der reinen Möglichkeit, diesem Aufklaren, diesem Moment des reinen Andersseins, wo man das abstrakte Potential der Imagination erfährt. Es ist der Schimmer einer anderen Ordnung, einer anderen Welt. Selbst die schönsten Kunstwerke tendieren dahin, diese reine Möglichkeit ein bisschen zu verschleiern.

A.K.

Ein schlechter Moment für Poesie ist, sagen Sie, wenn das Flugzeug zur Landung ansetzt auf einem Flughafen, und jetzt sollen Sie singen.

B.L.

Einerseits ist die Szene mit dem Flugzeug ein Witz. Es ist ein trauriger Witz, weil Flugreisen eine kraftvolle Erfahrung sein sollten, wo man dem Gesicht Gottes näherkommen kann. Stattdessen erfährt man die schlechteste Weltlichkeit, weil man wie Vieh behandelt wird. Flugbegleiter tragen Papieruniformen. Die Luft ist abgestanden. Es ist ein Witz und ein Bild für den Zusammenbruch metaphysischer Quellen von Wert, ohne dass andere Werte den Platz ersetzen. Es ist so, wie Benjamin die Leute beschrieb, die das Wetter benutzten, um smalltalk zu führen. Tatsächlich ist das Wetter die tiefste Sache der Welt. Ich habe dem Flugzeug eine Szene in dem Buch gewidmet, weil ich denke, dass die Tatsache des Flugreisens reduziert wird zu einer Serie von kleinen Demütigungen und damit ein Zeichen ist für die Armseligkeit der Erfahrung in der heutigen Zeit. Also habe ich mir einen Dichter ausgedacht, der das einlösen kann, und ich kann es mir nicht recht vorstellen. Ich wüsste nicht, ob solch ein Sänger ein Engel wäre oder ein Clown.

A.K.

Ich entkomme dem Kerker der Grammatik, indem Worte fliegen lernen. Das ist etwas anderes, als ob ich von New York nach Venedig fliege. Sie beschreiben das schlechteste Gedicht der Welt. Das ist William McGonagalls Gedicht „The Tay Bridge Disaster“. Wovon handelt es?

B.L.

Es gab ein Eisenbahnunglück auf einer Brücke. Zuerst wurde McGonagall gebeten, ein Gedicht zu schreiben, das die Fertigstellung der Brücke feiert. Er schrieb ein fürchterliches Gedicht. Dann gab es das Unglück 1879 und der Zug krachte ins Wasser. Er schrieb eine Elegie über die fehlerhafte Konstruktion der Brücke. Das ist ein miserables Gedicht. Dann schrieb er ein weiteres Gedicht, ein drittes, als sie die Brücke wieder aufbauten.

A.K.

Er sagt: „Alas! I am very sorry to say / That ninety lives have been taken away.“

B.L.

Er lag auch falsch, was die Zahl der Menschen betraf, die starben. Aber es gibt etwas sehr Kräftiges bei einem Gedicht, das so schlecht ist. Wenn man es kritisiert, erschafft man ein negatives Bild davon, wie man ein Gedicht gern haben würde. Alle Wege, mit denen man die Tiefe des Fehlschlags von McGonagalls Gedicht kritisieren oder beschreiben kann, dienen gleichzeitig dazu, das Verlangen nach einem Gedicht auszudrücken, das diese Tragödie wieder integrieren kann in den Ablauf der menschlichen Erfahrung. Also erzeugen schlechte Gedichte genauso wie großartige ein Bild eines unmöglichen Gedichtes. Und sie verhelfen einem dazu, wach zu bleiben, was die virtuellen Möglichkeiten des Mediums anbelangt. Deswegen liebe ich schlechte Gedichte. Wirklich schlechte Gedichte – nicht schwache Gedichte.

A.K.

Dieses schlechte Gedicht schafft Platz für ein imaginäres besseres. Wir beide könnten uns hinsetzen und vierzehn Sonette oder Zweizeiler machen und diese Brücke neu beleben. Dann könnten wir noch über die sibirische Eisenbahn und ihre mehr als 88 Brücken schreiben, alle aus Eisen: ein in die Länge gestürzter Eiffelturm, über einen Kontinent hinweg. Wie würden Sie sich als Dichter beschreiben? Sie schreiben Romane und Gedichte. Sind Sie eher ein Architekt, ein Scout, ein Archäologe, ein Prophet?

B.L.

Sicherlich bin ich kein Prophet. Für mich ist die Poesie nur ein Wort, mit dem man ausdrückt, dass man Form als eine Form des Inhalts versteht. Es geht darum, die Art zu betonen, wie Struktur den Sinn bestimmt. Es handelt sich nicht um das exklusive Wissen der Dichter; jeder weiß das, der Fiktionen herstellt oder einen Film macht. Aber wenn die Poesie der Raum ist, in dem die Sprache unter dem größten Druck operiert, dann ist es ein privilegierter Platz, um den Inhalt der Form auszudrücken. An Romanen liebe ich am meisten, dass man einen Raum hat, um Begegnungen mit Gedichten thematisieren und nachvollziehen zu können, was passiert, wenn ein Gedicht von einem Bereich sich in einen anderen bewegt. Oder wenn eine Idee über Poesie sich ausweitet über des Leben eines Charakters hinaus. Der Roman kann ein Labor sein, um poetische Effekte zu testen.

A.K.

Sie sprechen von John Keats, dem englischen Dichter. Das ist Musik in Worten, sagen Sie.

B.L.

Keats hat ein unglaubliches Ohr. Seine Musik ist sehr schön. Aber er verwendet seine Verse, um unmögliche Musik zu beschreiben. Töne, die nacheinander erklingen, aber alle zugleich. Musik, die keine Töne er-zeugt. Ich mag die Idee des Gedichtes – nicht nur daran zu denken, was ein Gedicht erreichen kann, aber auch dass es ein Entwurf ist für etwas, das nicht realisiert werden kann. Diese Gedanken kommen von dem Literaturkritiker und Autor Michael Clune, der ein Student war von Alan Grossman, jemand, über den ich in dem Buch spreche. Im Grunde geht Clune durch die Geschichte der Literatur und spricht über den künstlerischen Wert nicht in dem Sinn, was eine Arbeit erreichen kann, sondern eher, wie sie etwas Unerreichbares beschreiben kann. Das ist die Vorstellung des Entwurfs. Und für Clune ist das Prosagedicht oder die Kurzprosa eine Art des Protogedichtes, es sind Notizen für ein Gedicht. Es kann poetische Effekte haben, ohne zu kapitulieren vor den Begrenzungen der tatsächlichen Gedichte. Manchmal denke ich über Ihre kurzen Prosastücke in ähnlicher Weise. Sie sind wie Notizen für ein Gedicht oder einen Film, das oder der noch nicht realisiert wurde oder nicht gemacht werden kann unter den derzeitigen Bedingungen.

A.K.

Man könnte eine Konstellation entwickeln wie um ein schwarzes Loch. Um das schwarze Loch herum ist es ganz hell. Das schwarze Loch selbst kann man nicht sehen. Es sind aber 400 Millionen Sonnen drin. Können Sie mir ein Gedicht nennen, das Sie mögen?

B.L.

Das Buch ist definitv eine Verteidigung der Poesie. Manche der größten Gedichte sind Gedichte, die mit den gegensätzlichen und unmöglichen Anforderungen kämpfen, welche die Leute an Gedichte stellen. Und es gibt immer eine Distanz zwischen dem, was man von der Sprache verlangt und dem, was sie tatsächlich leisten kann. Mein erster Roman *Leaving the Atocha Station* ist auf eine Art eine Feier von John Ashberys Lyrik. Wenn man John Ashberys Lyrik liest, dann stabilisieren sich die Gedichte niemals zu einem Objekt. Es wirkt immer wie ein Prozess, der verschwindet, wenn man aufhört zu lesen. Man hat nie den Eindruck, als würde man über einen abgeschlossenen Gegenstand nachsinnen. Stattdessen hat man einen unendlich erneuerbaren Prozess, immer wenn man sich mit Aufmerksamkeit zuwendet. Und dann erfährt man die Zeit, wie sie vergeht. Das ist ein Weg, die reine Wirklichkeit zu bezwingen.

A.K.

Solange Platon den Wert der Poesie bestreitet, werden die Partisanen einen Vers singen nach dem anderen.

B.L.

Dieses Buch klingt platonisch, als würde es ein ideales Gedicht geben, aber eigentlich denke ich, dass kein ideales Gedicht existiert. Es ist wichtig, dass man fähig ist, einen Platz zu erzeugen für das unfertige oder nicht fertigzustellende Gedicht als ein Träger des Andersseins. Nicht alle tatsächlichen Gedichte scheitern im Vergleich zu einem echten, idealen Gedicht. Ich bin nur interessiert, diese Redeweise auszuprobieren.

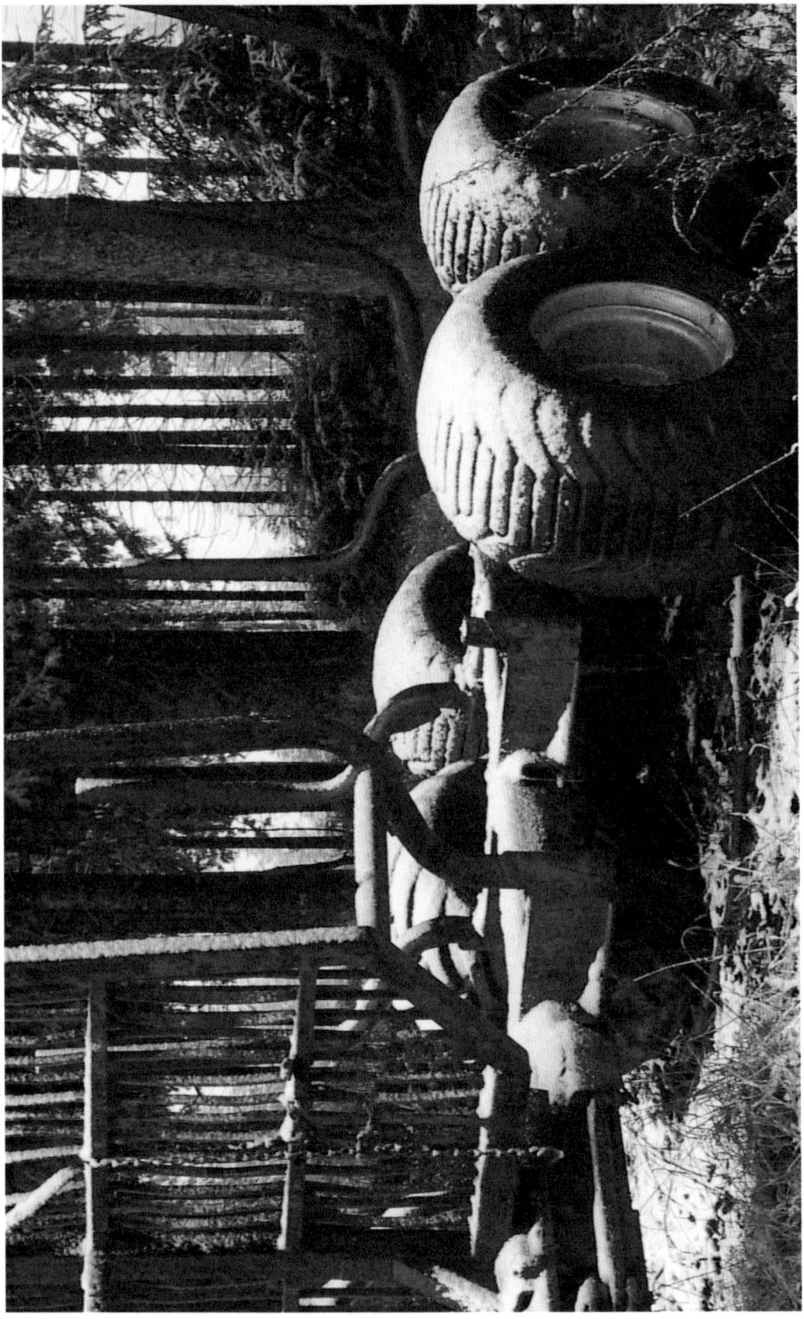

↑ Abb.: Wald mit Forstgerät. Rauhreif auf Reifen.

„TOD IN VENEDIG“

EIN MACHTLOSER PSYCHAGOGE VON 1940

Das blühende Menschenwesen, genannt Tadzio, an dem sich der Schönheitsblick von Aschenbachs auf jener mondänen Insel, die vor Venedig liegt, entzündete und dessen Geste ihn in den Tod begleitete, war 28 Jahre später einer der Offiziere Polens, die sich als geschlagener Rest nach Osten über die Weichsel zurückzogen. Ein unglückseliger Entschluss ließ diesen Mann mit seiner Kolonne in Richtung der zu erwartenden russischen Gefangenschaft marschieren. Er meinte, das sei im Fiasko das Sicherste. Seine Mutter, die er 1939 noch immer so wohlerzogen und förmlich grüßte wie 1911, wusste er auf sicherer Fahrt im Speisewagen eines Zuges in Richtung Bukarest.

Die Annahme, er und seine Kameraden wären gerettet, wenn sie den Fluss Bug erreichten, war seitens der polnischen Offiziere ein Irrtum. Von einigen in den Kategorien des Schönen ganz unerfahrenen russischen Geheimdienstbeamten wurden diese Männer, darunter der phantasmagorische SCHÖNE KNABE VOM LIDO, im Frühjahr 1940 in den Nacken geschossen. Sein Gesicht war entstellt, weil die Kugel, ungenau geschossen, Hinterkopf und Antlitz aufgerissen hatte. Die Mutter des Offiziers mochte an den Verlust lange Zeit nicht glauben, da man von den Massenmorden im Osten zunächst nichts wusste (sie hatte London und dann New York erreicht). Sie stellte über Kanäle, die der Noblesse des Ostens noch zur Verfügung standen, Nachforschungen an. Dann, als sie Ende des folgenden Jahres von den Morden erfuhr, wollte sie wenigstens eine Totenmaske ihres Erstgeborenen anfertigen lassen. Ein begabter Künstler aus Lemberg machte sich auf. Es war aber schwer, ein Individuum unter den verscharrten Toten zu identifizieren. Auch war ein längerer Aufenthalt auf dem Gelände des Massakers nicht ratsam.

Von dem, wie gesagt, zerfetzten Gesicht des Offiziers war kein Abbild abzunehmen. So nahm der Künstler, der nicht vergebens gereist sein wollte, nach der Rückkehr in seine Stadt vom Gesicht eines Nachbarn eine Gipsmaske ab, die er, etwas zugerichtet und zerkratzt, damit es authentisch aussähe, als Antlitz des Toten (durch Vermittlung des Schweizer Konsuls) in die USA schickte.

MASSENSTERBEN IN VENEDIG

Im Sommer 1969 drückte die Sonne wochenlang auf die Stadt- und Wasserlandschaft von Venedig. Die Dampfer, Motorboote durchfurchten das Lagunenwasser, das grün und als dicke Suppe um die Häuser herumstand. Im Altersheim San Lorenzo, einem Steinpalast, waren über hundert alte Leute untergebracht. Sie bekamen keine Luft. An einem der letzten Julitage starben innerhalb weniger Stunden 24 der Alten. Die Übriggebliebenen, von den plötzlichen Ereignissen überrumpelt, die ihnen keine Zeit zur Verarbeitung der Eindrücke ließen, wollten den Abtransport der Toten nicht dulden. Sie töteten den Anstaltsleiter, Dr. Muratti, einen verdienten Altenarzt, ergriffen Messer, Stangen sowie zwei Revolver, die sie im Zimmer des Anstaltsleiters fanden. Sie trieben die Insassen des Altersheims und das Pflege- und Küchenpersonal in einem geräumigen Saal zusammen, der zu ebener Erde lag und noch relativ der kühlste Ort schien. Hier errichteten einige der Alten, welche die physisch Stärksten waren, eine Gewaltherrschaft, indem sie sich selber zu Päpsten und Kardinälen ernannten.

Die Polizeistreitkräfte von Venedig umzingelten den Steinpalast. In einem der umliegenden Häuser ließ sich der Präfekt als oberster örtlicher Polizeikommandeur nieder. Die Polizeiführung hoffte, dass der Hunger die verzweifelten Alten aus dem Anstaltsgebäude in den folgenden Tagen herausbringen würde; sie wollte dann einzelne von ihnen verhaften, die große Mehrzahl aber zu schattigen Häusern auf dem Festland und in Alpennähe transportieren. Es war den Beamten gelungen, die seitlich des Altersheims angebaute Küche sowie die Vorratskammern zu besetzen. Die Hungerkrise, die zum Tode weiterer Heimmitglieder führte, brachte nicht die Kapitulation, sondern wütende Angriffe kleiner Pulks völlig überalterter Kämpfer auf die Polizeikräfte, die Küche und Vorratskammern besetzt hielten. Aus Hinterausgängen des Palastes brachen andere Kämpfer vor und bewarfen die dort aufgestellten Polizeiketten mit verschiedenen gefährlichen Gegenständen, versuchten lange Stoßwaffen einzusetzen. In Notwehr mussten Polizeibeamte schießen.

Redakteur der Zeitung *Gazzettino*: Herr Polizeipräfekt, Sie sind als liberaler Mann bekannt, warum lassen Sie jetzt auf diese unschuldigen Alten scharf schießen?

Präfekt: Diese keineswegs harmlosen Alten haben mit gefährlichen Gegenständen meine Beamten verletzt.

Redakteur: Woraus erklären Sie diesen plötzlichen Fanatismus?

Präfekt: Offenbar richtet er sich nach allen Seiten gleichzeitig.

Redakteur: Besitzen Sie Unterlagen, was die inneren Beweggründe dieses Fanatismus sind?

Präfekt: Wir haben einen Psychologen aus Mailand beigezogen. Dieser sagt: „Es ist, als hätten sie den Verstand verloren."

Redakteur: Das scheint mir keine Erklärung. Was ist denn Ihr persönlicher Standpunkt?

Präfekt: Ich meine, dass sie in ihrer Jugend ein Weltvertrauen entwickelt haben, das durch die unerklärlichen Todesfälle dieses Monats erschüttert worden ist.

Redakteur: Und damit wollen Sie erklären, dass der von uns allen verehrte Anstaltsleiter, Dr. Muratti, von den Anstaltsinsassen umgebracht wurde? Das scheint mir eine Bemäntelung.

Präfekt: Dann müssen Sie eine andere Auslegung anbieten.

Redakteur: Was planen Sie als nächste Maßnahme?

Präfekt: Wir planen nicht, sondern warten und reagieren. Wir sind Helfer.

Redakteur: Für den Fremdenverkehr in Venedig sind diese Vorgänge natürlich negativ. Es entsteht der Anschein, dass man nach Venedig fährt, um hier zu sterben.

Präfekt: Ich bitte Sie selbstverständlich, das anders darzustellen. In Venedig sterben statistisch keineswegs mehr Fremde in den Hotels, Gaststätten oder Pensionen als in irgendeiner anderen italienischen Stadt. Mir liegt daran, das unbedingt klarzustellen.

Redakteur: Außerdem handelt es sich ja gar nicht um Touristen.

Präfekt: Wissen Sie, wir verhängen hier eine Nachrichtensperre.

Die Mehrzahl der Alten im Altersheim San Lorenzo hatte bis zu diesen Ereignissen die Vorstellung von sich gehabt, dass sie gutmütig seien. Jetzt zweifelten die Verwirrten an ihrer Gutmütigkeit. Aufgeputscht durch ihre *Kardinäle* und *Päpste* fesselten sie zwei schreiende jugendliche Küchenhilfen. Diese beiden Mädchen wurden auf den Fliesen eines ehemaligen Empfangssaales hin und her gezogen, zwei Alte öffneten mit einer einer Scherbe die Halsschlagadern der gefesselten Personen. Als die Polizei, die diese Szene von Nachbarhäusern aus mit Feldstechern einsah, schießend in den Raum einzudringen versuchte, „fielen" 18 der Alten, der Rest hockte verängstigt in einer Ecke, machte aber noch Ausfälle mit und ohne Waffen, wenn Polizisten sich ihnen näherten. Alle diese Personen wurden mit Gasgranaten beschossen und eingenebelt. Hierbei starben weitere Alte, die diese Tortur nicht aushielten. Dazu Ansagen des Präfekten über Lautsprecher, der sich bis zuletzt zu verständigen versuchte. Von den nach dem Tode ihrer Anführer übriggebliebenen Alten wurden einige in Fahrzeugen zu einem Kurort in Alpennähe gebracht. Hier starben sie infolge der plötzlich einsetzenden Kühle.

Präfekt: Was mögen die letzten Eindrücke dieser Alten gewesen sein?

Kriminalbeamter: Das ging so schnell und massenhaft, dass wir gar nicht nachkamen.

Redakteur des *Gazzettino*: Ist es richtig, wenn ich von einem einsamen Tod hier spreche? Obwohl es so viele waren, sind sie sehr einsam gestorben.

Präfekt: Na, wir waren ja die ganze Zeit alle hier herum. Einsam ist übertrieben.

Kriminalbeamter: Man kann aber nicht wissen, ob sie nicht doch vor ihrem geistigen Auge, während sie schon in dieser würdelosen Form starben, noch etwas besonders Schönes gesehen haben.

Präfekt: Das will ich nicht ausschließen, aber es war doch insgesamt, bei der Fülle von Toten, recht wenig individuell.

„SCHLECHTE ROMANE MACHEN GUTE DICHTER"

Gegen fünf Uhr am Silvestertag 1799 verschlang der damals elfjährige Lord Byron, seit zwei Jahren Verwalter eines großen Vermögens, niemand in seinem Umkreis hielt ihn für einen künftigen Poeten, einen sogenannten schlechten Roman. Das verschlissene Buch handelte von einem Dogen von Venedig, der Foscari hieß. Vor seinem Aufstieg ins Amt hatte dieser Mann den Tod zweier Adliger verursacht. Der Enkel eines dieser Toten, ein gewisser Loredano, gewann nach Jahren die Mehrheit im RAT DER ZEHN, dem allmächtigen Kontrollorgan der Republik. Diese Mehrheit hatte den Dogen Foscari gezwungen, das Todesurteil gegen den eigenen Sohn zu unterzeichnen. Der alte Herr und ehemalige Verbrecher lag mit einem Herzleiden im Bett. Schon war sein Nachfolger als Doge bestimmt. Der Sohn hingerichtet. Noch immer wurde der kranke Herrscher durch seine Spione informiert. So erfuhr er, dass die städtischen Ausrüster am Holzgerüst für seine Todesfeier bereits arbeiteten. Sein Nachfolger sollte bei dem Funeral nicht im Ornat des Dogen, sondern als einfacher Senator auftreten. Prunk und ein Trauerprogramm wie für einen „teuren Toten".

„I have heard of murderers, who have interr'd / Their victims; but ne'er heard, until this hour, / Of so much splendor in hypocrisy"

Britische Philologen in Oxford haben nachgewiesen, dass in dieser Dämmerstunde – der junge Byron erschauerte bei den Worten „this hour" und „interr'd" – der Funke für seine spätere Dichtkunst entsprang.

LESEFRÜCHTE VOR TOULON

Nach der Einnahme Toulons blieb dem jungen Bonaparte keine Zeit, seine Geschütze zu versorgen und sein Zelt ordentlich abzubauen. Er wurde zu neuen Taten abgerufen. Bis 1840 blieb das Zelt im Vorfeld Toulons so stehen, langsam verwitternd. Erst nach Überführung der Gebeine Napoleons von St. Helena in den Invalidendom wurde nach Reliquien aus dem Lebendes Korsen gefahndet. So kam das Zelt in sichere Obhut nach Paris. In diesem Zelt aber fand sich eine Handbibliothek, welche das Interesse des Artilleriegenies während der sich hinziehenden Belagerung dokumentiert: Geschichte der Republik Venedig in drei Bänden, Geschichte des Kampfes der Vereinigten Niederlande im Achtzigjährigen Krieg gegen Spanien, Geschichte des Vereinigten Königreichs von Großbritannien, Plutarch, Geschichte der Schweiz, sechs Bände. Der Fund erklärt, wieso Napoleon 1804 Mediator der Eidgenossenschaft wurde. Mit unerwartbarem Verständnis begründete er die Einheit der Schweiz, so Thomas Maissen, die in der Verfassung von 1848 bestätigt wurde. Das war der einzige Fall, in dem Napoleon wie Solon auftrat. Sein Impuls stammte von den Lesefrüchten vor Toulon.

Tatsächlich ist auch die tausendjährige Republik Venedig ein einzigartiges Gemeinwesen in Europa. Der Doge ist kein Monarch, sondern Vorsitzender einer Bürger-Aristokratie. Die Niederlande setzten einen Prinzen an die Spitze ihrer VEREINIGTEN GEMEINDEN. Es handelt sich aber tatsächlich um eine Republik mit einem königlichen Vorsitzenden. Die Schweiz ist die dritte Rarität Europas. Eine durch Täler, Sprachen und Religionen getrennte Gruppe von Kantonen (in unmittelbarer Kontinuität vom Mittelalter bis heute) verband sich unter brutalen Kämpfen zu einer Eidgenossenschaft: ohne Monarchie, ohne starke Zentralgewalt, eine Gliederung aus Fragmenten. Alle anderen Staaten Europas sind aus Monarchien entstanden und wurden mit Hilfe von Beamtenapparaten eingerichtet. Es gibt Anzeichen dafür, heißt es bei Friedrich Sieburg, dass Bonaparte aus dem Vorbild von Venedig / Vereinigte Niederlande / Schweiz eine Gegenposition zu den Monarchien Europas entwickeln wollte. Das muss vor seinem Entschluss, Kaiser zu werden, gewesen sein. Noch seine Pläne für Polen hatten die Generosität, die er als Mediator der Schweiz bewies. Wäre er sich treu geblieben, so Sieburg, hätte er mit Hilfe der Polen, der Treuesten seiner Treuen, seine Macht bewahrt.

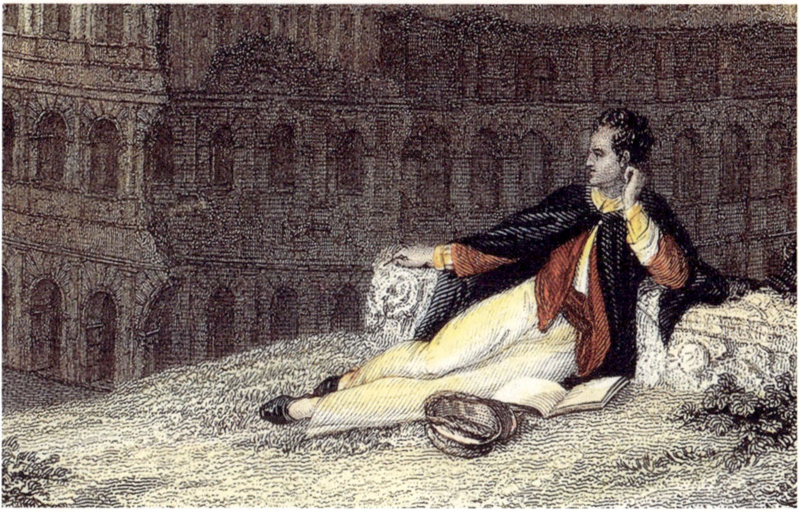

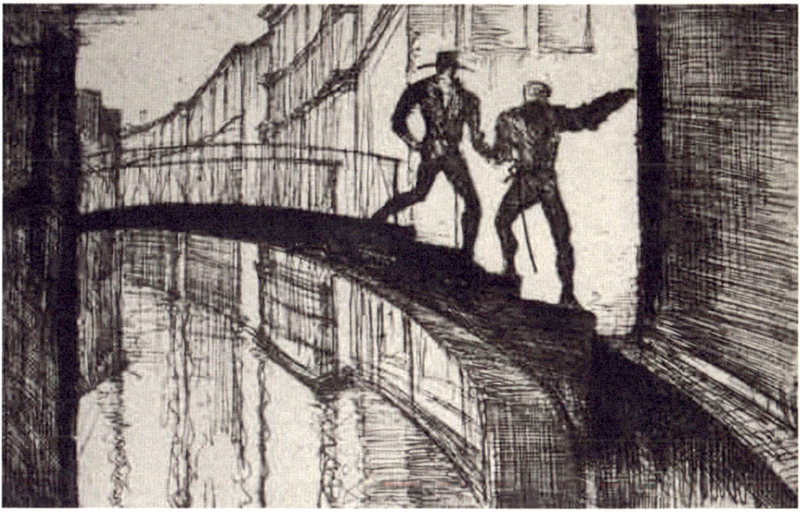

↑ Abb.: Lord Byron in Italien.
↓ Abb.: Degengefecht aus dem „Canto“ *Don Juan*, das Byron aufgrund seiner Eindrücke in Venedig schrieb.

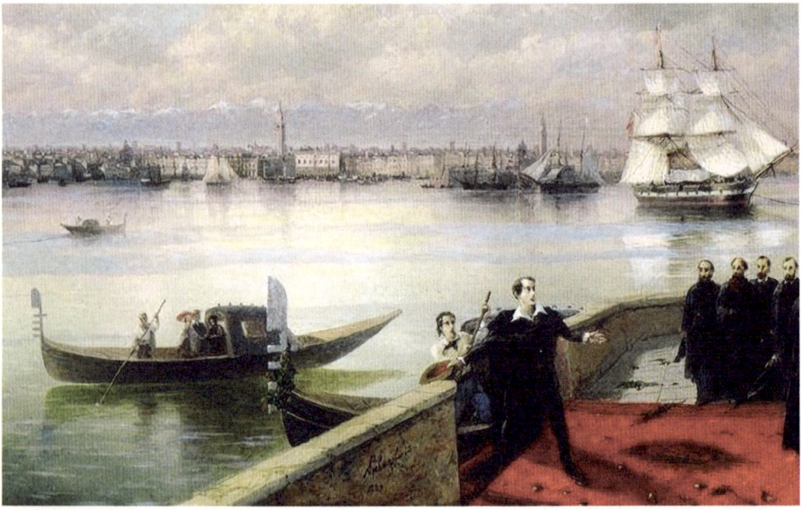

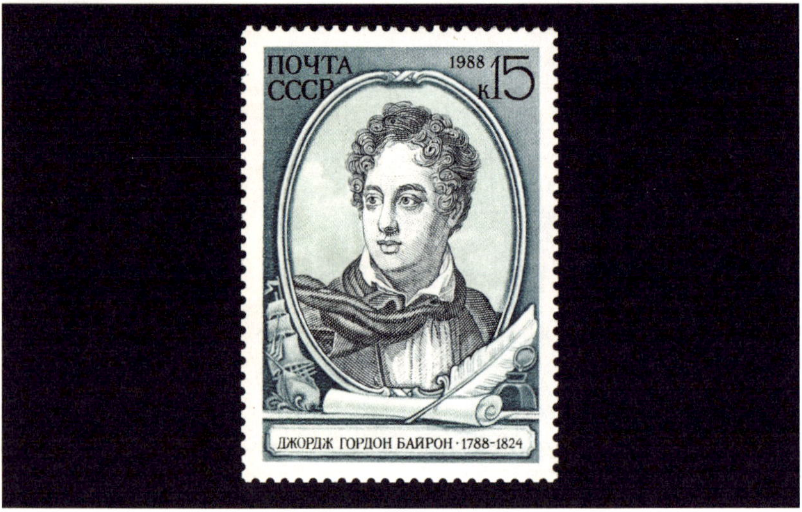

↑ Abb.: Ankunft Lord Byrons in Venedig.
↓ Abb.: Zum 200. Geburtstag Lord Byrons.

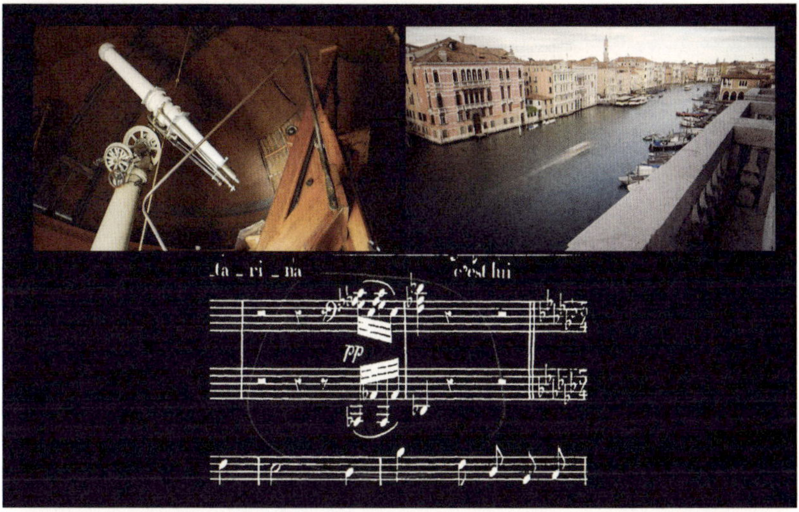

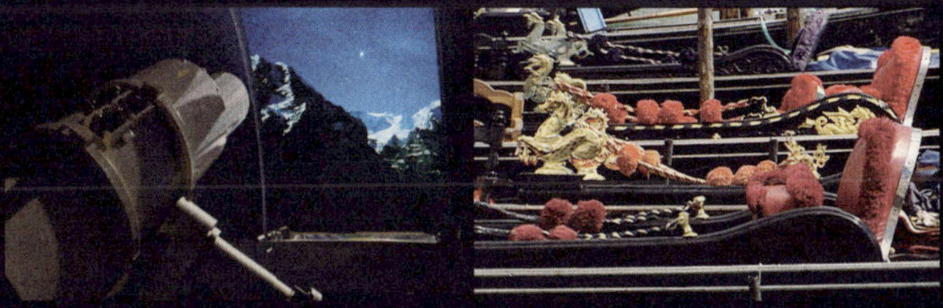

"Stets von dem Sturm
der Sehnsucht fortgerissen /
Muß meine Seele
um die Sonne tanzen"

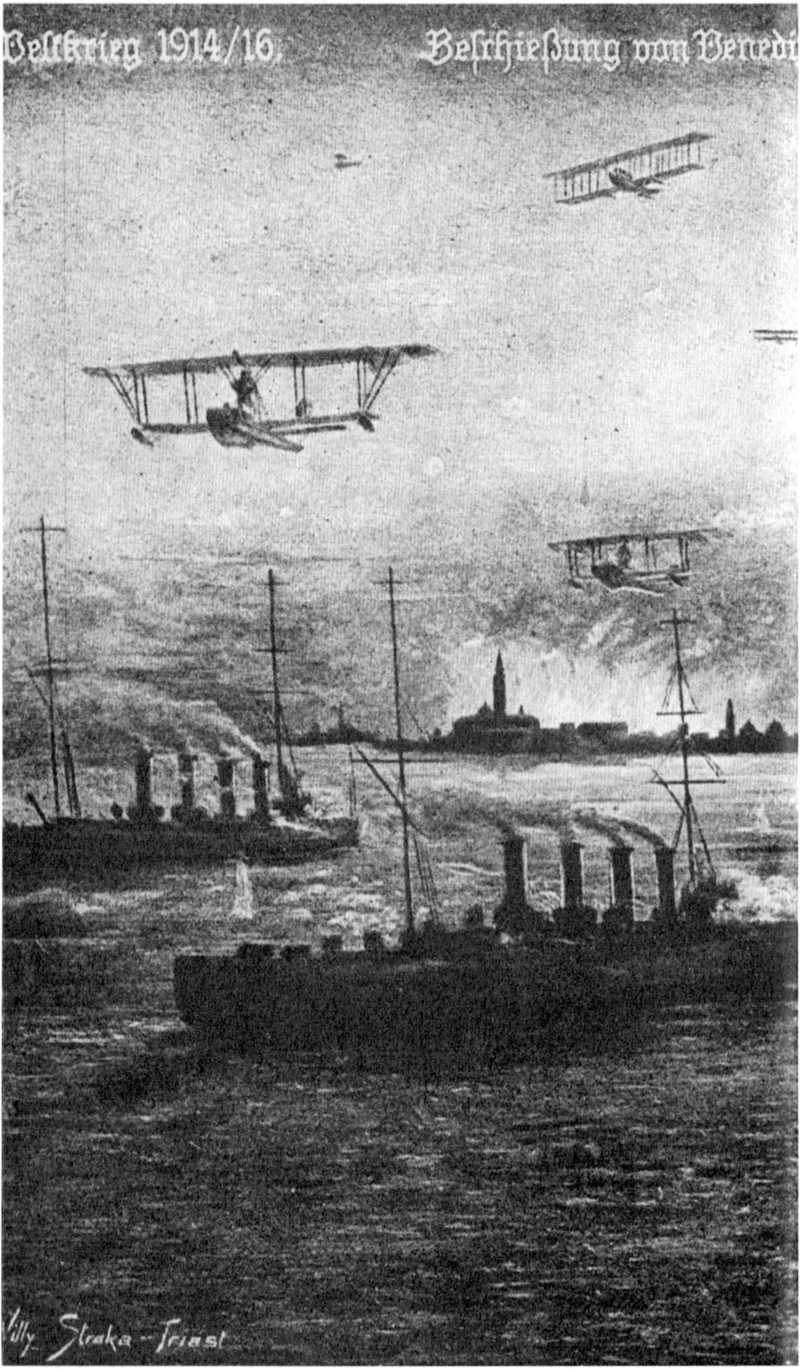
Weltkrieg 1914/16.
Beschießung von Venedi
Willy Straka - Triest

DIE POETISCHE KRAFT DER THEORIE

197

„THEORY, LIKE SWIMMING IN A STORM“

Wach auf, es ist Zeit das Vergessen
Zu beginnen. Schlichte Modalaussagen
Welken unter Glas. Ein kleines Buch für Ari
Zum Schwanken erbaut. Ich bewundere den Gebrauch
    gefühlter
Theorie, wie Schwimmen im Sturm, aber lehne
Antirepräsentationale Verzerrung ab in einer Epoche
    von
Du hörst nicht zu. Tut mir leid. Ich dachte daran
Wie die Schönheit deines Singens die Hoffnung
Wieder einträgt, deren Tod es verkündet. Winke

*

Wake up, it's time to begin
The forgetting. Direct modal statements
Wither under glass. A little book for Ari
Built to sway. I admire the use of felt
Theory, like swimming in a storm, but object
To anti-representational bias in an era of
You're not listening. I'm sorry. I was thinking
How the beauty of your singing reinscribes
The hope whose death it announces. Wave

– Ben Lerner, *Mean Free Path*

EIN THEOROS IN DER GRIECHISCHEN ANTIKE

Ein Theoros ist der Begleiter einer städtischen Gesandtschaft, die eine fremde Stadt besucht. Er soll selbst nicht verhandeln. Er soll beobachten: herausfinden, ob die Fremden die Rede der Gesandten überhaupt verstehen. Ob die Fremden lügen. Vor allem: ob die Eigenen lügen. Er sieht sich in der fremden Stadt um. Er prüft in den Tempeln, welche Schätze dort gesammelt sind. Die Gewohnheiten der Fremden kennt er nach einigen Tagen. Nur HAUTKONTAKT erbrächte mehr Erfahrung, als sie der Theoretiker einsammelt.

„ALL HANDS / TO THE PATHOS“

– nach Ben Lerner in *Mean Free Path*

Alle Mann in die Masten! Nach wochenlanger Flaute in der Sargassosee spürten wir einen Luftzug, der vielleicht nur Minuten währt. In den Segeln eine leichte Spannung. Ganz anders das Ende der Flaute als wir südöstlich der Neufundlandbank lagen. Fast ohne Übergang: Sturm, der die Segel zerreißt. Wir hatten sie noch gar nicht gesetzt. Das hat uns gerettet. Ist unerwartet Bewegung möglich oder droht ohne Warnung der Untergang? Müssen alle Seelenkräfte, die seit mehr als vierzig Jahren warten, in die Masten? Auf die Höhe der Emotion?

BEISPIEL EINES THEORETIKERS IM ZENTRUM DER MACHT

Alfred Sohn-Rethel war Theoretiker am Hofe des Feindes. Als wissenschaftlicher Assistent lief er mit in den Korridoren der Spitzenorganisationen der deutschen Industrie der dreißiger Jahre. Keine Daten blieben ihm verborgen. Kein Tratsch, kein informelles Gespräch, kein Kurzhinweis, keine der rasch wechselnden Verschwörungen und langfristigen Hintergedanken der Matadoren blieben von ihm unbeobachtet. Keiner seiner Arbeitgeber las in seinen Gedanken. Niemand wusste, dass er die ganze Zeit über als Theoretiker tätig war.

„THEORY, LIKE SWIMMING IN A STORM"

Sturmvögel, auf andere Weise Abkömmlinge von Sauriern als wir, schwimmen, entgegengesetzt zur Richtung der Tiefausläufer, also gegen den Wind, nach Westen über den Atlantik. Dass sie theoriefähig sind, zeigt die Eleganz ihrer Flügel. Die Wolke von Plastikteilen, mikroskopisch klein, aber die Lungenbläschen durchschneidend wie Eisen- oder Glassplitter, umfliegen sie weiträumig. Wo liegt der Sitz ihrer souveränen Kenntnis? Was heißt für sie die „poetische Kraft der Theorie“?

IM STURM SCHWIMMEN: ZEPPELINE, BALLONE UND EINZELNE SEGELFLIEGER

Bei Ausfall beider Motoren schwammen zweimotorige Bombenflugzeuge, aus Leichtmetall gebaut, ihrer Bomben entledigt, im Sturm, der sie aus Südosten dem Heimatflugplatz in England entgegenschob. Aber es gibt den von Südost schiebenden Sturm in Westeuropa nicht häufig. So wurden nicht viele Bomberpiloten auf diese Weise gerettet.

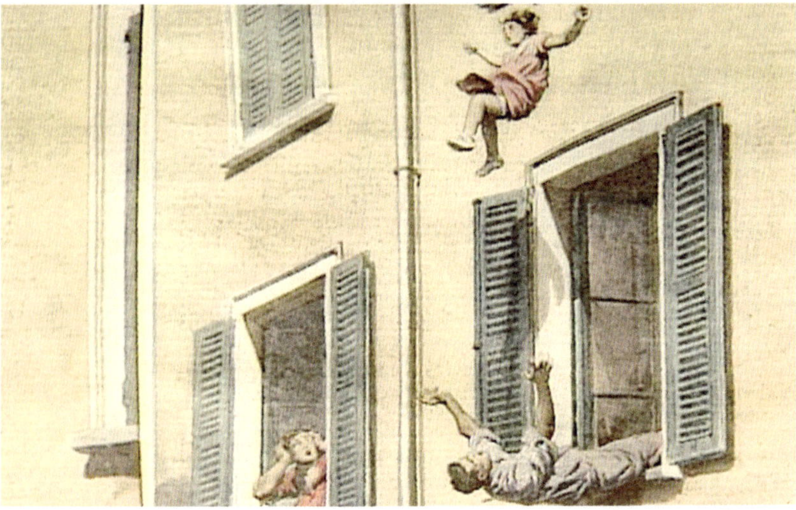

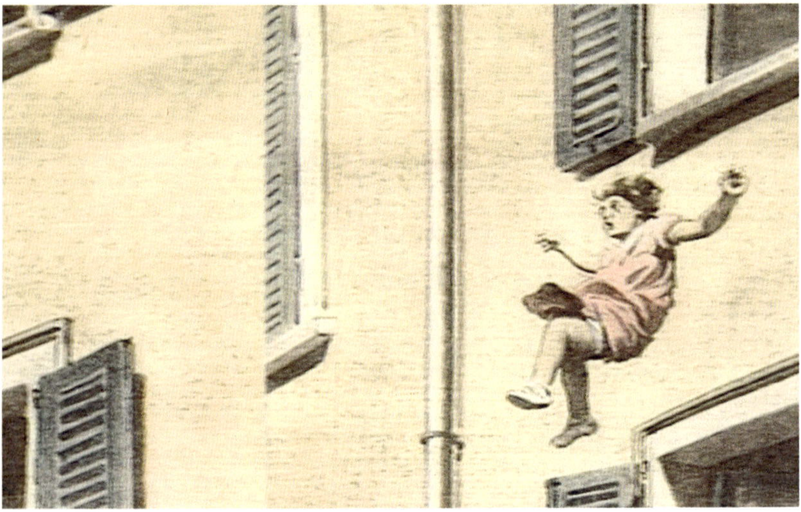

A.K.

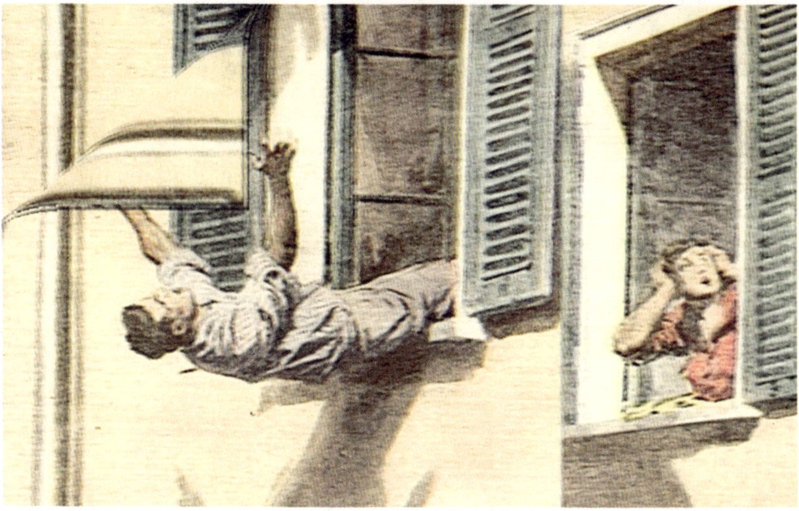

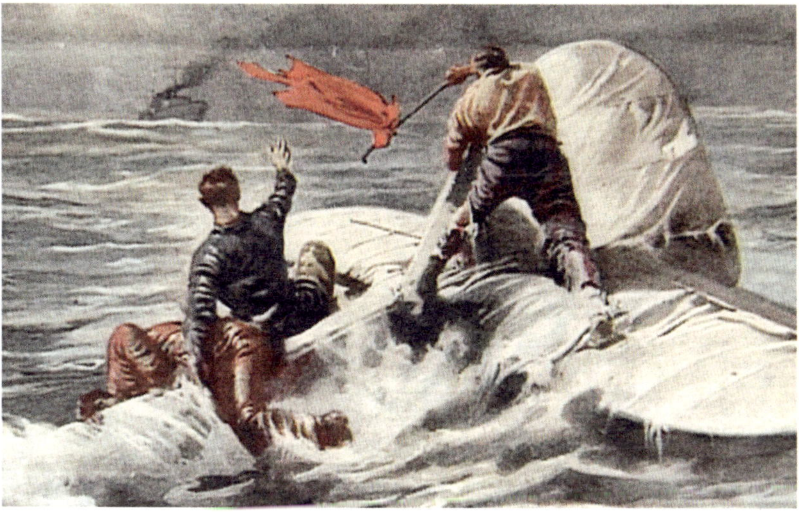

„JÄGERZORNIG BIN ICH“

Wichtigkeiten waren ihr Objekt. Davon nichts greifbar. Nach Stunden wird aus dem Zorn des Jägers, des Nachrichtenwildbeuters, eine glimmende Wut, Aggressionslust unter der Asche. Reste einer ehemaligen Feuerstelle, aber doch bei jeder Bewegung, die im Augenwinkel einen Reiz auslöst, eine Jagdlust, neuflammend wie

> „Jähzorn eines von seiner
> Beute getrennten Jägers“.

MOMENTAUFNAHME AUF DER MÜNCHNER SICHERHEITSKONFERENZ (MUC)

Der emotionale Sturm, der die Hallen und Säle dieses Altbaus von Hotel, auch die sogenannte Bar, eine in blauem Neon leuchtende Großfläche, zur Stunde durchfegte, war darin von einem Sturm oder Gewitter in der ERSTEN NATUR verschieden, dass er in verschiedene Richtungen zugleich wirbelte, weder in großen Kreisen noch in einer bestimmten Richtung, auch blieb er unhörbar, versteckt in der Reizbarkeit aller, die den Verlauf der Tagung bestimmte.

DIE SIEBEN GEISTER DER ERKENNTNIS

Der legendäre Athener Sokrates behauptete, dass in jedem ernsthaften Gespräch zwischen zwei Leuten sich ein Dämon bewege. Nicht im Selbstgespräch, nicht im Gespräch unter vielen. Entgegen allen Absichten des Verstandes komme, mit Hilfe des Dämons, die Wahrheit ans Licht. Zuletzt verrät sich das, was nicht gelogen ist. Die Einsicht hielt Sokrates für eine Sonderform der Tapferkeit. Sie sei nicht im Verstand, sondern im Unterscheidungsvermögen, dem Empfinden, beheimatet, das Herzlichkeit, Vertrautheit mit der eigenen Person und Neugier für die Eigentümlichkeit gegenüberstehender Personen umfasse. Diese vier Eigenschaften (Herzlichkeit, Vertrautheit, Neugier, Unterscheidungsvermögen) seien wie Schüsseln oder Gefäße, in denen der Dämon eine jegliche Mitteilung, einen jeglichen Sachverhalt zerteile, dann aufesse und wieder von sich gebe; d.h. in geläuterter Form, nämlich derjenigen, die wir als Wahrheit bezeichnen (und jederzeit bestreiten und durch etwas Neues ersetzen können), uns hinterlasse. Sokrates sagt nirgends, was Wahrheit selbst wäre (im Gegensatz zu Aristoteles); er sagt nur, was der Stoff ist, aus dem ein Glücksfinger Wahrheit herausfinden kann. Die kriegerische Definition der Tapferkeit sei dagegen engstirnig. Es gehe vielmehr um die Unterscheidung, „etwas zu tun oder nicht zu tun“, zu unterscheiden, was „zu fürchten und was zu lieben sei“. Dieser Mann starb lieber, als seine Ansichten zu widerrufen.

Der flippige Franzose René Descartes, sich zu Unrecht auf Montaigne beziehend, schlug vor, die Erkenntnis der nächstbesten Empfindung zu überlassen. Man soll nicht nachdenken, sondern neu denken. Wie eine Fußspur im frischgefallenen Schnee erfreuen die Gedanken den Denker durch ihre Eigenheit: „diese Fußspur ist die meine“. Auf diesem besonderen Gefühl beruhe Erkenntnis. Denken, sagt er, ist wie Finden.

Ein Fallschirmjägeroberst, der in Dien Bien Phu diente, danach in Nordafrika eingesetzt war, hielt seinen Erfahrungsschatz, die Summe aller praktischen Regeln, die seine Kampfaufträge ihn gelehrt hatten, d.h. die Differenz zwischen Befehl und innerem „gefühltem“ Widerspruch, für Erkenntnis. Er lehrte zunächst an den Militärschulen Frankreichs, wurde später von der CIA eingekauft und hält seither Seminare im ERWEITERTEN NAHEN OSTEN (unter Einbeziehung der im Süden der ehemaligen Sowjetunion gelegene GUS-Staaten, insbesondere von Usbekistan und Kirgistan). Für den asymmetrischen Kampf gegen den Terror sind seine Erfahrungen besonders brauchbar. Sie bilden, in der Vortragsart seiner Kurse, jeweils ein LABYRINTH von „richtig“ und „falsch“. Man kann allerdings von dem Ausgang „falsch“ durch eine Reihe von Schritten in die Richtung „richtig“ geraten, so wie die Richtung „richtig“ im System seiner Darlegung ins „Falsche“ weisen kann. Dieses Rätsel-Labyrinth fordert von den Lehrgangsteilnehmern Wagemut und Experimentierfreudigkeit. Der Fallschirmjägeroberst wurde von Kritikern, die ihm wohlwollten, „Bastler des Denkens“ genannt.

Nietzsche misstraute seinem Verstand. Er misstraute nicht seinen Füßen, nicht der Bewegungsapparatur seines Körpers, den Muskeln, den Gliedern, dem Verdauungstrakt. Er „ging" den Prozess der Wahrheit. Dazu war im Engadin mehr Gelegenheit als in den Gassen von Genua. Zunächst erwanderten die Füße einen Rhythmus, in welchem sich der Körper des Meisters auszudrücken wusste; danach kleideten sich die Gedanken in Worte, sozusagen Ausfluss eines evolutionären Menschen. Es scheint aber, dass eine gewisse Beharrlichkeit dieses Gehens Hindernisse jeder Art überwältigt. Gedanken von Nietzsche, „ganz zum Mantel geworden", gehören zum Besten, was an Erkenntnis „auf den Markt geworfen werden kann".

Nach neun Jahren bedrückenden Ehelebens, in dem die Einseitigkeiten im Charakter ihres Mannes sich nicht ändern ließen, kam Gerlinde Reh zu der Erkenntnis, dass ihr Mann sie betrog. Wie lange hatte sie sich täuschen lassen, ja, liebevoll der Täuschung zugearbeitet! Die Wahrheit über ihr Elend wollte sie nicht wissen. Dann brachte ihr Mann seine „Neue", eine reiche Erbin, zu Heiligabend mit ins Haus. Das konnte Gerlinde nicht akzeptieren. Wo wäre ein Ende dieser STRECKE DER VERLEUGNUNG zu sehen gewesen? Gerlinde zog aus dem ehelichen Gemäuer aus. Ihre Erkenntnis hätte sie, wenn sie überhaupt zu einem anderen davon gesprochen hätte, so formuliert: Es ist unmöglich, die neun Jahre, die ich mit ihm gelebt habe, von meinem untreuen Mann zurückzufordern. Sie war jetzt allein mit ihrer Erkenntnis. Allenfalls ihren Freundinnen konnte sie davon erzählen. Schon beim zweiten Mal mochten die nicht mehr zuhören. Gerlinde hielt Erkenntnis, ihrer Frohnatur gemäß, nicht für ein Geschenk des Himmels.

Eine endgültige Gestalt der Erkenntnis, behauptete der Architekt F., der noch bei Wright in Chicago gelernt hatte, ist der UMBAUTE RAUM EINER

STADT. Ein Meer von Steinen, wie es eine Metropole darstellt, prägt die Sinne und reißt alle Gedanken und Empfindungen mit sich fort. Im Inneren der Menschen entsteht später der gleiche umbaute Raum in subjektiver Gestalt. Von dort aus prägt er betonstark die Geschwindigkeiten und die äußeren Verhältnisse des Lebens, wie ein in Stein gegossener Flusslauf.

Wiederum eine ganz andere Definition der Erkenntnis stammt von der Zirkuskünstlerin Fanny Petzolt. Wirft sich, sagt sie, die Trapezfliegerin vertrauensvoll in die Arme des Fängers (und das geschieht jeden Abend), so nenne ich den Klick des gelingenden Sprungs, den Moment, in dem alle Nerven dieses Gelingen spüren, den Augenblick der „Erkenntnis". Demgegenüber bezeichnet die russische Heiratsvermittlerin Jekaterina Saitzew, die mit ihrer Agentur inzwischen von Moskau nach New York übersiedelte, den Fall, dass sich zwei von ihr wirksam Vermittelte ineinanderversenken (landläufig gesagt: „in Liebe fallen"), als „glückliche Erkenntnis". Der Verstand trage dazu wenig bei. Die Überraschung sei brauchbarer als jede vorangegangene Mühe. Die Agenturbesitzerin sprach aus siebenundzwanzigjähriger Erfahrung.

Die Kantianerin Dr. Mary Pitcorn in Harvard hielt für den Prozess der Erkenntnis abschließbare Türen für wesentlich. Oft setzte sie sich im Getriebe großer Bahnhöfe auf den Abort, schloss hinter sich ab und entwickelte Gedanken. In dem Augenblick, in dem die Tür sich hinter mir fest schließt, behauptet sie, öffnet sich in mir (wie in jedem anderen Menschen) der INNERE BRUNNEN. Den nennen wir Erkenntnis. Im Mittelalter lebten die Eremiten aus diesem Grund in einer Klause. Erkenntnis ist, nach Dr. Pitcorn, ein „für sich", sie „durchfließt" einen nicht verzweifelten Menschen *spontan*, weil sie das „Grundwasser des Lebens" ist.

„DIE SIEBEN VERLANGEN DES KÖRPERS NACH AUFTRIEB“

– nach Ben Lerner, „the body's seven claims to buoyancy“

Ein junger Kadett der Navy aus Oak Park Illinois, woher auch Hemingway stammt, mit Vornamen Harry, hatte in der Timorsee, als das US-Tauchboot 487 sank, eines des letzten Geräte ergattert, mit dem Schiffbrüchige eines U-Bootes die Wasseroberfläche erreichen können. Aufgefischt von Japanern und auf deren Flagschiff, die YAMATO, verbracht, war er gerade in ein Verhör verwickelt, als dieses Schlachtschiff durch Bomben und Torpedos völlig zerstört wurde und zum Meeresgrund glitt. Eingekerkert war er in durch Notlicht schwach schimmernde Stahlwände. Noch immer voller Willenskraft. Eine Schiffswand barst. So geriet Harry ins offene Wasser, wurde in die Tiefe gezogen.

Wie kam es, dass er dann noch ein ganzes Menschenalter erleben durfte? Grund für seine Rettung waren die SIEBEN KRÄFTE DES KÖRPERS NACH AUFTRIEB. Sie wohnen, in unterschiedlicher Stärke, in jedem Menschen.

Die erste Kraft ist die der LUNGEN. Sie besitzen zähen Eigenwillen. Auch nach Erschöpfung aller Kräfte ihres Trägers, nach Verlust seines Überlebenswillens, beharren sie darauf, zum atembaren Sauerstoff durchzustoßen, zur Bläue des Himmels.

Die zweite Kraft des Auftriebs war Harrys LEICHTSINN. Seine von den Kameraden geschätzte Fröhlichkeit hielt ihm die Muskeln warm, als er sich durch die stählernen, in die Vertikale verdrehten Gänge des Schiffsinneren mühte. Dann im Tiefwasser. Er strampelte noch, als der Körper ruhig auf der Oberfläche der nächtlichen See lag im Dämmerlicht der Sterne. Besser er hätte „toter Mann" gespielt, das hätte Kräfte gespart.

Die dritte Kraft des Auftriebs war der UNGLAUBE. Seine Mutter hatte das fiebernde Kind an ihrer Haut gewärmt. Harry fehlte die Vorstellung, der Tod, als grünes Tiefenwasser maskiert, könne ihn gemeint haben. Er verweigerte sich der Verzweiflung.

Die vierte Kraft des Auftriebs war GESTAUTE UNWAHRSCHEINLICHKEIT. In unsichtbaren Kapseln schlummert sie in den Adern eines Mutigen. Ungeschicklichkeit (er war noch nie aus achtzig Metern Tiefe aufgetaucht) ließ seine Gegenwehr gegen den Wasserdruck kraftloser werden. Das war die nötige Dosis Glück, weil sie den Auftrieb verlangsamte, so dass nicht durch zu rasche Druckveränderung das Gas in den Adern und Zellen explodierte. Kein Verstand der Welt könnte Feinsteuerungen wie diese beherrschen.

Die fünfte Kraft waren die HELLEN STIMMEN DER SIRENEN. Sie lockten nicht, sondern sie stießen den jungen Mann nach oben. Sie feuerten den Kämpfer mit ihren Liedern an. Wäre der Seeheld nicht in seinem Inneren auf solche Nachricht vorbereitet gewesen, hätte er nichts gehört und wäre sicher ertrunken. Es müssen nämlich stets alle sieben Kräfte des Auftriebs *gleichzeitig* wirksam werden.

Die sechste Kraft des Auftriebs bestand in einem momentanen ZÖGERN DES FINGERS GOTTES. Dieser Finger rührt am Weltenbrand. Es gibt aber Lücken in der Aktivität Gottes oder der Natur. Das hat schon viele Selbstmörder und Verunglückte vor dcm

Tod bewahrt. Absichtlich kann man diesen Moment des Zögerns nicht selbst entdecken oder nutzen.

Die siebte Kraft des Auftriebs kam aus der FERNEN ZUKUNFT. Ein künftiger Spross zog den gierig wassertretenden Vorfahren aus der Tiefe hervor: Erst musste der Seekadett gerettet werden, eine Frau gefunden, eine Tochter gezeugt und diese einen Sohn geboren haben, damit dieser Zukünftler, ein stämmiger Junge, dem verunglückten Harry einst im rechten Augenblick zu Hilfe kam. Dieser Spürhund aus der Zukunft ließ den Ertrinkenden die letzten zehn Meter zur Oberfläche durcheilen: eine fast unmerkliche Kraft, ein Atem, eine Art Wind, durch Geräte nicht messbar (Wind dringt selten unter das Wasser). Der Vorgang ist im Experiment nicht wiederholbar.

Noch ein weiterer Zufall war nötig, um Harry zu retten: dass nämlich ein javanisches Fischerboot den auf ruhiger See Treibenden auflas und dabei nicht von einer japanischen Patrouille entdeckt wurde. Harry blieb im Dorf ein halbes Jahr als Erntehelfer nützlich.

> „Leicht kann ein Gott, wenn er will,
> einen Mann auch von fern erretten."

„COUGHING / BLOOD INTO A HANDKERCHIEF IN RUSSIA“

– nach Ben Lerner in *Mean Free Path*

Die Kommandeurin einer Partisaneneinheit, eine Frau von vierzig Jahren, die bei Minsk siebzehn deutsche Transportzüge mit Nachschub 1944 zur Entgleisung brachte (und so den legendären Zusammenbruch der Heeresgruppe Mitte entschied), also eine selbständig denkende Person, empfand sich 28 Jahre zuvor als hilflos in ihrer Zuneigung zu dem politischen Kommissar Gerasimov, dem sie dienstlich zugeteilt war. So gravitativ bestimmend war die Strömung, der Taufakt, mit dem seine Nähe, die tägliche Präsenz sie unter Wasser tauchte, das Gemütswasser, in dem unsere Entscheidungskräfte schwimmen, dass sie für nichts anderes mehr Interesse fasste als für diesen politischen Mann aus Haut und Knochen (für keinen anderen Mann, keine Frau, keinen Freundschaftsdienst, keine Ruhe bei Tag und Nacht, ja, selbst zur Arbeit war sie nur um seinetwillen fähig). Sie magerte ab. Geistig und dann auch körperlich. Der, den sie liebte, nahm nichts von ihr wahr. Die Pflichten ließen ihm keine Zeit. Mit hageren Wangen suchte er aus dem Provinznest, in das er von der Zentrale kommandiert war, einen städtischen Zusammenhang zu machen, wenn möglich bevölkert von bolschewistischen Menschen (nicht etwa nur kommunistisch gesinnt, sondern kommunistisch *tätig*).

Dann wurde offensichtlich, dass er Blut spuckte. Hier nun zeigte sich, dass die Liebe Ludmillas, so hieß die spätere Widerstandskämpferin, keine schwachbrüstige Idealität, sondern eine materielle Gewalt war. Sie reiste in die Hauptstadt. Sie setzte Kreisläufe der Befehlsgewalt in Gang. Gegen alle Routine und Wahrscheinlichkeit wurde ihr Geliebter, der wie gesagt, von seinem Geliebtsein nichts wusste, außer jeder Reihe mit Devisen ausgestattet und in eines der Schweizer Sanatorien entsandt. Dort war – unabhängig von der Sauerstoffqualität der Höhenluft – im Laufe von Jahrzehnten Heilkunst akkumuliert (bei so viel Vergeblichkeit im Kampf gegen die tückische Tuberkulose). Der Mann wurde geheilt und diente seinem Vaterland noch vierzig Jahre. Über den Eifer seiner Wohltäterin, einer Untergegeben, die ihm sonst unauffällig diente, wunderte er sich. Er war aber, in sein Taschentuch blutbluthustend, vor seiner Abfahrt in den Westen so schwach, dass er die Sache nicht zur Sprache brachte. Bald nach seiner Rückkehr war Krieg. So blieb sein Engel unentdeckt. Man weiß, dass Engel nur in solcher Unsichtbarkeit ruhig arbeiten. Fixiert mit Augen werden sie starr.

*

Noch in der Chruschtschow-Ära propagierte Ludmilla, in der Hierarchie aufgestiegen, hochdekoriert als kämpferische Patriotin (obwohl sie vom Motiv her doch nur Liebesdienerin war), schon aber auch zurückgestuft als Frau, ein Projekt für den Aufbau von Heilstätten zur Bekämpfung der Schwindsucht in Russland. Die Luft war aber an jedem Ort des weiten Kontinents zu „dickflüssig", die Gebirge entweder nicht hoch genug oder weit abgelegen von den Zentren der ärztlichen Kunst, dass das Projekt zu keiner Ausführung kam. Es war auch als PROJEKT DES FORT-

SCHRITTS nach 1945 obsolet, weil die Tuberkel-Bazillen durch Penicillin inzwischen gezähmt wurden. So geht ein Stück liebesgegründeten Progresses verloren, weil eine überholende Kausalität den Einsatz unnötig macht. Das aber wollte Ludmilla – unter sozialistischen Prämissen! unter Druckverhältnissen der Solidarität! – nicht als Argument gelten lassen.
Der Fortschritt steht als ein Stück Leben außerhalb der Zwecke, der Dichtkunst ähnlich, weil beides auf dem Einschmelzprozess der ZUNEIGUNG, nämlich privater Leidenschaft, die wir Liebe nennen, wie Ludmilla wusste, ihre Wurzel haben. Auch die Unlogik, dass sie von „Einschmelzen", einer industriellen Vokabel und zugleich von „Wurzel" sprach, war sie nicht bereit, näher zu betrachten. Im Jahr 2017, Ludmilla war längst gestorben, zeigte sich im übrigen, dass penicillinresistente Tuberkelrassen im großen Russland (vor allem im unwirtlichen westlichen Sibirien, wo die Luft wie ein dicker Nebel angetroffen wird) unbekämpfbar wieder auflebten. Noch immer keine Plätze im weiten Russland wie früher in Davos. In der Schweiz selbst aber inzwischen ist die Heilkultur gegenüber der Krankheit, an der Kafka starb, ihrerseits fast ausgestorben.
Wo Sanatorium war, kommt Weltwirtschaftskonferenz hin. Nichts ersetzt Ludmillas Testament, das Denkmal für den Mann, der in Russland Blut in sein Taschentuch spuckte.

DIE TOCHTER WAR IHREM VATER SEHR ZUGETAN

Das junge Mädchen, dessen Familie sich nach 1492 von Spanien nach Lissabon durchgeschlagen hatte, Tochter eines Kaufmanns, war ihrem Vater sehr zugetan.
Dass ihre Fingernägel, die Hände, ihre Wangenknochen und Schultern denen ihres Vaters so auffällig glichen, rührte sie an. Die Familie, immer noch taufunwillig, immer noch vermögend, wiegte sich in Portugal für wenige Jahre in Sicherheit. Dann geboten Edikte des Königs Manuel die Trennung aller Kinder im Alter unter zwei Jahren von den Eltern (sie sollten in christliche Familien zur Pflege gegeben werden); den Erwachsenen wurde die Ausreise befohlen. Kurz vor Inkrafttreten dieser Verfolgungsmaßnahme erwarb die Familie des Mädchens eine Schiffspassage auf dem Segler eines arabischen Kapitäns. Die Reise war teuer (zu begleichen in Gold und Silber fast in der Höhe des Wertes des ganzen Schiffes). Der Kapitän aber war betrügerisch und hatte eine Intrige gesponnen, nach welcher ein Berber-Pirat das Schiff vor der marokkanischen Küste entern und übernehmen sollte. Die Passagiere waren der Gewalt des Piraten ausgesetzt.

Der Pirat hatte allen Besitz der Gefangenen konfisziert. Sie konnten ihm für ihre Freilassung nichts anbieten. Geldversprechen für den Fall, dass er sie bis nach Konstantinopel brächte, wies er zurück. So wie er sich selbst charakterlich nicht vertraute, glaubte er seinen Passagieren nicht, dass sie nach ihrer Rettung noch zahlungswillig sein würden. FÜR EIN SOLCHES KREDITGESCHÄFT GAB ES KEIN VORBILD. Besser schien es, die „Ware“ an einer nahen Küste als Sklaven zu verkaufen.

Das junge Mädchen, das, wie gesagt, seinen Vater liebte, konnte sich nicht vorstellen, dass dieser Vater in die Sklaverei verkauft würde: so ungeschickt wie er war für jede Arbeit, wie sie Sklaven verrichten. Sie fürchtete seinen und der Familie Untergang, wenn sie keinen Ausweg fände.

Sie war ein gelehrtes Haus. Sie sprach das demotisch eingefärbte Griechisch, das immer noch an den Küsten des Mittelmeers die Verständigung zwischen den unterschiedlichen Völkern erlaubte. Es zeigte sich, dass auch der Pirat, unabhängig von seiner gewalttätigen Berufspraxis, ein gebildeter Mann war. Das Mädchen suchte in den Nächten seine Aufmerksamkeit. Sie spielten Schach, erörterten theologische Fragen. So gelang es ihr, den Sinn des Raubmenschen soweit zu lockern, dass er die Wertlosigkeit dieser Gruppe sephardischer Juden für einen lukrativen Verkauf als Sklaven einsah. Die Annahme wiederum, argumentierte sie, dass sie, am Ziel der Reise angekommen und gerettet, eine Zahlung leisten würden, entspreche zwar nicht allgemeiner Erfahrung, sei aber doch mit mehr Wahrscheinlichkeit ausgestattet als die Erwartung eines guten Auktionspreises in einem der nahen Häfen.

Zusätzlich aber würden sie beide, fuhr das Mädchen fort, so wie sie hier als Schachspieler beieinandersäßen, die neue FORM EINES GESCHÄFTS erfunden haben: eine legendäre Transaktion, so wie sich einst Julius Cäsar durch bestimmte, unerwartete und unübliche Erklärungen aus der Sklaverei befreit hatte.
Die Anspielung auf den antiken Herrscher gefiel dem Piraten. Gern wäre er über die Zeiten hin berühmt geworden wie jener Diktator.

So debattierten sie von Nacht zu Nacht und waren schon an Tunis vorbei; sie segelten vor der Küste von Kreta. Der Vater der klugen Tochter löste deren Versprechen, dem er seine Freiheit und die der Gruppe verdankte, später durch eine Goldzahlung ein und hatte damit für die Zukunft einen Kredit dieser Art befestigt, durch den inmitten des Parasitentums, das die Vertreibung von Völkerschaften begleitete, die Versprechen von „Geld gegen Leben“ eine Spur von TREU UND GLAUBEN erhielten.

„BEAUTY REARS HER UGLY HEAD“

– nach Ben Lerner in *Die Lichtenbergfiguren*

Unter dem Siegel des leidenden Marsyas: zwei Abbildungstypen des Sokrates

Luca Giuliani vom Wissenschaftskolleg zu Berlin, der Archäologe, den ich zum Aussehen des Sokrates befragte, verwies auf eine Statue des Sokrates. Es gibt vom lebendigen Sokrates keine Abbildung, nur Karikaturen und Masken. Das Gesicht des Sokrates mit der Knubbelnase ist nur durch diese Statue überliefert. Der Mann galt, sagt Giuliani, nach dem Prozess und seiner physischen Vernichtung als Staatsfeind. Das vermutliche Unrecht, das der Prozess enthielt, steigerte noch den Hass seiner Verfolger. Er war etwa so beliebt wie die Rote Armee Fraktion nach 1977 bei der Staatsführung der Bundesrepublik. Die Jünger des Sokrates haben dann, noch während der Verfolgungszeit, als eine Provokation und illegal eine Statue errichtet.

Auch die ist nicht erhalten. Aber von ihr stammen alle Kopien, die wir kennen: der Typ Sokrates A und der Typ Sokrates B. Auf der Skulptur wurden Gestalt und Gesicht des Sokrates dem Satyr Marsyas nachgebildet. Dieser Satyr hatte es gewagt, als Musiker mit dem Gott Apoll zu rivalisieren. Auf Befehl des grausamen Gottes wurde ihm die Haut bei lebendigem Leib abgezogen. Ein Tod, grausamer als der Schierlingsbecher. Von diesem Satyr stammen die wulstigen Lippen, die spezielle Nase. In einer Welt der „Kalokagathia", der Einheit von Wahrheit und Schönheit, ist Sokrates A der Gegenpol. Lavater fragt: Ist ein so hässlicher alter Mann nicht notwendig ein Lügner? Erst auf diese Statue beziehen sich die später verfassten Dialoge des Platon und der Bericht des Xenophon. Etwas Imaginäres, ein nachträgliches Bild, hat die Tradition bis heute geprägt. Auch Montaigne, Spinoza und (mit Behaarung) Nietzsche haben kein schönes Gesicht. Fast würde ich einem hübschen Mann oder einer gutaussehenden Frau keine philosophische Tiefe Zutrauen. So fest sind Vorurteile – unter dem Siegel des Leidens des Marsyas – eingeprägt.

„LIKE A TORNADO TOUCHING DOWN“

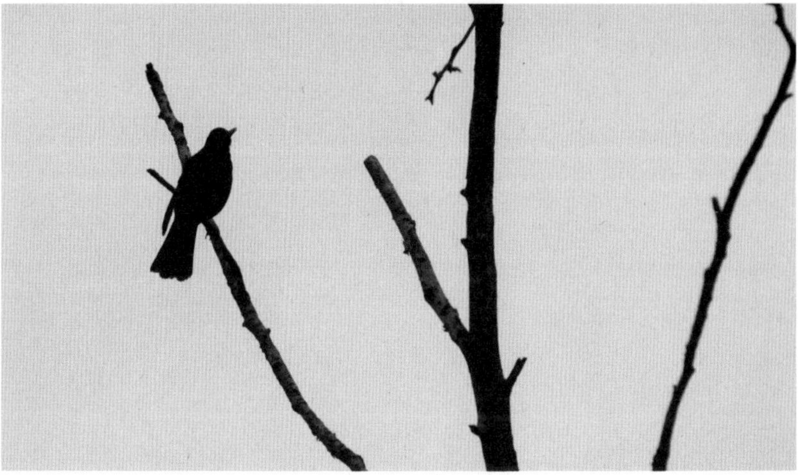

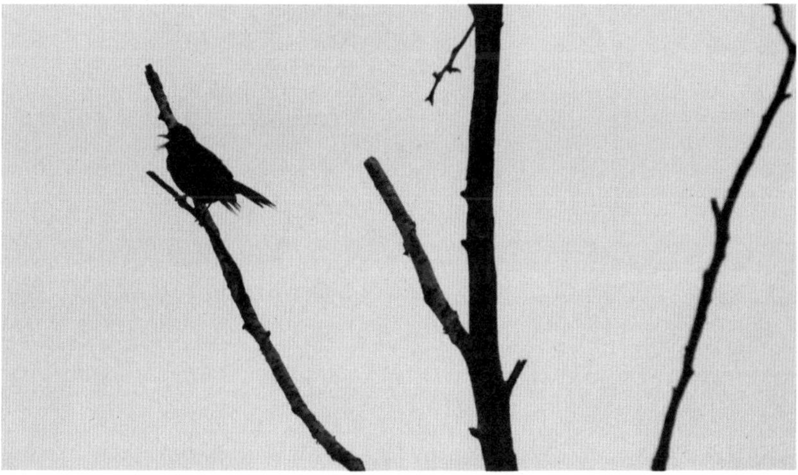

Die Seele ist vogelartig.
Die Seele ist ein Unterwasserwesen.

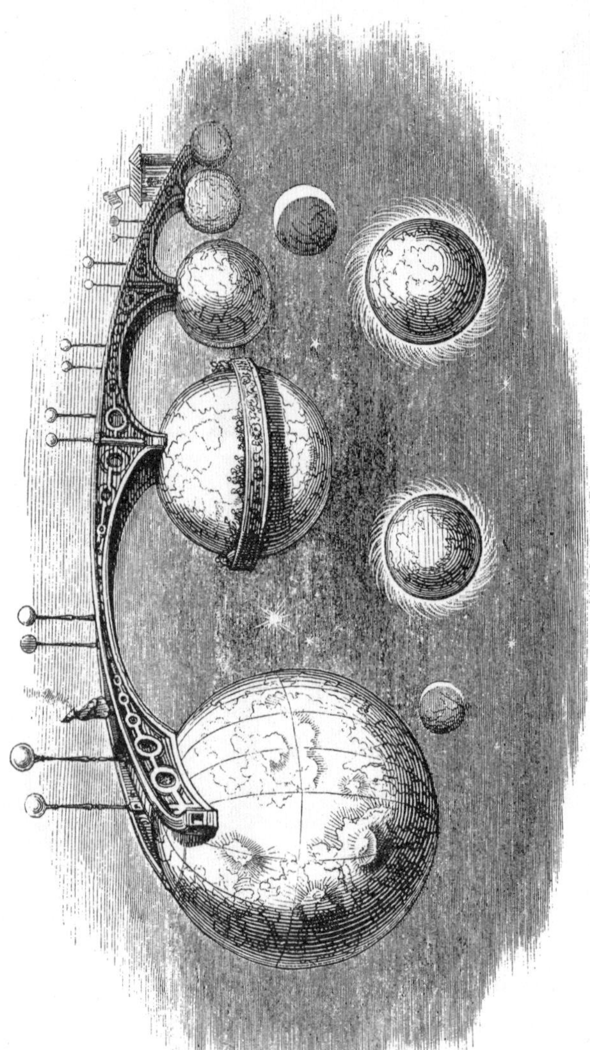

Grandville [Ignace Isidore Gérard]: Le pont des planètes, 1844. Abbildung 16

↑ Abb.: Planetenbrücke von Grandville. Am Ende des *Passagen-Werks* von Walter Benjamin zitiert. Das Material für die eisernen Brücken, die Erde, Mond und Planeten verbinden, stammt aus den Resten, die für die Anfertigung des Eiffelturms nicht benötigt wurden.

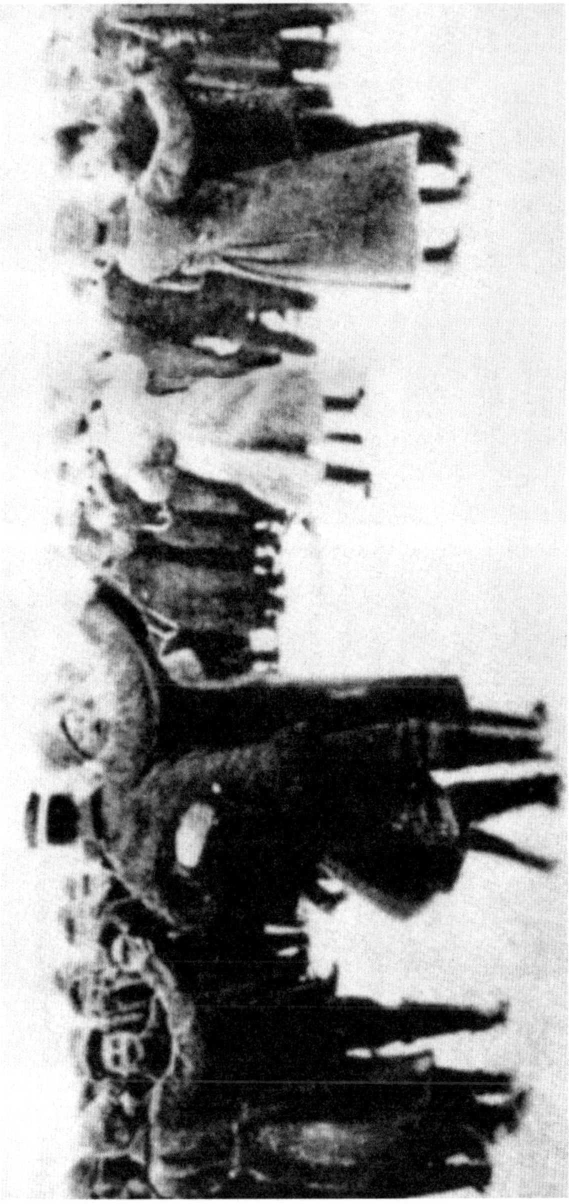

↑ Abb.: 1918–2018! Deutsche und russische Soldaten haben ihre Stellungen verlassen und sind 1918 aufeinander zugelaufen. SIE TANZEN MITEINANDER IM SCHNEE.

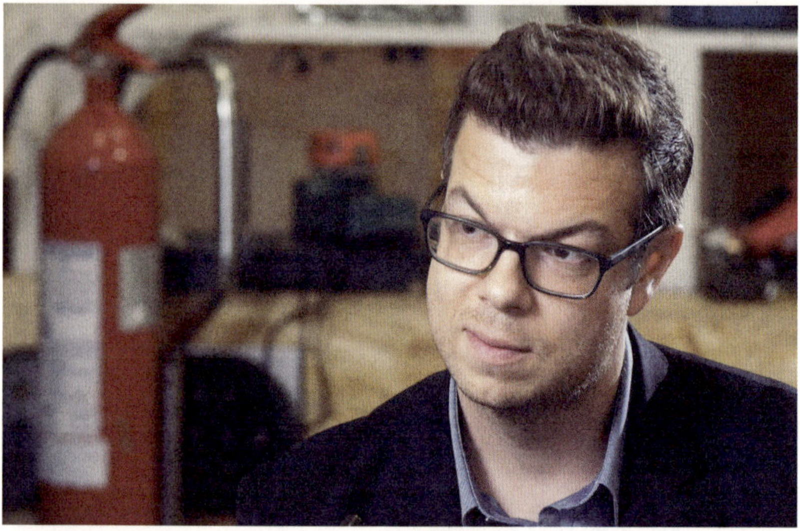

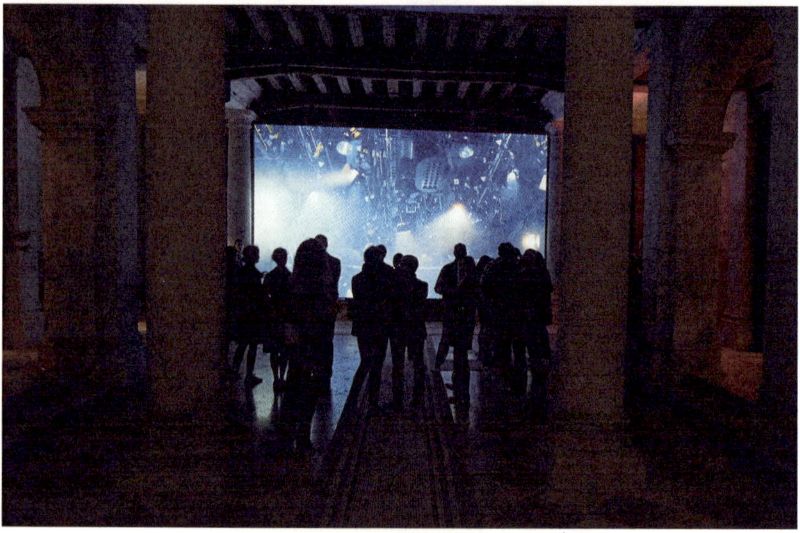

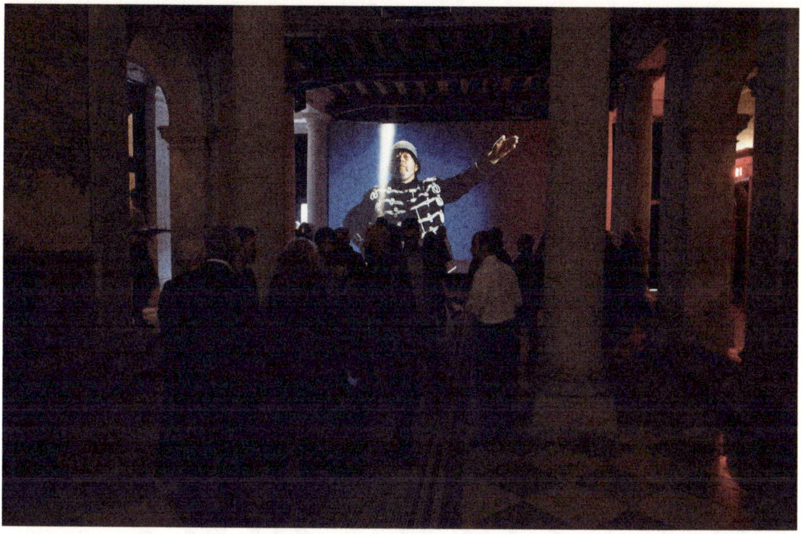

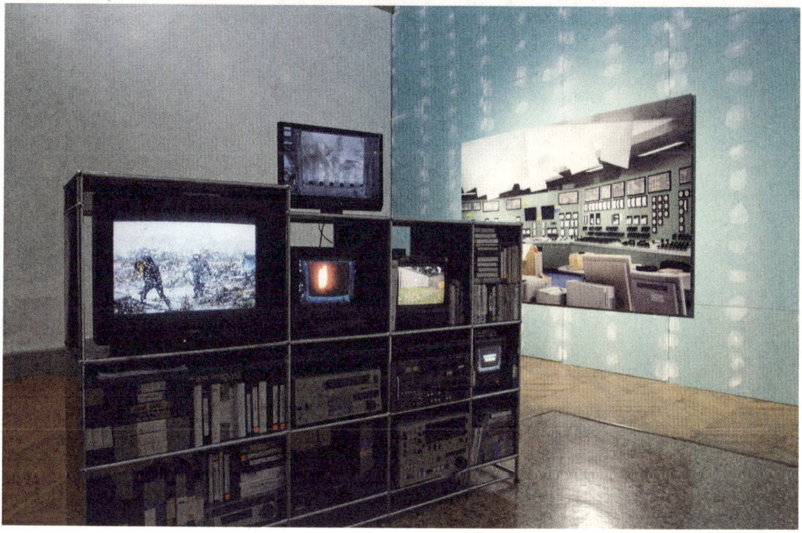

GESPRÄCH ÜBER SCHLAF-WANDELN IM PALAZZO CA' CORNER DELLA REGINA IN VENEDIG

Anderer Zeitpunkt des Gesprächs (S. 98) im Arbeitssaal in Venedig. Wir haben längere Zeit, ohne dass es aufgezeichnet wurde über den Satz „Like a tornado touching down" debattiert. Auch über „Gedanken in der Nacht", „Arbeiten in der Nacht", „Wie sich, ohne dass einer schläft oder träumt in der Nacht Farbe und Orte der Gedanken unsanft verändern".

A.K.

Was bedeutet: „Like a tornado touching down / The dream selects its sleeper"?

B.L.

Statt an den Traum als einen Ausdruck privater Erfahrung zu denken, ist man eher ausgewählt vom kollektiven Unbewussten für einen bestimmten Traum. Der Traum ist eine soziale Kraft.

A.K.

Das hat zu tun mit „never wake a collective subject".

B.L.

Im Englischen gibt es die Redewendung „never wake a sleepwalker". Es ist gefährlich, Schlafwandler zu wecken, weil sie orientierungslos sein könnten. Ich versuche mir das vorzustellen auf einer kollektiven Ebene, wenn ein ganzes Volk schläft. Ich denke an den Schlaf der Vernunft innerhalb einer Masse von Menschen, wie die Wahlberechtigten der USA, und die Gefahr, aber auch die Notwendigkeit des Aufwachens. Es ist ein Spiel mit dieser Redewendung über den einzelnen Schlafwandler, in dem man die Redeweise auf die Ebene des Kollektivs anwendet.

A.K.

Wenn Sie mir einen Schlafwandler näher beschreiben. Es gibt bei Bellini die Oper *Die Schlafwandlerin*.

B.L.

Ein Schlafwandler ist jemand, der „somnambuliert". Als Kind bin ich viel geschlafwandelt, wie mir gesagt wurde. Ich hatte eine Gehirnerschütterung, als ich klein war, und bin Jahre lang nachts geschlafwandelt. Meine Eltern sagten mir immer sanft, dass ich zurück ins Bett gehen sollte, und ich gehorchte. Ich war sehr beeinflussbar. Aber natürlich sind Schlafwandler metaphorisch gesehen Personen, die agieren, als ob sie wach wären, aber in Wirklichkeit werden sie von unbewussten Kräften gesteuert.

A.K.

Und die Amina in *La sonnambula* von Bellini würde. vom Dach stürzen, wenn sie angesprochen wäre.

B.L.

Wirklich? Ich kenne diese Oper nicht.

A.K.

Es ist die schönste Oper der Welt, Bellini war 34 Jahre alt, ein ganz junger Mann, im Jahr danach stirbt er. Er war selber somnambul.

*

A.K.

Könnten Sie wie ein Rabbi die Verse „Music strikes an area, not a point / It goes up one leg and stops the heart" interpretieren?

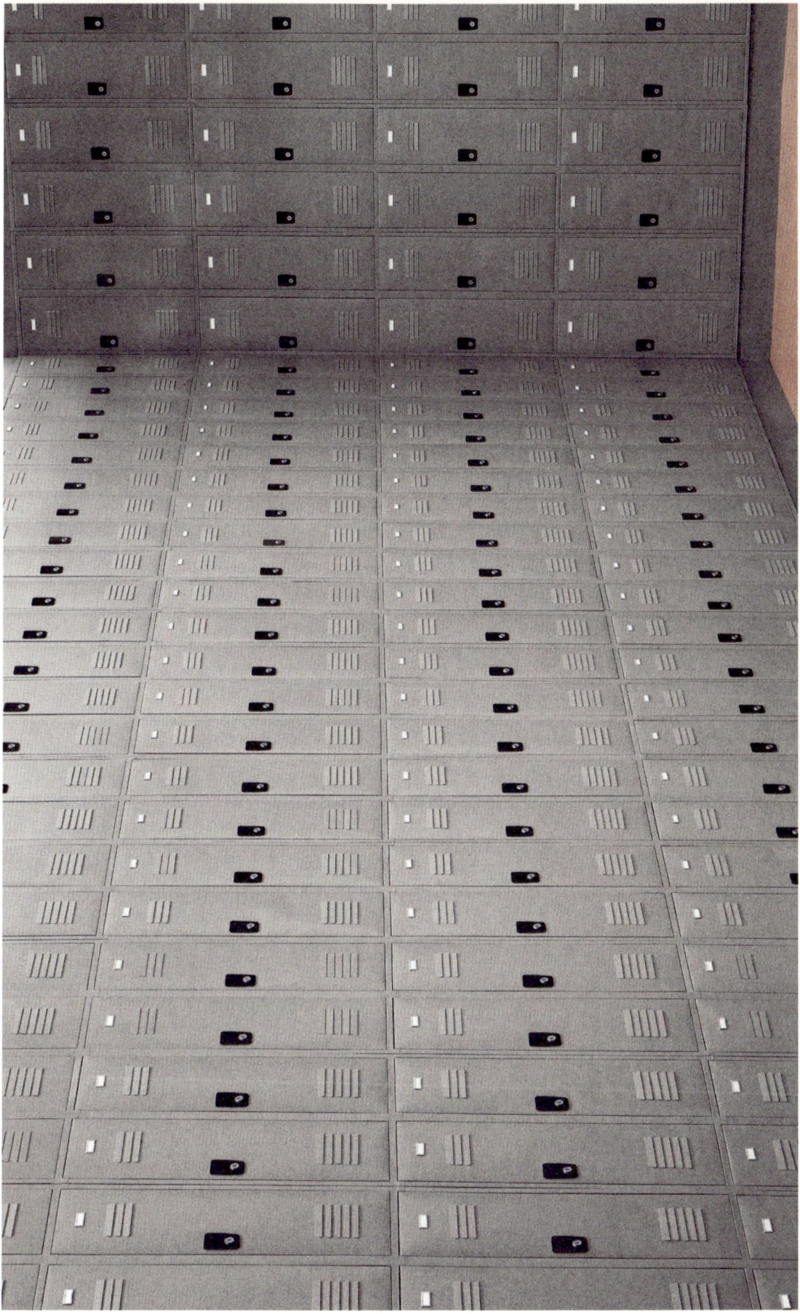

↑ Abb.: *Locker* (2018) von Thomas Demand.

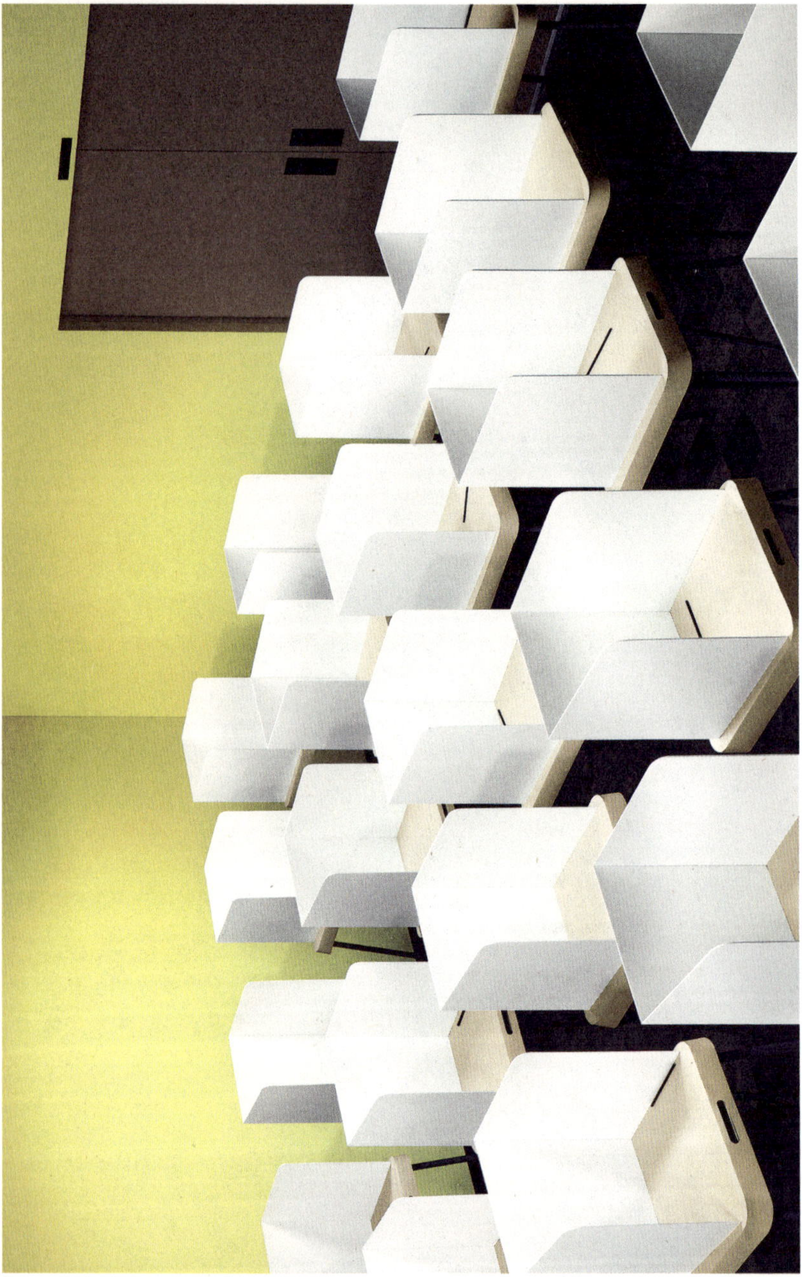

↑ Abb.: „Bild auf der höchsten Stufe der Wahrhaftigkeit."
Ballot (2018) von Thomas Demand.

B.L.

Vor kurzem wurde eine Gruppe von Rentieren von einem Blitz getroffen. Ein Blitz ging über die gesamte Herde und tötete ungefähr 200 Rentiere sofort, weil ihre Körper zusammen eine Art Leitung bildeten. Ich dachte an die Fähigkeit der Musik zu inspirieren und die Art, wie Musik verstärkt werden kann durch eine Ansammlung von Menschen, eine Menge oder ein Publikum. Also habe ich dieses seltsame Naturphänomen mit der Sprache der Musik gekreuzt. Das Gedicht ist beschäftigt mit der Kollektivierung all dieser unterschiedlichen Erfahrungen, von denen man denkt, sie wären individuell. Der Traum, das Hören von Musik. Das Wandern des Stromes das Bein hinauf und das Stoppen des Herzens ist buchstäblich das, was passiert, wenn der Blitz in die Herde der Tiere einschlägt.

A.K.

In einem anderen Sonett schreiben Sie über ein Missverständnis. „Total war“ ist falsch geschrieben als „tonaler Krieg“.

B.L.

Auf der Ebene des Wortes versuche ich zu zeigen, wie „total war“ die Struktur der Erfahrung verändert und wie dieser Wechsel im Bereich der Kunst reflektiert wird. Hier geschieht es in einer anderen Haltung zur Tonalität. Der Wechsel eines Buchstabens zeigt die Form einer anderen Haltung zum Schönen, als ein Resultat einer neuen, zerstörerischen Organisation von Kräften in der Gesellschaft.

*

A.K.

Könnten Sie am Schluss ein Bild von Thomas Demand auswählen und es beschreiben?

B.L.

Thomas hat ein Bild von den Aktenordnern von Trumps erster Pressekonferenz gemacht. Das war die erste Pressekonferenz, die er gegeben hat. Sie war surreal. Er hat auf all diese Manila-Ordner gezeigt, gefüllt mit Papier. Er sagte immer wieder: Diese Ordner, diese Dokumente sind Beweise, wie ich mich von meinem Geschäft zurückziehe. Ich vermeide Interessenskonflikte. Es war seltsam. Er sagte niemals, was in den Ordner enthalten ist, aber es gab dieses wiederholende Zeigen auf die Ordner. Dann stellte sich heraus, dass die Ordner gefüllt waren mit leeren Seiten.
Wann immer Bücher oder Papiere gezeigt werden in den Arbeiten von Thomas, sind sie leer – Seiten, Buchrücken. Sein Werk ist immer zwei oder drei Clicks abstrakter als die tatsächliche Welt. Sein Bild ist realistisch, weil die Ordner voll sind mit leerem Papier.
Thomas' Bild ist auf der höchsten Stufe der Wahrhaftigkeit. Die Realität ist so abstrakt geworden, dass Thomas nicht anders kann, als sie wörtlich abzubilden.
Von einer leeren Seite kann man nicht abstrahieren.

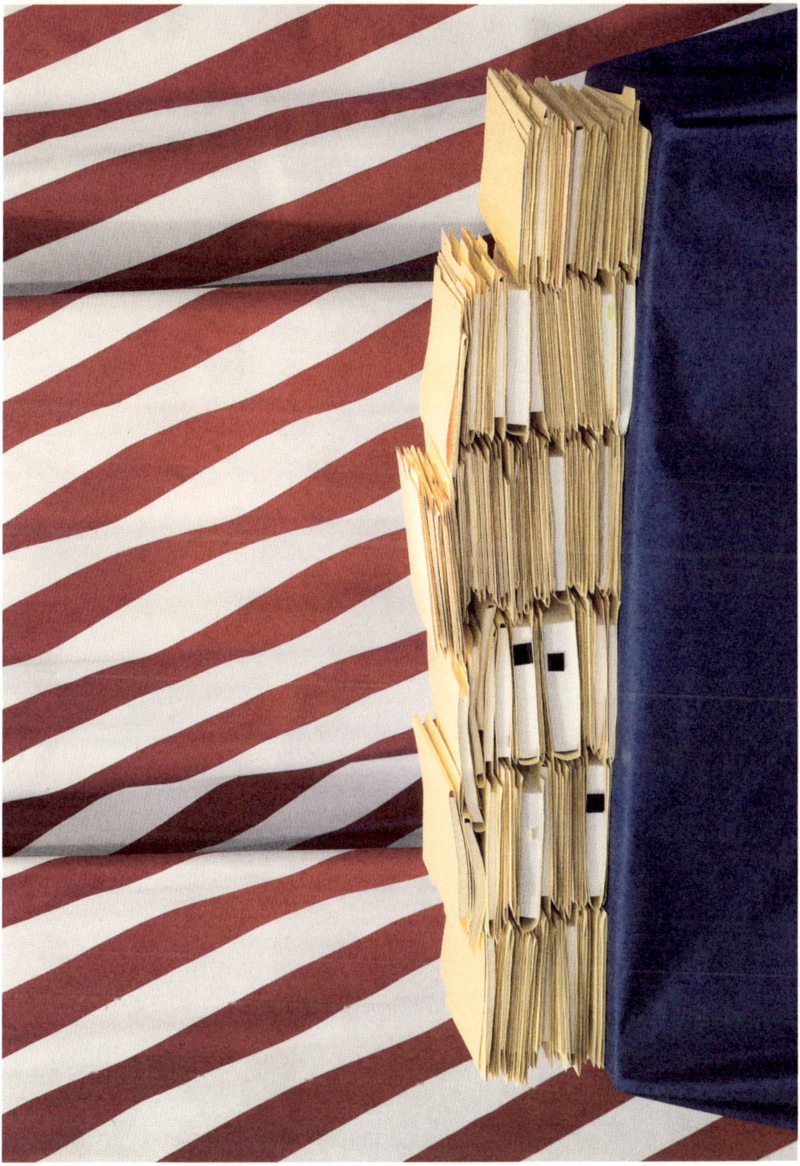

↑ Abb.: Das Bild von Thomas Demand bezieht sich auf Aktenkonvolute, die Trump zu seiner Rechtfertigung der Öffentlichkeit vorlegte, dass er seine geschäftlichen Aktivitäten während seiner Präsidentschaft aufgegeben hat. In den Aktenordnern sind nur leere Seiten enthalten.

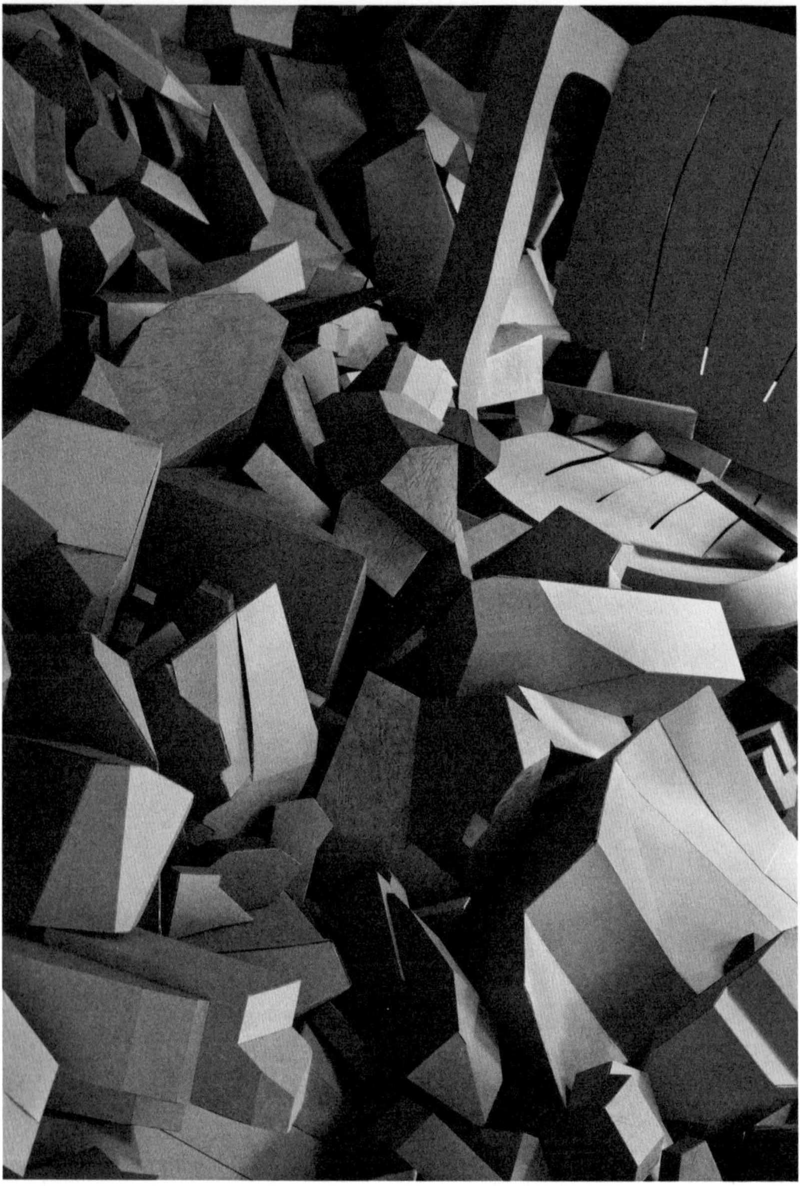

↑ Abb.: *Ruine* (2018) von Thomas Demand.

„LIKE A TORNADO TOUCHING DOWN / THE DREAM SELECTS ITS SLEEPER“

– Ben Lerner, *The Snows of Venice*

In der Imbissstube neben der Metallfabrik hat er eine heiße Wurst gegessen. Danach bis zu seinem Tod nichts mehr für Magen und Darm. Er steigt „nach getaner Arbeit“ vor aller Augen vom Sattelschlepper herab. Wie ein Projektil. Von einem Vorort der Bundeshauptstadt in Regionalzügen in die Niederlande, von dort nach Frankreich und nach Italien. Zu Fuß die lange Strecke vom Hauptbahnhof Mailand zum Bahnhofsvorplatz des Industrievororts, wo er erschossen wird.

ZWEI GEDICHTE AUS *BLOSSOM*

B.L.

Diese Seite ist leer außer dort wo sies sein sollte
Diese Zeile wurde absichtlich leer gelassen
Es gibt ein Weiß, so weiß, dass es erst nach

Vielen Jahren aufscheint, historischer Schnee
Funkelnd in spätem Licht / Einmal gelöscht
Kann ein Gedicht beginnen, wie aber enden

Ohne Anfang, ich schrieb das von rechts nach
Links, aber dachte es mir von den Rändern
Nach innen, wie Vögel sammeln oder Feuer

Sich ausbreitet im zurücklaufenden Film
„Ich hatte nicht unbeträchtliche Freude
An deinem Talent, Gras (*Rasen*) zu malen

Stroh (*Stall*), Bäume (*Lichtung*)
Stillgelegte Fabriken (*Klause*), Gold (*Bullion*)
Aufgeschüttelte Kissen (*Raum*), Schmutzwasser

Um einige Dinge zu nennen, die von Papier
Weit entfernt zu sein scheinen", wie aber
Den Drang zur Aufnahme abbilden, langsam

Abgelöst von Berlin, wo, anstatt zu fallen
Welches, anstatt zu schmelzen / Während
Anstatt zu vergehen: „Schnee" „Narben" „Zeit"

*

This page is blank except where indicated
This line left blank intentionally
There is a white so white that it appears

Only over many years, a period snow
Sparkling in belated light / Once erased
A poem can start, but how to end

Without beginning, I wrote this right
To left, but intended it to be read
From the margins in, the way birds scavenge

Or, as the film rewinds, the fire spreads
"I have taken considerable delight
In your ability to picture grass (*Rasen*)

Straw (*Stall*), trees (*Lichtung*)
A dead plant (*Klause*), gold (*Bullion*)
A rumpled pillow (*Raum*), dirty water

To name a few of the things that seem
A long way from paper," but how to figure
The will to capture, abstracted slowly

From Berlin, where, in lieu of falling
Which, in lieu of melting / While
In lieu of passing: "snow" "scars" "time"

*

Sokrates spricht von drei Bienen: einer, deren Stich
Wahrnehmung übersteigt, einer, die ein Tischler
Herstellt, und einer, die ein Künstler abbildet

Während ich eine vierte entdecke, schwebend
In der Blumenpassage zwischen den Formen
Deren Flügelschlag unmögliche Kräfte freisetzt

Bevor sie zu Beginn des Winters stirbt / Sokrates
Spricht von drei Wintern, ineinander stehenden
Wintern von abnehmender Größe, der kleinste

Aus einem Stück Holz gedreht, während ich
Winter als eine Art Wissen betrachte, das Herbst
Zu spät erlangt um der Philosophenkönigin

Noch von Nutzen zu sein, die in ihrem Papiernest
Offenwabig, unter Traufen oder Simsen
Zwanzigtausend Abbilder anführt

Sokrates sagt, Ignoranz ist Flucht vor Wissen
Des Frühlings, das Sommer ist, wenn ich
Diese Passage nicht missverstehe, eine Mimesis

Aus blassblauen Fäden / Die Blätter
Schließen sich bei Berührung oder Aufnahme
Durch eine kurze Belichtung des Negativs

*

Socrates speaks of three bees: one that stings
Beyond sensation, one made by a carpenter
And one made by an artist in imitation

Whereas I perceive a fourth, hovering
In the floral passage between forms
Generating unlikely forces with its wings

Before dying at the onset of the winter
Socrates speaks of three winters, nested
Winters of decreasing size, the smallest

Turned from a single piece of wood, while I
Think of winter as a kind of knowledge
Autumn gains too late to be of use

To the philosopher queen in her paper nest
Open-celled, under eaves or ledges
Presiding over twenty thousand imitations

Socrates says that ignorance is flight
From the knowledge of spring that summer is
Unless I have misread the passage, a mimesis

Made of pale blue filaments / The leaves
Close when touched or captured
By a brief exposure to the negative

*

Der Engel von Halberstadt

Das ist eine Tonaufnahme eines Engels, der an die
Scheibe
eines Bürohauses in München prallt, das
eine Erfahrung, die jeden betrifft, die aber keiner
machen kann

Das ist eine lange Silbe, die einen Schweif aus Staub
und Eis nachzieht,
ein kleiner, als Lichtstreif wahrgenommener Körper;
den bayrische Bauern für ein Zeichen halten

Du schaust vom Pflug hoch, dann zu Boden, um dich
Auf Pflaster wiederzufinden, die Abendzeitung
kaufend,
raubkopierte DVDs und religiöse Symbole verkaufend

Das ist das Verfahren der Sicherung von Rechten,
Nickel
und Eisen, Luft und Vorkaufsoption, Film
über die Oberfläche der Netzhaut verteilt

Und das ist ein Messgerät, noch in Erprobung
Und das ist die Elegie, für die es gedacht ist

*

The Angel of Halberstadt

This is audio of an angel hitting the glass
of an office tower in Munich, this
an experience everyone relates to, but no one can have

This is one long syllable followed by a tail of dust and ice,
small body perceived as a streak of light
mistaken by Bavarian farmers for a sign

You look up from the plough, then down to find
you're standing on pavement, selling evening papers,
selling bootlegged DVDs and religious icons

This is the process of securing rights, nickel
and iron, air and first refusal, film
distributed across the surface of the retina

And this is a meter, still in beta
And this is the elegy for which it's designed

*

Wie Klees *Angelus Novus* zeigt, sind die Augen eines der markantesten Merkmale von Engeln, die bis zu 5 Prozent ihres Körpergewichts ausmachen. Es handelt sich dabei weniger um „Kugeln“ als um verlängerte Röhren. Engel können ihre Augen nicht bewegen. Da die meisten Engel nachtaktiv sind, müssen ihre Augen gute und effiziente Lichtverwerter sein. Trotz ihrer hochentwickelten visuellen Systeme prallen Engel gegen Scheiben; Glas ist der einzige Feststoff, den sie nicht durchdringen. Die Spitzen der Bogen- und Hakenstrahlen von Engelfedern sind so gebaut, dass sie beim Aufprall zu einem feinen Pulver zerfallen, „Federstaub“, der an Schnee erinnert. Vieles von dem, was wir über den Bau von Engelflügeln wissen, verdanken wir den Abbildern dieser Substanz auf Glas.

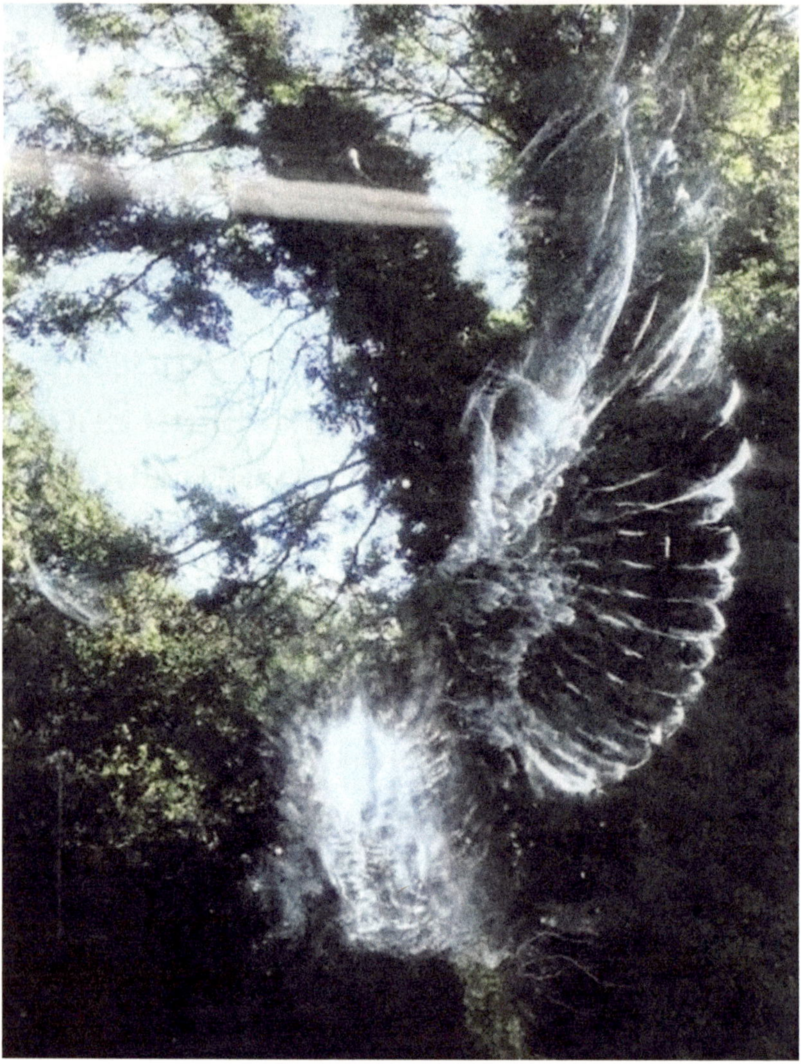

IN JENEN TAGEN,
IN DENEN DIE
GLOBALEN
ALGORITHMEN
HERUNTER-
REGNETEN WIE
EISENSTÜCKE,
KRATER
NEBEN KRATER,
LAGEN WIR
AUF FELDBETTEN
IN DEN LUFT-
SCHUTZKELLERN.

LYRIK UND PROSA NAH NEBENEINANDER. HAUT AN HAUT.

A.K. / B.L.

INSEL 1

21 BILDER VON GERHARD RICHTER / 14 GESCHICHTEN VON ALEXANDER KLUGE

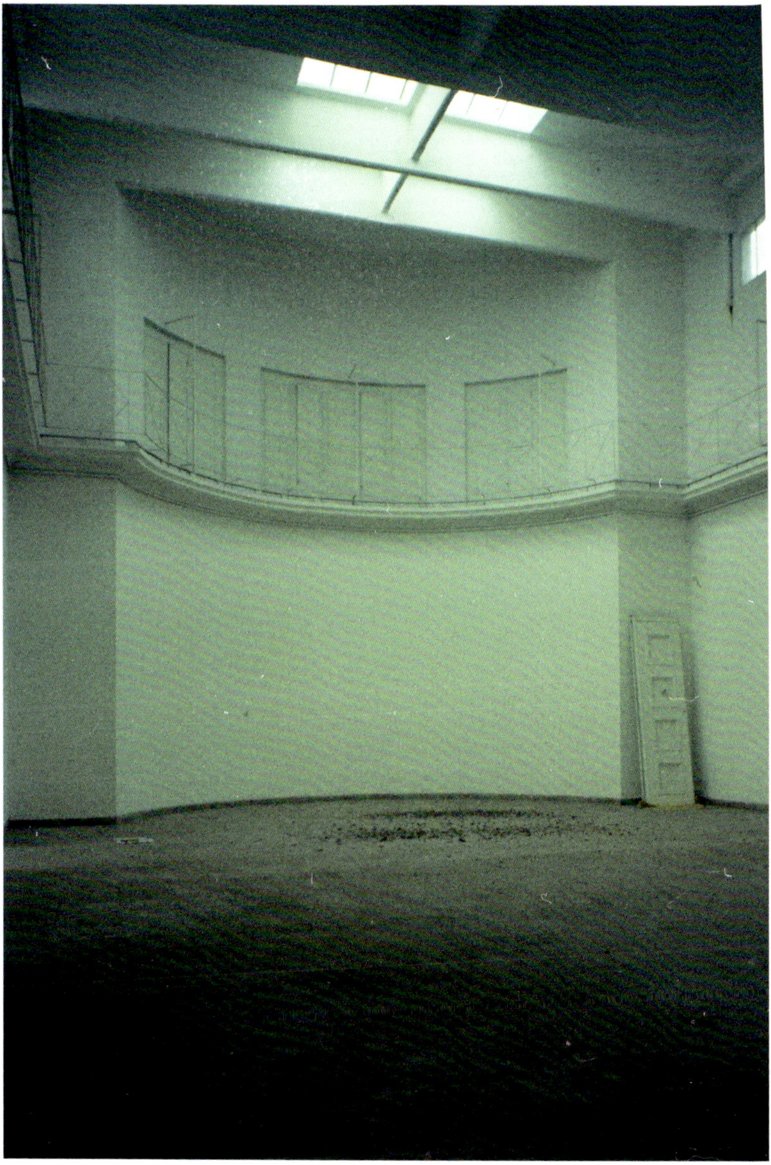

Venedig, 1971

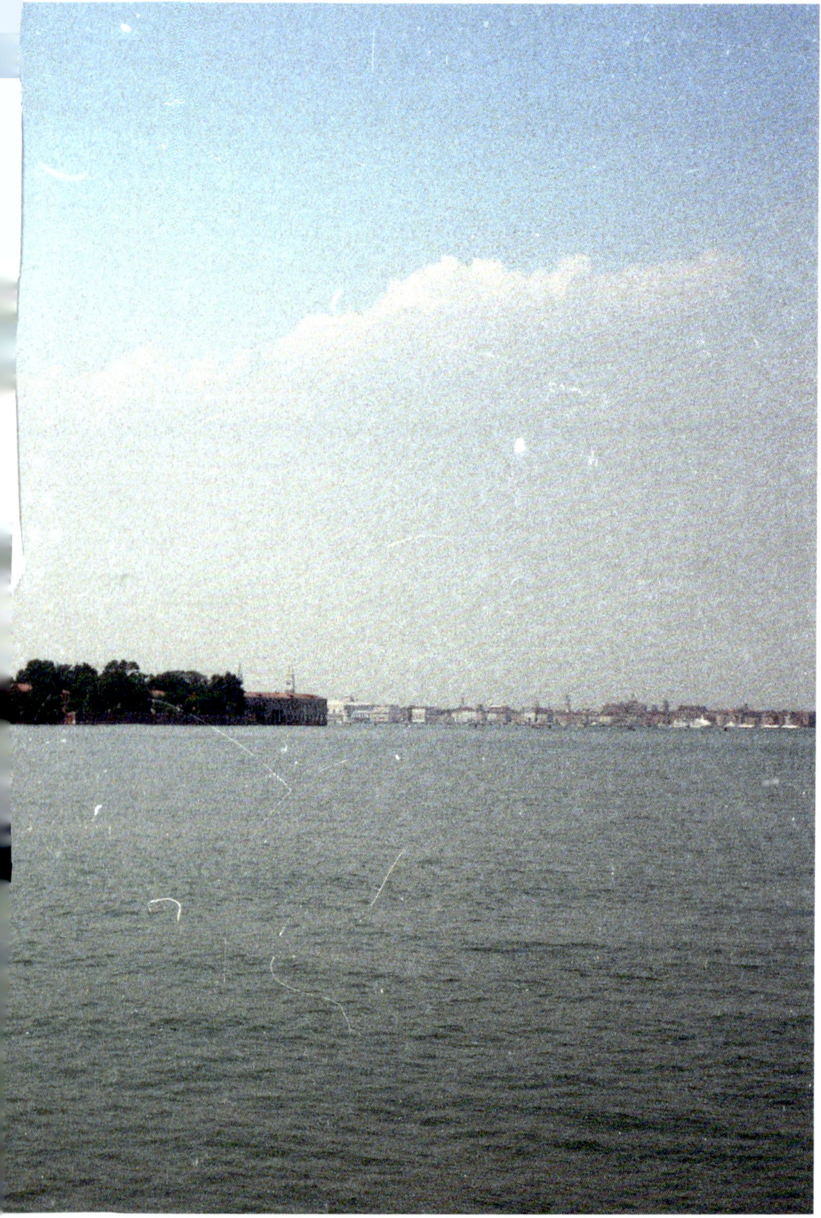

252-A

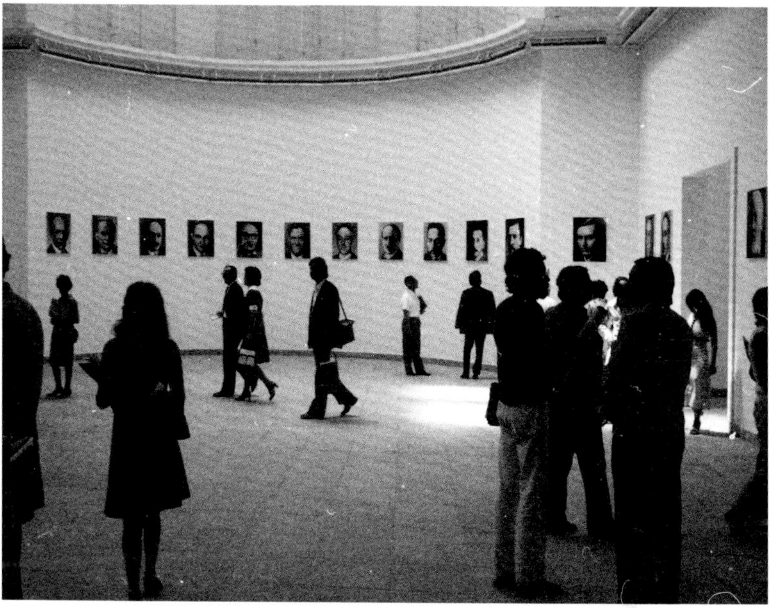

Venedig, 1972

Venedig, 1972

G.R.

NACHTS IN DEN WASSERN DER LAGUNE

In seiner Zeit in Venedig schwamm der junge Lord Byron, ganz nackter Körper, in der Lagune. Stufen führten aus dem Palazzo bis tief ins Wasser. Mit dem linken Arm teilte der Dichter die Wellen, in der rechten Hand hielt er eine Fackel.

Dann aber wagte er sich in das freie Wasser in Richtung der Lido-Insel hinaus: mit seinen britisch-dünnen Armen, denen eines Hochadligen, der Landgüter verwaltete, oder eines Schreibenden – jedenfalls nicht mit den trainierten Muskeln eines Seemannes, Holzfällers oder professionellen Schwimmlehrers. Das Wagnis blieb für ihn prickelnd. Unheimlich alles, was jenseits des Scheins der Fackel an Wassermassen auf ihn eindrang. Er konnte nicht sicher sein, das rettende Ufer zu erreichen, weil die endgültige Schwäche, die Erschöpfung der Kräfte, die dem Ertrinken vorausgeht, sich erst auf dem Rückweg zeigt.

Jeder Räuber hätte den Poeten gefangensetzen und für ein Lösegeld feilhalten könnten, und woher weiß man, ob nicht einer der Fischer, die im Umkreis in ihren Booten Nachtfischfang betreiben, angesichts eines verwirrten Mondenschwimmers sich in das ursprüngliche Raubwesen verwandelt, von dem alle Fischer Venedigs abstammen?

Solcher Gefahr entging der radikale Poet, der später an einer billigen Lungenentzündung auf dem Peloponnes zugrundeging.

VENEDIG, DAS VIERTE ROM (NACH BYZANZ, MOSKAU)

In den Jahren, in welchen Lord Byron in Venedig wohnte, umgab die Steine dieser Stadt (unter österreichisch-ungarischer Verwaltung) eine gewisse Morbidität. Die hohen Palazzi, die differenzierte Landschaft aus See und Gebäuden, war für eine Bezirksstadt des Habsburgerreiches eine Übertreibung. Und doch ging für den Dichter ein mächtiger Atem aus von den (scheinbar intakten) Ruinen. Das antike Rom hat, so definiert es Byron, in Venedig 1500 Jahre überlebt. Eine Republik aus Wasserstraßen, Statuen und Gesetzen. In dieser Zeit entstand aus der agrarisch-soldatischen Macht Roms eine städtisch-kaufmännische Zentrale: voraus die Schiffe, ihnen folgt Buchhaltung, dieser das PRINZIP SCHRIFTLICHKEIT, zuletzt folgen Wissenschaft, Poetik und Philosophie.

Gewissermaßen schwamm Lord Byron, wenn er nachts in das Mondlicht der Lagune eintauchte, sich wie eine Wassernixe aalte, in diesem Strom aufgeschriebener und erfüllter Verträge, die das „Wesen" dieser Stadt, ihren Geruch und Gestank ausmachten. Am liebsten tauchte er in dem wässerigen Schrott der Bilanzzahlen der Jahre 1270 bis 1278: fette Erfolgszahlen wie Barsche, die von den Beinen des Schwimmers zurückgestoßen in der Weite der See verschwinden.

A.K.

UNTERGANG DER TAUSEND-JÄHRIGEN REPUBLIK BINNEN EINER WOCHE

Ein Notar (das ist der Name eines politischen Beamten der Republik Venedig) hielt Kontakt zu dem siegreichen Bonaparte, dessen Truppen in Norditalien zur Adria hin vordrangen. Dieser Notar konferierte mit dem Sieger über einen Pakt, nach welchem Frankreich die Unabhängigkeit der Republik Venedig garantieren sollte, Zug um Zug gegen Dienste der venezianischen Flotte im Interesse der Beherrschung des Mittelmeers. Während so die Sicherheit der Stadt in Reichweite schien, konspirierte eine zweite Fraktion in Venedig mit der Habsburgermacht. Sie erreichte, ohne dass der Notar dies verhindern konnte, den Abschluss eines Bündnisses mit den Österreichern. Daraufhin wurde im Waffenstillstand von Campo Formio, die tausendjährige Republik Venedig ersatzlos liquidiert.

Bonaparte neigte zu solchen Federstrichen. Sie waren am Ende sein Unglück. Zunächst aber beendeten sie tatsächlich die Freiheit der Seestadt. Absicht Napoleons war das nie, eher Ergebnis seiner Ungeduld, einer gewissen Hilflosigkeit in der Verwaltung seiner Augenblicke und damit seiner Entschlüsse. Als er noch

Leutnant vor Toulon war, lag in seinem Zelt die sechsbändige Geschichte der Stadt Venedig, gleichrangig – der Rang gemessen an der Hierarchie seiner unersättlichen Neugierden – mit dem Werk Plutarchs. Ein solches Juwel der Phantasie wollte Bonaparte nicht „erobern“. Er wusste aus Erfahrung, dass die Vorstellung der quasi-ewigen Stadt in seinem Kopf erlöschen würde, sobald er sie physisch „besaß“. Das war der Grund, dass er die Eroberung nie besucht hat.

SCHNEE, WENIGER DICHT ALS LUFT

Das ist der Schnee, der die Herzen kühlt. Er macht aus Aktivisten Beobachter. Umbauter Seelenraum aus solchem Material ist den Hangars der Atombomber in Nordgrönland zu vergleichen, die lange Zeit im Norden dieser Insel stationiert waren, und über die Sicherheit der Welt wachten, indem sie – allein durch ihre Präsenz und ihre Unangreifbarkeit in einer Tiefe von 4000 Metern unter dem Schnee – alle Hitzigkeiten der Welt löschten. Soweit die Metapher.

Die reale Erfahrung indessen ist, dass im Innern einer jeden Liebesflamme, dort, wo die Flamme in Plasma übergeht, ein leiser Schneefall sich vorbereitet. Einmal geschah es, dass ein Offizier, der bemerkt hatte, dass seine Frau und sein bester Kamerad in momentaner Verwirrung ihn betrogen, UNTER DEM EINFLUSS LEISEN SCHNEEFALLS IN SEINER GROSSEN SEELE die beiden freigab und sich das Schicksal König Markes sparte.

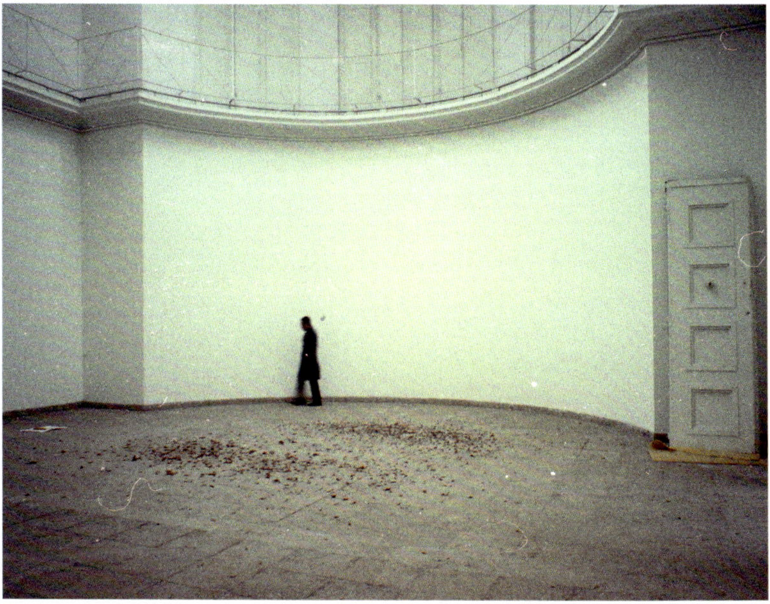

Venedig, 1971

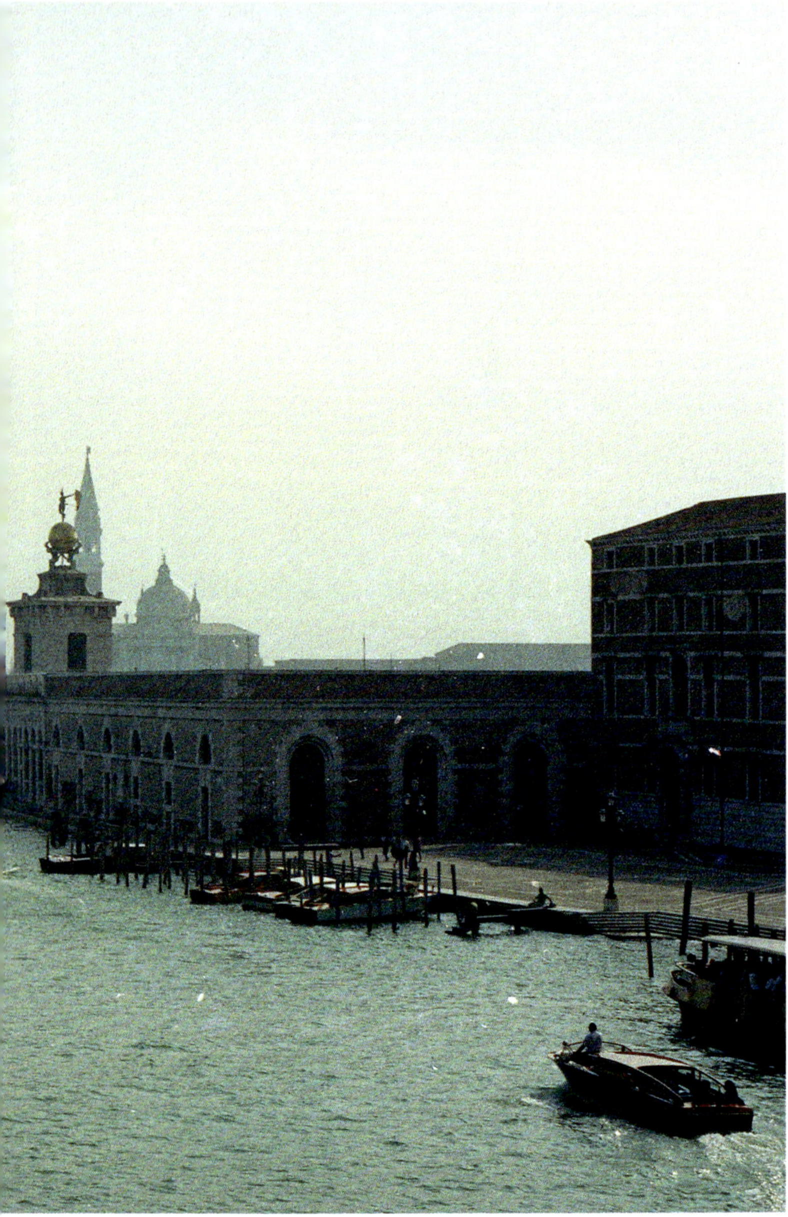

257-A

Venedig, 1972

G.R.

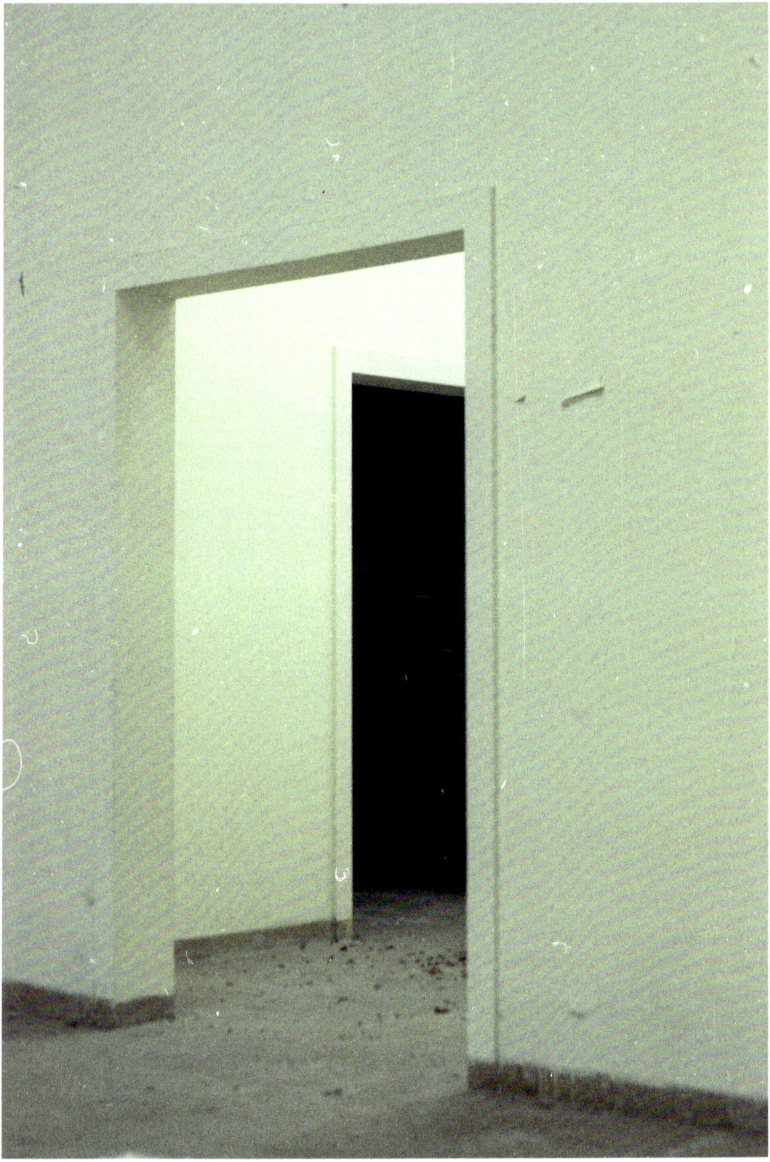

Venedig, 1971

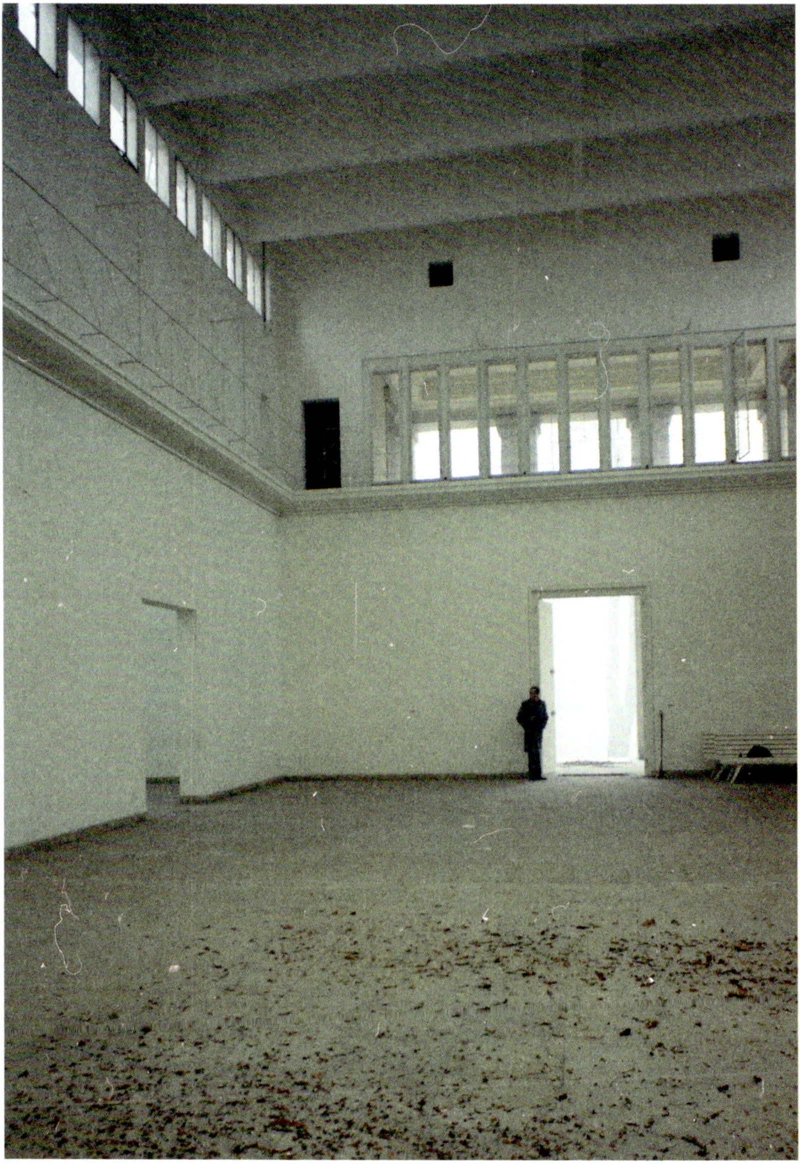

Venedig, 1971

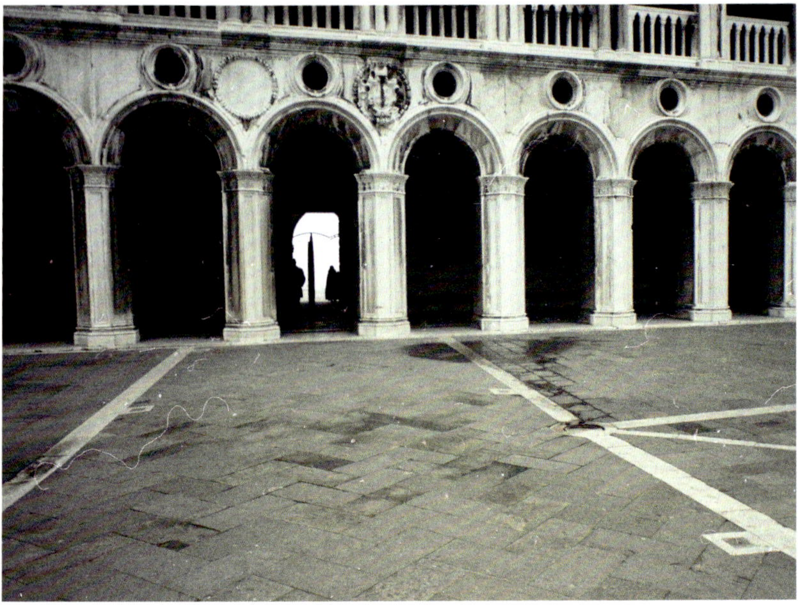

Venedig, 1971

Dieser Schnee, dünner als jeder Stoff, den wir aus der Gegenwart kennen und dadurch beinahe schon „Geist", ist generös. Ich bin sicher, fuhr die Dichterin Ann Cotten fort, dass der genannte Offizier, die Mär von Tristan und Isolde gar nicht kannte. Er folgte lediglich dem leisen Ton, den die Seelenkerne von sich geben, wenn sie fallen. Sie fallen nämlich nach oben, wenn sie fast tonlos rieseln. Das tun sie nach den Regeln der DUNKLEN ENERGIE, ohne die es keine Erde, keine Menschen, keine Großmut, keinen Mut und auch keine Liebesflamme gäbe.

> „Unsere Liebesflamme, unseren täglichen Schnee /
> Gib uns heute"

UNTERWASSER-WURZEL HÖCHSTEN ADELS

Marcel Proust führt die Vorfahren der Herzogin von Guermantes auf das Haus Lusignan zurück. Ein Adelsgeschlecht, das von der Zeit „ein Jahr nach dem lateinischen Kreuzzug von 1204" bis ins 14. Jahrhundert hinein regierte, Zypern und einige Jahre lang auch Jerusalem beherrschte. Und das wiederum, wie Proust ausführlich nachweist, seine Entstehung auf die Verbindung eines Guy de Lusignan mit einer MELUSINE, einer Meeresgeborenen, zurückführte, die (nachdem drei Bedingungen, die sie gestellt hatte, ehe sie in diese Verbindung einer Fee mit einem sterblichen Mann einwilligte, verletzt worden waren) sich in einen Sturm verwandelte und entwich. Dieser Sturm wurde zuletzt beobachtet in der Nacht vor Zerstörung von Schloss und Festung Lusignan durch die Osmanen.

Nach Mitteilung Prousts gibt es keine radikaladligere (radix = Wurzel), keine subtilere Abkunft als die der Herzogin von Guermantes.

Prousts Kunstfigur der Herzogin von Guermantes ist in Teilen der Comtesse de Greffulhe nachempfunden. Die scheinbar auseinanderliegenden Elemente dieser Genealogie (= poetische Konstellation) sind zu verstehen, wenn man die Versuche der KAUSALEN VERKNÜPFUNG zugunsten der Wahrnehmung von VERSCHRÄNKUNG vollständig aufgibt.

Melusinens Lied:
„Oh Guy von Lusignan,
Ich seh Dirs an, unglücklich willst Du werden!
Oh Guy von Lusignan –
Stirb nicht daran; ich habe keine Seele.
Und bin ein Schlund
Der Welt
Oh Guy von Lusignan,
Ich seh Dirs an, du schluchzest in der Kehle
Gleich einem Meerjuwele
Fischtest du mich [...]
Wenn Du begännst
Danach zu greifen, griffest du Gespenst!
Nun bist Du Stein
Weil Du mich liebst; und weil ich Dich nicht liebe“

EINE EIGENSINNIGE, UNTER DEM STERNBILD DES WIDDERS GEBOREN

An einem heißen Tage im Kriegssommer 1941 hielten wir meine Schwester, die damals Biene hieß, für verloren. Die Kindermädchen schwärmten durch die Stadt. Ich suchte meine Schwester bei der Familie Wilde in der Moltkestraße, wo sie sich gelegentlich versteckte, wenn sie sich beleidigt fühlte. Wir waren immer noch nicht bereit, den Verlust meinen Eltern mitzuteilen. Meine Eltern wurden für den Abend zurückerwartet. Ich sollte mit der Nachricht an der Haustür warten.

Meine Schwester wurde von den Bademeistern gefunden. Bis zum Hals unter Wasser hatte sie im Nichtschwimmerbecken Stunde um Stunde gesessen. Ich war auf den Rändern des Springer- und des Nichtschwimmerbeckens mehrmals entlanggerannt, die Augen auf Suche fünf Meter aus mir herausragend. Weil ich aber nach einer Gestalt fahndete (und nicht nach dem Kopf einer Vierjährigen, deren Körper sich unter Wasser befand), hatte ich sie übersehen. Gegen Abend hatte sich das Schwimmbad geleert. Zuletzt war sie im Bassin allein gewesen. Offenbar durchgefroren. Einer der Bademeister hatte sie in der Arztpraxis meines Vaters abgegeben.

264-A

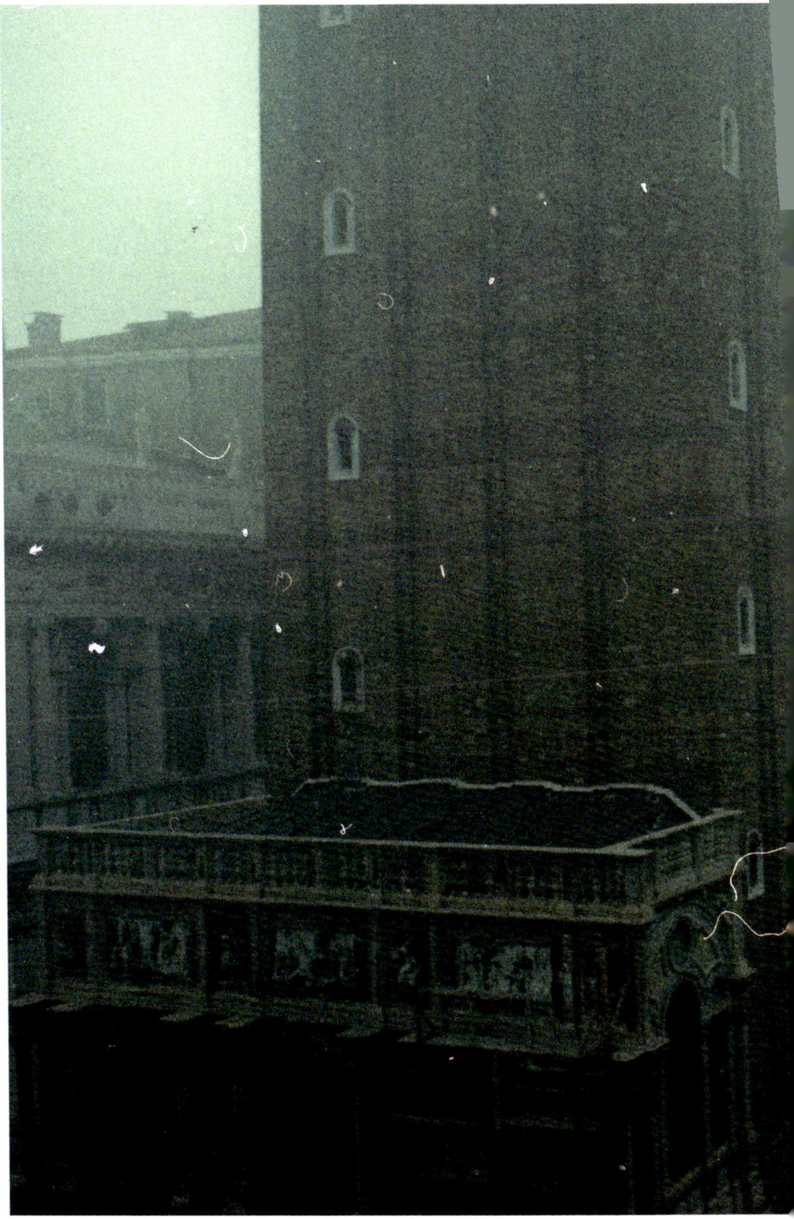

Venedig, 1971

G.R.

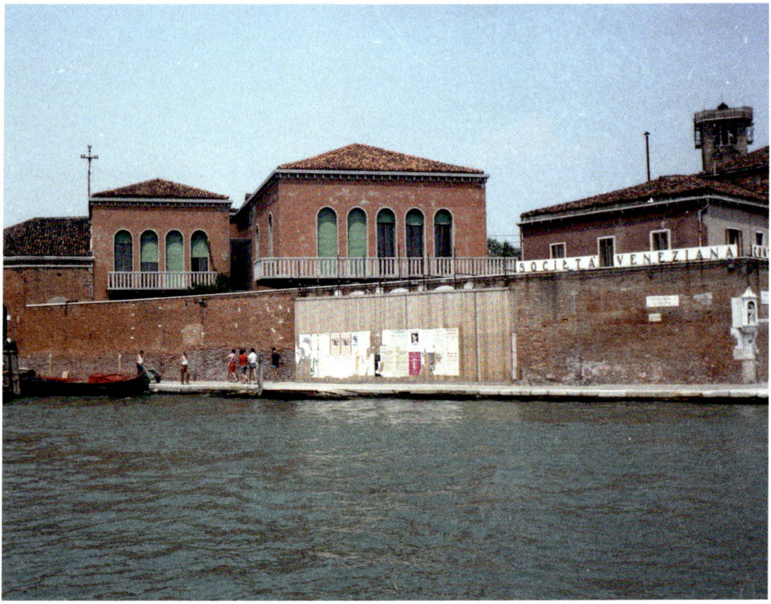

Venedig, 1980

G.R. 264

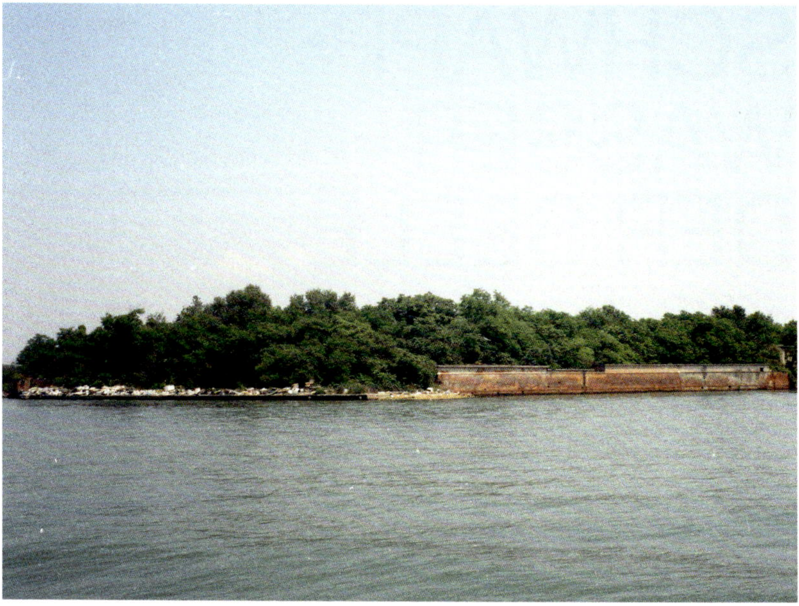

Venedig, 1980

SCHWAPP-WASSER DER SEELE

Schwappwasser ist in seiner Richtung unbestimmt. Es hadert mit dem Raum. Es ignoriert seine Ufer. Ich würde es als träge bezeichnen. Trägheit der Seele heißt AKEDIA. Das ist nach der scholastischen Sündenlehre eine schwere Desorientierung gegenüber Gott. Sie befällt Mitglieder meiner Familie väterlicherseits, wie meine Tante Marta behauptet, wenn einer sich ungeliebt glaubt. Mit starkem Ahnungsvermögen, noch bevor Ungeliebtheit feststeht (die realistische Familiengruppe mütterlicherseits sagt: MIT ÜBERTREIBUNG, MIT HIRNFLITZ). Zeichen werden erkannt oder vermutet, die Wasser der Seele ziehen sich zurück. Man kann nicht sagen: „nach innen". Sie verwandeln sich in Dunst und Stein. Sie verflüchtigen sich. Teilweiser Tod. Bissige, scharf-saure Bemerkungen. Oft geht an solchen Ätz- oder Schwappwassern der Seele eine Liebesbeziehung zugrunde. Es tritt in Erscheinung wie eine schwarze Wand und ist doch ein Strom, der nach unten zieht. Was aber soll im Seelenwasser „unten" heißen? Es gibt keinen Meeresboden, keine „Höhe", keine „Tiefe". „In einem im Durchschnitt zehn Zentimeter tiefen Bach ist eine Kuh ertrunken." Das ist ein Sprichwort aus Halberstadt. In den fünf Tagen, in denen sich die Trennung meiner Eltern endgültig entschied, saß mein Vater eigentümlich (ich habe es gesehen) passiv da. Wie aus Stein. Das war Schwappwasser der Seele. Ich wünschte, ich wäre als Schleusenwärter geboren. So habe ich den Beruf des Aquatikers (Wasserlenkers) zu spät erlernt. Auch ist „erlernt“ nicht „angeboren“. Mein Sternbild als Wassermann reicht nicht aus.

WARUM ICH IN DEN ZIRKUS ALS THEMA MEINER FILME VERNARRT BIN …

… wenn ich doch heute eine der Zirkusvorstellungen, wie sie zwischen den Weihnachtstagen und Silvester als Gala angeboten werden, nicht eine halbe Stunde lang aushalte

Ich war viereinhalb Jahre alt. Auf dem Burchardianger: Herbstzirkus. In die Manege wird auf Rädern ein riesenhaftes Aquarium hereingefahren. Vor unseren Augen wird der durchsichtige Behälter mit Wasser gefüllt. Aus Bodenklappen tauchen im Unterwasserbassin Robben auf, durchschwimmen den Pool. Eine Dompteuse, mit Blinklicht auf der Stirn und einer Art Taschenlampe in der Hand (statt einer Peitsche, die unter Wasser nicht zu gebrauchen wäre). Sie ordnet die Robben zu einer Reihe, ähnlich einer Formation von Flugzeugen, die eine Übung am Himmel durchführen. Himmel, Wasser, Manege – die Elemente verwirren sich. Ich kann mich für die korrekte Zeugenschaft meiner viereinhalbjährigen Augen nicht verbürgen. Ich habe das alles „mit den Ohren gesehen“: das Geräusch des Schwappwassers, das Quieken der Tiere, wenn sie Oberwasser hatten und wenn sie nach den Fischen schnappten, welche die edle Schwimmlehrerin der Robben in ihren Händen hielt.

Die Wassermasse war festgehalten von einem Plastikmaterial, das nehme ich nachträglich an, da schweres Glas in dieser Weise nicht hätte transportiert werden können. Der Behälter erstreckte sich vier Mal höher als unsere Sitzreihen, die ebenfalls anstiegen. Ich habe diese Zahl aus nachträglichen Erklärungen Erwachsener. Jedenfalls füllten Wassermassen den Zirkus bis zur Höhe der Zeltspitze. Es mussten auch später erst die Robben und die Schwimmerin in den Bodenluken verschwunden sein, ehe das Wasser gluckernd abgelassen werden konnte. Die Zirkuskapelle spielte.

Das war die ALLMACHT JENER TAGE. Überwältigender Wechsel der Elemente. Die Wassernummer, die vielleicht eine halbe Stunde dauerte, trage ich in mir, wenn die Winternächte lang sind.

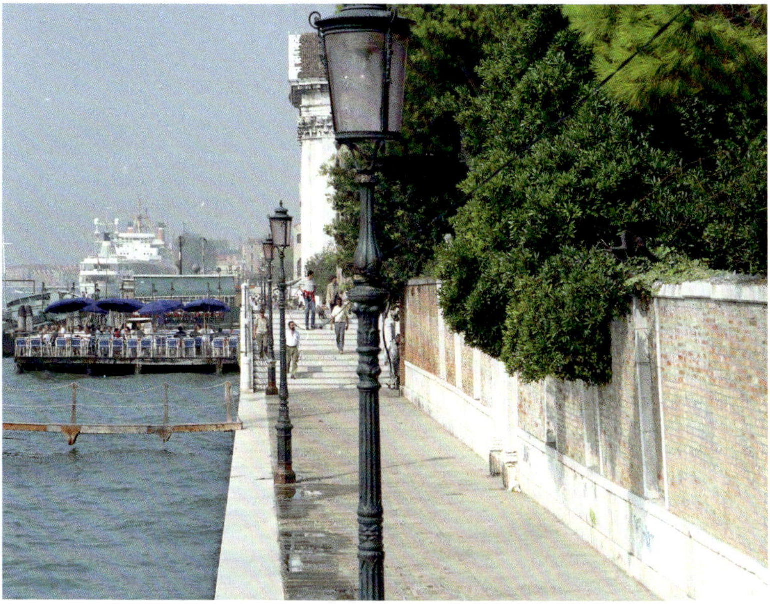

Venedig, 1972

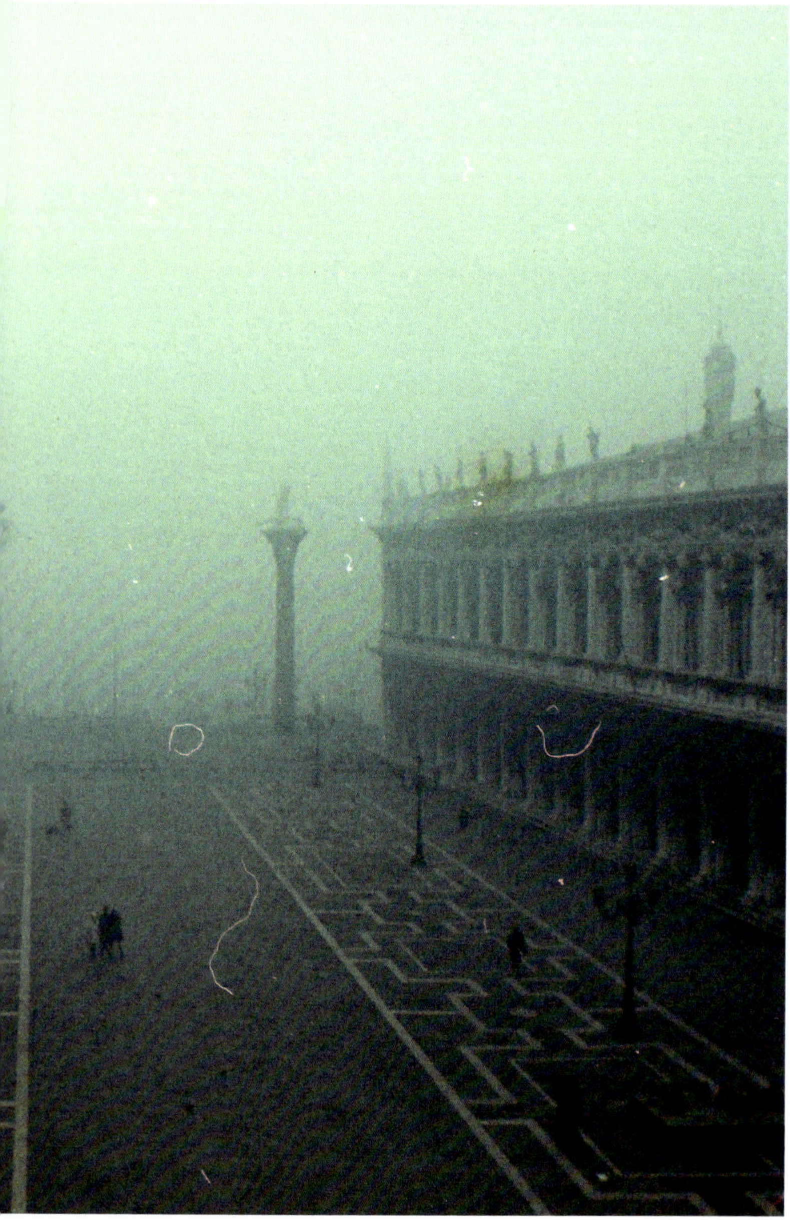

269-A

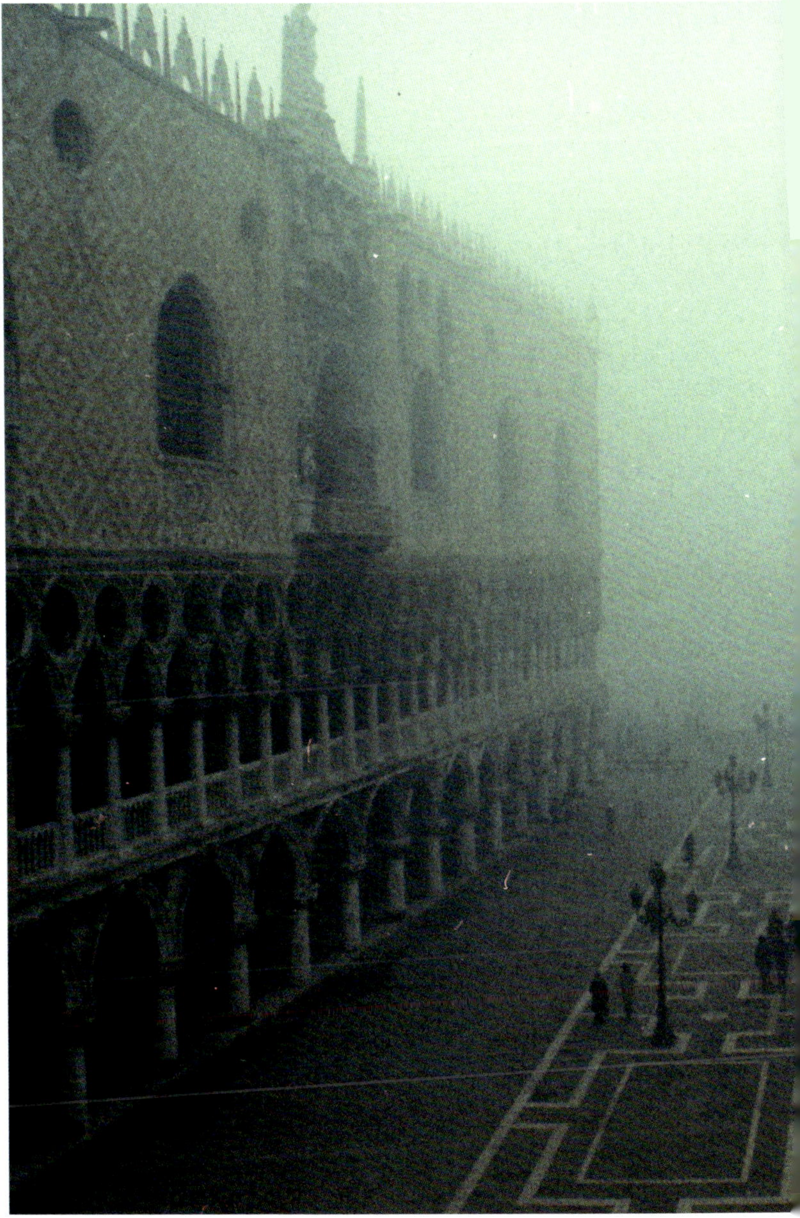

Venedig, 1971

G.R.

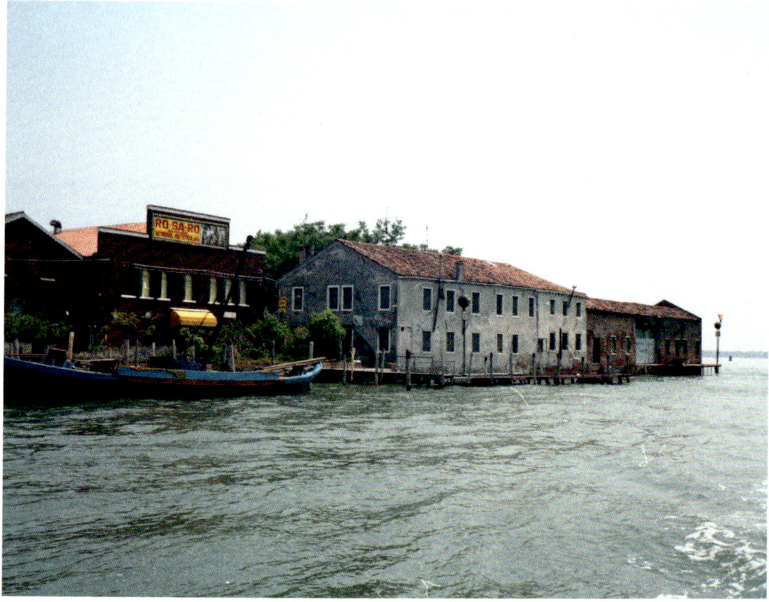

Venedig, 1980

DAS GRÜNE UND DER GERUCH DER LAGUNEN IM „WESEN“ VENEDIGS

Billionen Steine an der Unterseite von Venedigs Bauten. Einige Stunden bei Tag und Nacht ragen sie aus dem Wasser, dann wieder von Fluten umschlossen. Hängende Steingärten, amphibisch. In ihrer Haut aus Moos leben jahrhundertealte Mikrobenstämme. Diese „Nester“, geprägt vom Alter der grünen Wasser der Seestadt, gehören zum „Wesen“ Venedigs. Martin Heidegger, der die Worte für ihre Beschreibung gewusst hätte, hat sie bei seinem zweitägigen Besuch der Stadt übersehen. Die Furcht, dass ihn Griechenland (das Ziel seiner Reise, Venedig war nur Durchgangsstation) enttäuschen werde, dass er Götter und Antike dort nicht finden könne, verdarb ihm den Aufenthalt in der Seestadt. Eisiger Regen, nicht Schnee, nicht Matsch.

Gesichtsloses Luxushotel. Venedig ohne wegweisende Kraft. Zum Reizbild ratloser Schriftstelle geworden. Raubstück der Fremdenindustrie. Vergangenes, aber kein Gewesenes.

Sein Assistent Möller hatte ihn vom Bahnhof abgeholt. Er trug ein Köfferchen mit sich. Der Assistent glaubte aber gesehen zu haben, dass der Meister einen Rucksack geschultert hätte: Prall gefüllt mit Vorurteilen über die Seestadt. „Eine Sammlung von Beutekunst aus sieben Jahrhunderten." Die heftigen Urteile seien aber Beschwörungstechniken gewesen, eine künftige Enttäuschung durch das noch ferne Griechenland zu bannen.

Das „Wesen" der Seestadt aber, so ergänzt es Paul Celan, bestünde in dem GERUCH und dem GRÜN der Lagunen, sobald diese die Backsteine der Paläste berührten. Dazu hätte sich Heidegger hinunterbücken müssen.

DÜSTERE BOTSCHAFT AUS GLANZVOLLEN TAGEN

Ich heiße Alfred-Ingemar Berndt. Von mir stammen die ERLEBNISSCHILDERUNGEN GROSSER TAGE. Ich habe sie meinen Kameraden von der deutschen Presse gewidmet. Ich bin es, der den Vers erfand:

> „Führer, gabst uns Wehr und Rüstung,
> zeig Dich an der Fensterbrüstung!"

Nun bin ich längst gestorben, aber noch stets bewegt von den Großen Tagen. Am 14. Juni 1934 – einem Tag fetter Ereignisse – saß ich mit in der D-2600 Acht-Motoren-Maschine des Führers, die auf dem Flughafen San Nicolò am Lido landete. Die Szene will in Worte gefasst sein. Der erste Blick zwischen dem Duce und dem Führer ist prüfend, abschätzend. Ich hatte den Eindruck, dass sie einander nicht trauten. Die Granden des Faschismus wie Starace, Teruzzi um die Herrscher herum. Gedacht habe ich: wie Damen herausgeputzt. Geschrieben habe ich dann „führende Kämpfer der faschistischen Partei“. Es ist nicht so, dass ein erfahrener Propagandist keinen kritischen Blick hätte. Es gibt stets zweierlei Bewusstsein. Das von der Unterseite, das für die Oberseite.

Wir bestiegen die Motorboote. Vorbei an einer Torpedobootflottille. Besatzung in weißer Paradeuniform an Deck angetreten. Hinüber zum Dogenpalast. Am Palazzo Vendramin nimmt der Führer seine Schirmmütze ab, fährt barhäuptig an Wagners Todesort vorüber. Grüne Wasser des Nachmittags.

Wir legen am Piazzale Roma an, in welchen die Autostrada mündet. In Kraftfahrzeugen am Brenta-Kanal entlang nach Stra hinaus. Das Schaukeln, das Hin- und Hertransportiertwerden, macht den schwachen Magen des Führers rebellisch. Auch darüber kann ich nichts Ermunterndes schreiben. Schon im Flugzeug werden keine Getränke gereicht. Die Blase muss halten bis zum Ziel. Veronese hat das Zimmer gestaltet, in dem der Führer wohnt. Eine dicke Schicht von Geschichte liegt auf allem, was wir sehen.

Es ist jetzt zwei Stunden vor Mitternacht. Die beiden Staatslenker „schreiten“ (man kann nicht „gehen“ oder „laufen“ schreiben) die TREPPE DER GROSSEN hinauf zum ersten Stockwerk des Dogenpalastes. Im Arkadenhof auf einer Empore zwischen den Brunnen, die störend plätschern, das Orchester der Oper von Venedig. VERDI und WAGNER. Ausschnitte aus *Die Macht des Schicksals* und anschließend Brünnhildes Opfertod aus dem *Ring des Nibelungen*. Nur Orchester. Mattes Licht von den schmiedeeisernen Leuchtern des Hofes.Die Auswahl der beiden langen

Musikstücke scheint mir bedenklich. Ich urteile ja als Öffentlichkeitsarbeiter aus dem Totenreich und blicke vom Ende der Geschichte her. Habe übrigens auch aus dem Hauptquartier Rommels, als er vor Kairo stand, berichtet und noch in Breslau, während der Belagerung (wir übergaben die Stadt erst zwei Tage nach dem 8. Mai 1945 an die Russen), mit einer Handpresse und meinen Buntstiften (für die Porträtskizzen) für den Werwolf im Norden der Stadt publiziert.

Es sind zwei deprimierende Nachtstücke, durch die sich die beiden Staatsmänner vor allem Volke geschmacklich auszuzeichnen suchten. Die Musik aber, so wie es sich auch mit der Unterseite meiner Beobachtungen verhält, von denen ich nichts niederschreibe, verrät den Strom des wahren Geschehens, von dem die aktuellen Ereignisse großer Tage nichts wissen.

WIE EIN PROLETARIER AUS LONDON EINEM FAST SICHEREN GEFÄNGNISAUFENTHALT ENTGING

Die 56. Londoner Division erreichte Ende April 1945 Venedig in der Abendstunde von der Landseite her. Zur Unterbringung standen alle öffentlichen Gebäude zur Verfügung. Der Kommandeur der Division, der aus dem Mannschaftsrang aufgestiegen war (die Division rekrutierte sich aus walisischen Bergarbeitern), sah sich unerwartet im Besitz von unermesslichen Beutemengen. Auch ohne ästhetisches Empfinden sah er den Gemälden, die sich in diesem Bau vereinigten, den Wert an, den sie auf dem Londoner Schwarzmarkt haben würden, wäre nur der Transport dorthin garantiert. Es ging darum, Boote zu finden, welche die Schätze über die Adria verschifften und, eventuell mit Zwischenstation Portugal, nach England brächten.

Noch ehe dieser Kommandeur und die wenigen Eingeweihten eine Verbindung zu italienischen Schiffseignern oder zu verlässlichen (bzw. bestechlichen) Transportoffizieren Großbritanniens herstellen konnten, erreichte sie der Befehl, die Division mit beschleunigtem Takt in Richtung Nordosten in Bewegung zu setzen. Sie sollten in wenigen Stunden, motorisiert, über Triest zu den Alpenübergängen vorstoßen und dann das Format einer britischen Besatzungszone im eroberten Österreich festlegen. Gehorsam galt vor Profit. So entging dieser tapfere Armeesoldat einem Militärstrafverfahren. Das war ein schöner Erfolg, wenn doch die Existenz eines Arbeiters mit erfülltem Wochenende mehr galt als der Aufenthalt hinter den Backsteinmauern von Dartmoor, von Sumpf umgeben, der die Flucht verhindert. Schon zehn Stunden später fanden sich die Vorausfahrzeuge der Division in Anfahrt auf Agram.

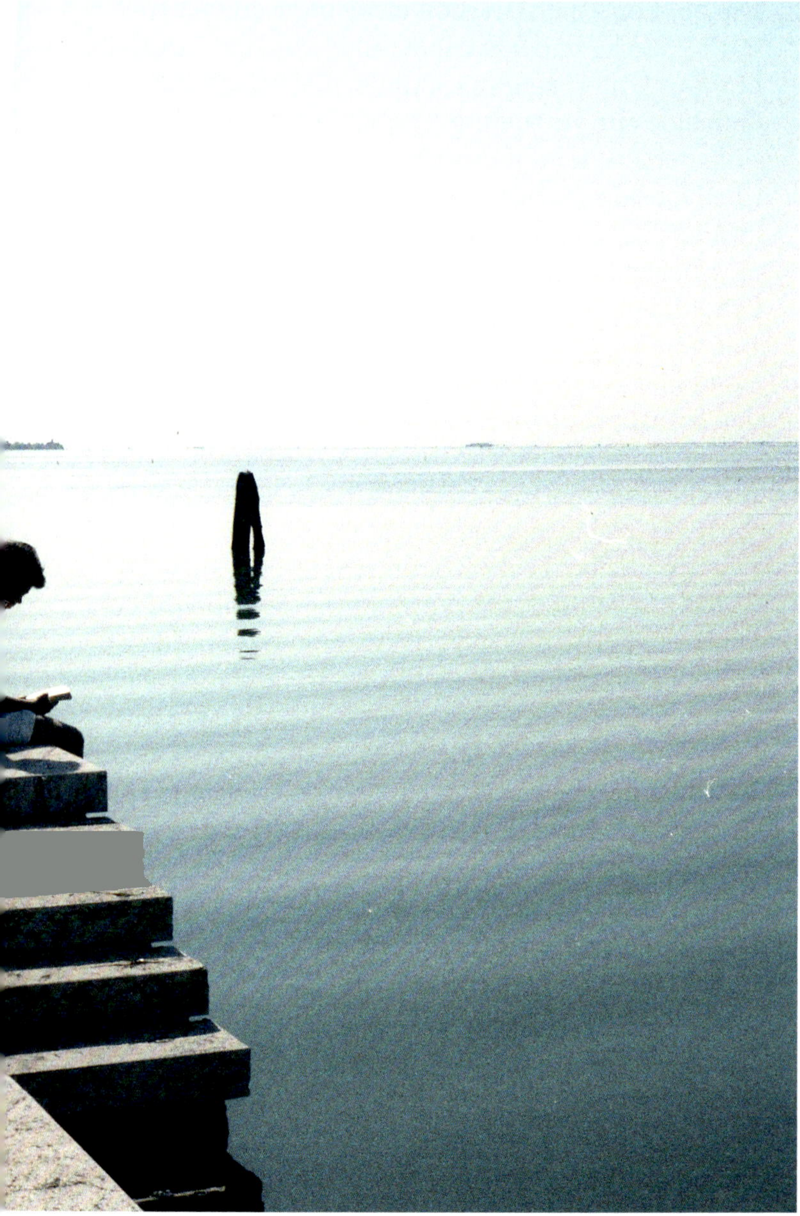

276-A

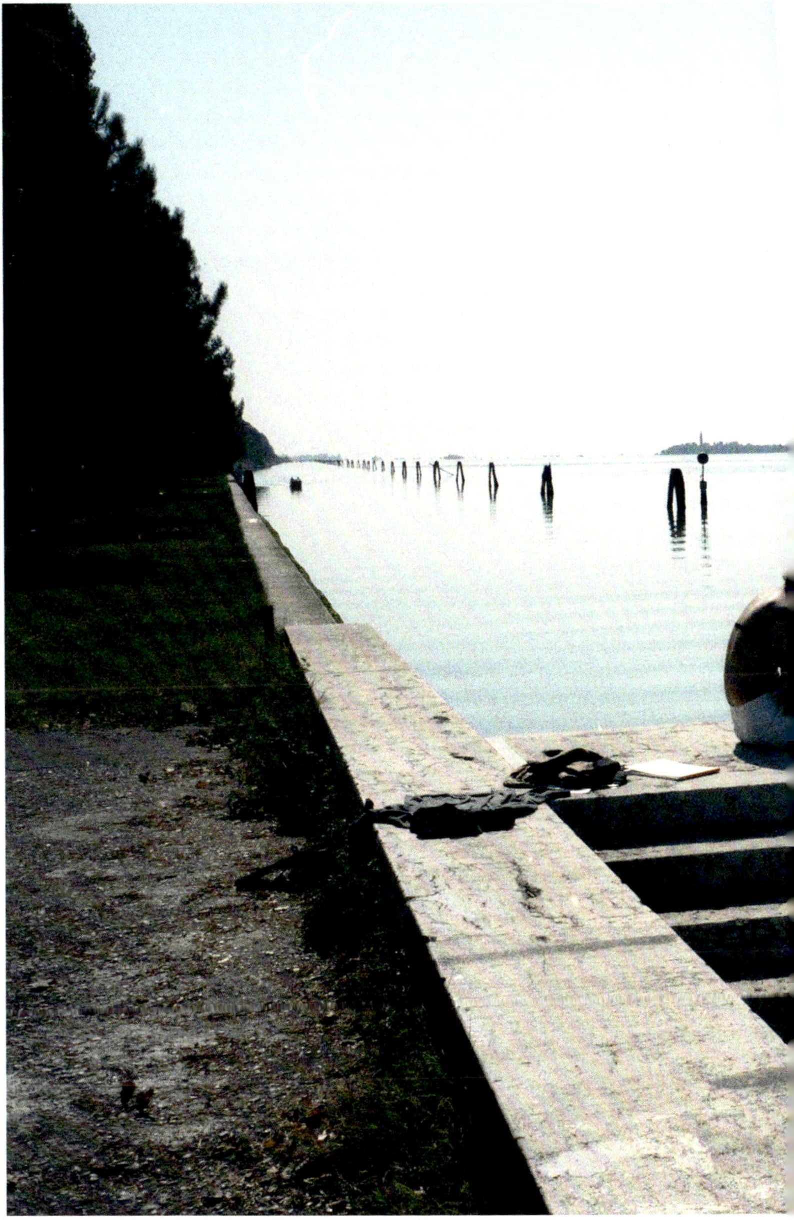

Venedig, 1980

G.R.

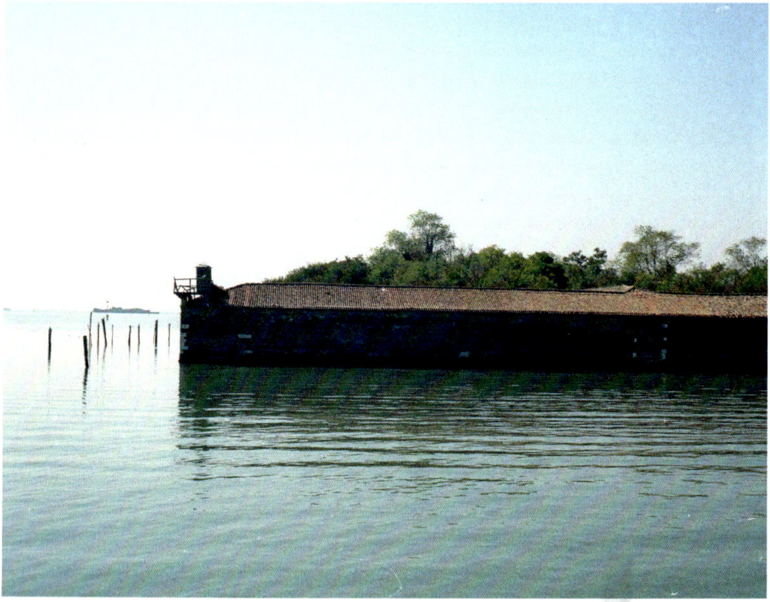

Venedig, 1980

DER VERHÜLLTE MARX

Ein von der kommunistischen Partei Italiens – Sektion Venedig – an die DDR ausgeliehener Künstler schuf in der Hauptstadt der DDR eine ungewöhnliche Skulptur in weiß-rosa bemaltem Metall: der junge Marx im Alter von vielleicht 25 Jahren, ohne alle Kleidung. Auch trug er damals keinen Bart. Er sah aus wie ein Husarenoffizier Bonapartes, dem russische Partisanen 1812 die Uniform ausgezogen hatten. Nackt und rosig stand er im Schnee auf einem der Höfe der Akademie der Künste.

Das hätte hingehen mögen, da in der Figur, wenn es nicht auf einem Schild notiert gewesen wäre, niemand den Begründer der dialektisch-materialistischen Methode vermutet hätte. Allerdings wirkte die Figur „modern" und nicht wie ein Akt aus der Antike. Dennoch schämten sich die Funktionäre in der Kulturabteilung des Zentralkomitees der Skulptur. Sie wussten ja, wen das Kunstwerk darstellen sollte. Und sobald der italienische Meister in seine Heimat zurückgereist war, ließen sie die Stellage verhüllen. So stand sie noch, als die Abwickler der Treuhand Ende 1990 über den Verbleib zu entscheiden hatten. Sie bewerteten – auch in Unkenntnis, um welches Abbild es sich handelte – nur den Metallwert. Das Artefakt wurde eingeschmolzen.

Ein Vierteljahrhundert Lebenszeit, stets verhüllt und dann verwandelt in einen Klumpen Metall. Für Schrotthändler war die Partie mengenmäßig zu klein, fand kaum Interesse. Vom jugendlichen Verfasser der „Pariser Frühschriften" gibt es auf der ganzen Welt kein Bild. Seit der Entdeckung dieser Texte Anfang der dreißiger Jahre wurden sie auch keineswegs in ausreichendem Maße gelesen. 1665 Jahre Harvard-Forschung könnten ihren Elan nicht aufwiegen. Der Körper, den der italienische Meister geschaffen hatte, war von eleganter Schönheit. Die Sympathien einer ganzen Generation hätte man für den Sozialismus gewinnen können, wäre Marx im rechten Augenblick so unverhüllt und öffentlich gezeigt worden.[1]

GALILEI, DER KETZER[2]

Der wahre Grund, heißt es, weshalb Galileo Galilei vor vor die Heilige Inquisition zitiert wurde, abschwören musste, war nicht seine Neigung zum kopernikanischen System, sondern seine These, dass die beobachtete Erscheinung physikalischer Objekte uns sagt, was sie tatsächlich sind. Das verletzt den Lehrsatz von der Transsubstantiation: Wenn die am Altar gebrochene Oblate ein Gebäck zu sein scheint und wenn es kein Experiment gibt, mit dem man zwischen dem Brot vor und dem Brot nach der Wandlung unterscheiden kann, dann sei, behauptete Galilei, das Brot auf dem Altar Brot und sonst nichts weiter.

– Galilei hat sich vorgewagt. Jetzt muss er zurück.
– Er hat sich nicht weiter vorgewagt als die Naturwissenschaft heute.
Was er sagt, ist eine Kernbehauptung, auf welche die Wissenschaft sich stützt.

1 In die Hoden des Dargestellten hatte der Künstler (in einer Nische) ein Papier eingefügt, auf dem das wohl einzige Fugato notiert war, das Luigi Nono, Genosse des Bildhauers, je geschrieben hat. Fugato auf den Text: „Man muss den versteinerten Verhältnissen ihre eigene Melodie vorspielen, um sie zum Tanzen zu bringen.“ Der Spickzettel blieb bis zur Vernichtung des Werkes ungelesen.
2 Nach Pietro Redondi, *Galileo eretico*, 1987.

– Aber er kann doch nicht mit einem Messer in das heilige Brot hineinschneiden, nachsehen, ob Blut herauskommt. Was macht er denn, wenn das Brot tatsächlich blutet?

– Er hatte das nachts, auf exterritorialem Boden in Venedig, mehrfach gemacht. Es kam kein Blut heraus.

– Das kann er vorher nicht wissen. Beim nächsten Mal schneidet er hinein und hat sich versündigt. Dann wird er verbrannt.

– Er hat ja auch abgeschworen.

KANN EIN LICHT-STRAHL RÜCK-WÄRTS GEHEN?

Alle Lichtstrecken von einem Objekt zu einem Bild sind reversibel. Darüber hatte ich Streit mit der Kamera. Ein Lichtstrahl sei nie rückläufig, sagt sie. Einmal belichtet, heißt, für immer festgehalten. Ich lasse diese Logikerin bei ihrem Irrtum. Wenn ich nämlich das Licht, das ich am Tag beobachtet habe, nachts beschreibe, ist aus gelb-safran-weiß die Farbe blau-obskur geworden.

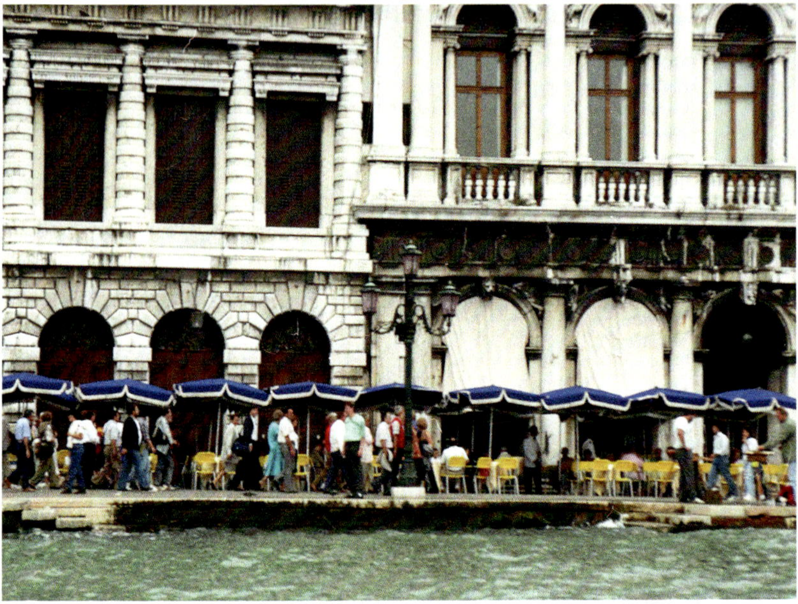

Venedig, 1972

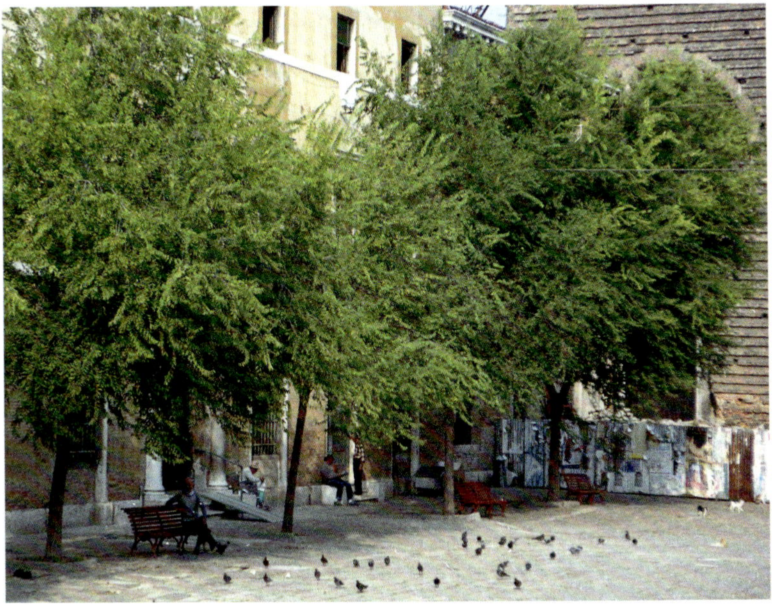

Venedig, 1972

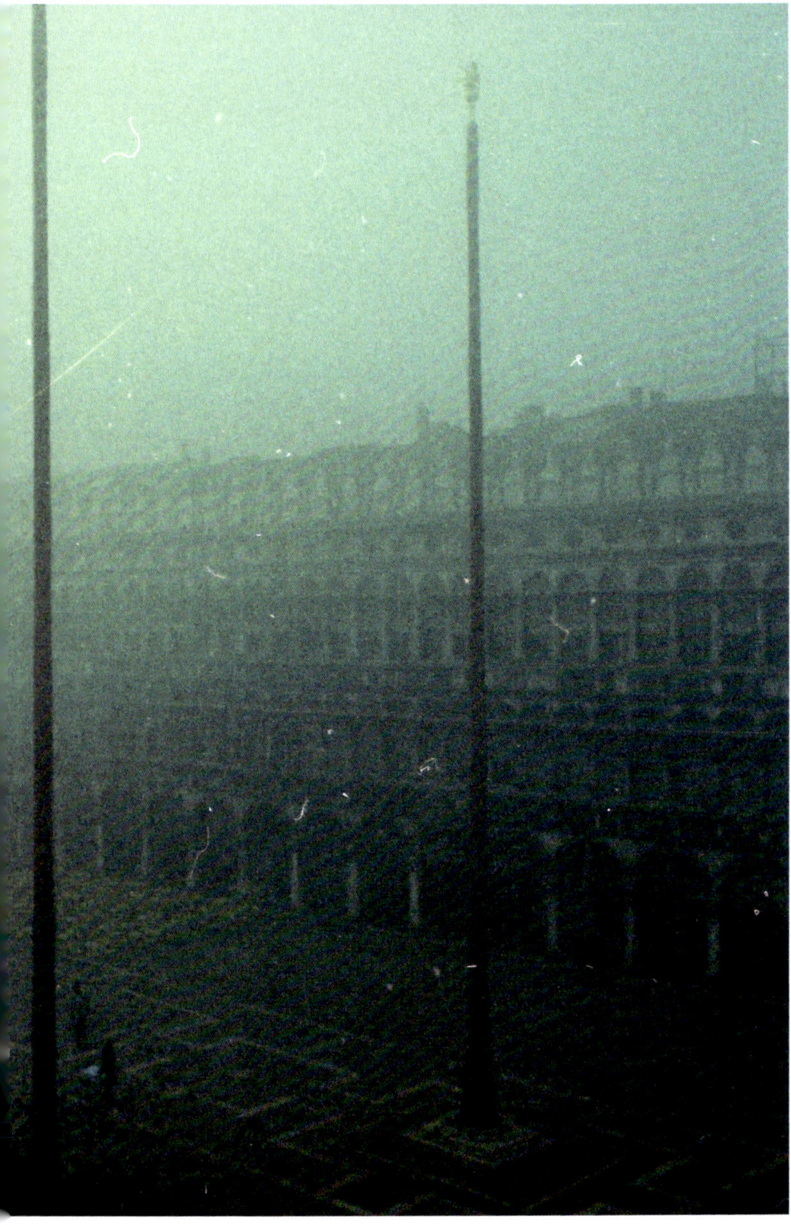

281-A

Venedig, 1980

G.R.

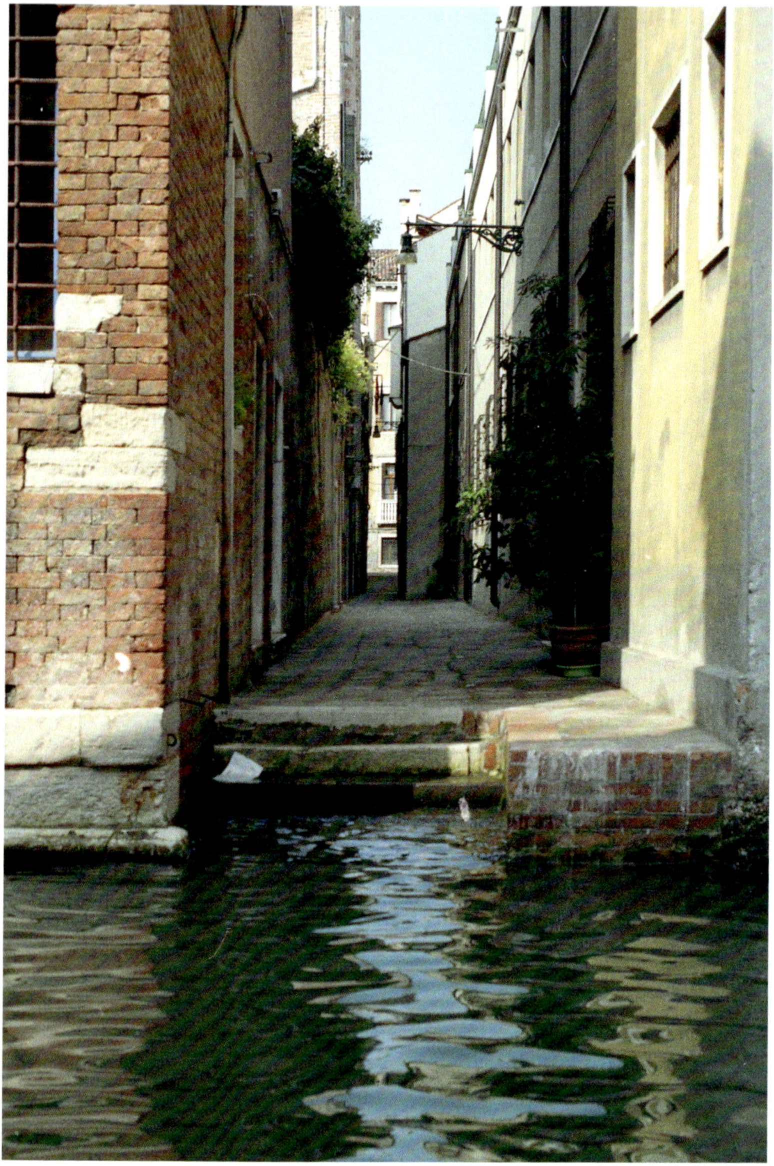

Venedig, 1972

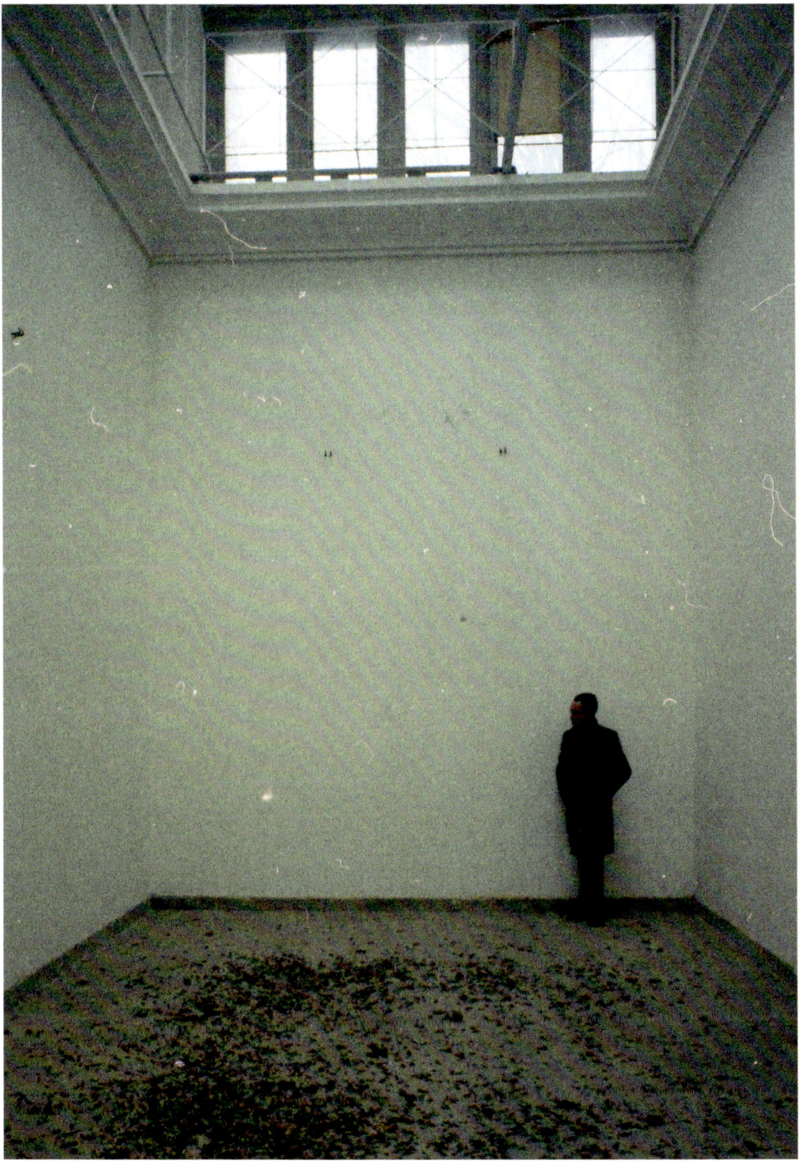

Venedig, 1972

INSEL 2

„DIE SPANNE EINES NORMALEN GLÜCKLICHEN LEBENS FÄLLT KÜRZER AUS ALS DIE ZEIT, DIE MAN BRAUCHT, ZEITZEUGE ZU WERDEN“ / MUSEUMSINSEL (FÜR DAVID CHIPPERFIELD)

16 GESCHICHTEN VON ALEXANDER KLUGE
ZU EINEM TEXT VON BEN LERNER

Zuerst begann die Ralle morgens aus der Stadt abzuwandern, eine Reaktion der Art auf ein sich veränderndes Klima, und dann hörte die Ralle ganz zu wandern auf und infiltrierte stattdessen unsere Einrichtung auf verschiedenen zum Teil ausgeklügelten und meist geheimnisvollen Wegen. Um Verziehung und Ablösung zu verhindern, das Korrodieren von Metallen und die Tröpfchenbildung in Glas, das Vergilben von Papier und die Drift von Salzen, halten unsere hochkomplexen Belüftungssysteme die Temperatur konstant zwischen 20 und 22 Grad, ein Klima, in dem diese Vögel offensichtlich gedeihen. „Gedeihen" ist vielleicht nicht das richtige Wort: In den Räumen des Museums klang ihr typisches klagendes Pfeifen wie ein schrilles Schnattern, in dem nicht wenige Besucher einen Anflug von Hohn zu vernehmen meinten. Während das Museum auf seinen Winter Pool[3] stolz ist, hatten die Vögel kaum Zugang zum Wasser, obwohl Wasserszenen sie anzogen, wie auch bestimmte Bilder im modernen Flügel, vor allem *Nr. 61 (Rost und Blau)*, dessen abstrakte Reinheit davon im wörtlichen und übertragenen Sinn beschädigt wurde. Wie im frühen 19. Jahrhundert Schauspieler dafür bekannt waren, im Fall eines Theaterbrandes die Flammen in ihr Spiel einzubeziehen und dadurch Panik im Publikum zu verhindern, kann das moderne Museum Infragestellungen seiner Autorität am besten dadurch begegnen, dass es sie sich als Installationen einverleibt. So haben wir einen bekannten Künstler dafür gewonnen, sich nachträglich als Urheber des Befalls auszugeben, indem er die

3 „Winter Pool" ist der Titel eines Bildes von Robert Rauschenberg; der Autor spielt hier mit dem wörtlichen Sinn des Begriffs – „Außenbecken" oder „Winterbrunnen" –, der sich im Textzusammenhang auch als architektonisches Gestaltungselement eines Museumskomplexes verstehen lässt. Da beide Wortbestandteile sinngleich im Deutschen vorkommen, wurde der Begriff in der Übertragung beibehalten.

Vögel als lebende Readymades behandelte (die toten wurden stillschweigend übergangen); so blieben wir von der Presse verschont, während der Künstler in Magazinen für seine raffinierte Verknüpfung von Öko-Art und Museumskritik gefeiert wurde. Das verschaffte uns immerhin Zeit, und unsere Schutzbehauptung – die wir gut sichtbar in den „Materialien zur Ausstellung" platzierten –, dass wir die Vögel am Ende freilassen würden, hielt uns vom Ausräuchern oder Besprühen mit Vogelgift ab, obwohl wir vorausschauend die Idee eines simulierten „Auslöschungsereignisses" als zeitgenössisches Happening lanciert hatten. Zu dieser Zeit waren wir uns sicher, dass kürzlich installierte Solarmodule eine zentrale Einflugstelle waren, doch die Verlegenheit darüber, ein Projekt wieder aufzunehmen, das bereits maßlos überbudgetiert war, hielt unseren Direktor davon ab, einen gründlichen Umbau zu veranlassen. Stattdessen hieß es, ein Wochenende mit extremen Temperaturen würde vermutlich genügen, die Rallen zu vertreiben; für verschiedene Ausflugstellen würden wir sorgen. Aus Gründen, die nie allgemeinverständlich erklärt wurden, hatte der Ornithologe, den wir zu Rate zogen, einen Tag extremer Kälte gefolgt von einem Tag extremer Hitze vorgeschlagen und dann auch überwacht. Die Vögel, die nicht geflohen waren, wurden am Montag vom Boden aufgekehrt, und als das Museum am nächsten Tag öffnete, konnten sich die Besucher an einem stillen Atrium erfreuen. Wir aber, die wissen, welche Mittel zur Vertreibung der Rallen zur Anwendung kamen, wissen, dass 48 Stunden extremer Temperaturen das Altern unserer Sammlung, wenn auch unmerklich, beschleunigen, die Zukunft bestimmter lackierter Oberflächen, wenn auch subtil, verändern; wissen, dass das temporäre Medium, in dem sich die Sammlung befindet – und das Medium des Museums ist seine Zeit nicht weniger als sein Raum –, sich jetzt leicht von dem in Einrichtungen unterscheidet, deren hochkomplexe Belüftungssysteme die Standardbedingungen konstant gehalten haben. Eine Änderung der Witterungsmuster, der Migrationsmuster, der Galerietemperatur, der Binnenspannung hygroskopischer Substanzen – manchmal denke ich, dass die Spanne eines normalen glücklichen Lebens kürzer ausfällt als die Zeit, die man braucht, Zeitzeuge zu werden.

SPEZIALISTEN IM SUMPF

Majestätisch bewegen sich die Geschwader der Kraniche auf ältesten Flugstrecken dahin, ganz gleich, wie die Kontinente und Habitate, die sie überfliegen, sich verändert haben.

Vor 86 Millionen Jahren trennten sich die Rallen, kranichartige Sumpfvögel, von den eigentlichen Kranichen.

Bei den Rallen, von denen es 120 Arten gibt, ist die Flugkunst ärmlich geworden. Schwerfällig starten sie. Nach kurzer Strecke fallen sie zu Boden. Sie wurden Sumpfspezialisten. Blesshühner und Rallen sind für den Beobachter (meist sind das Jäger) an ihren weitausgestreckten ZEHEN zu erkennen. Breitfüßig sind sie. Fähig, die Zone zwischen Wasser und Land zu besiedeln. deln. Gern laufen sie über Morast oder über Vegetation, wie sie sich als trügerischer Teppich auf den Wassern bildet.

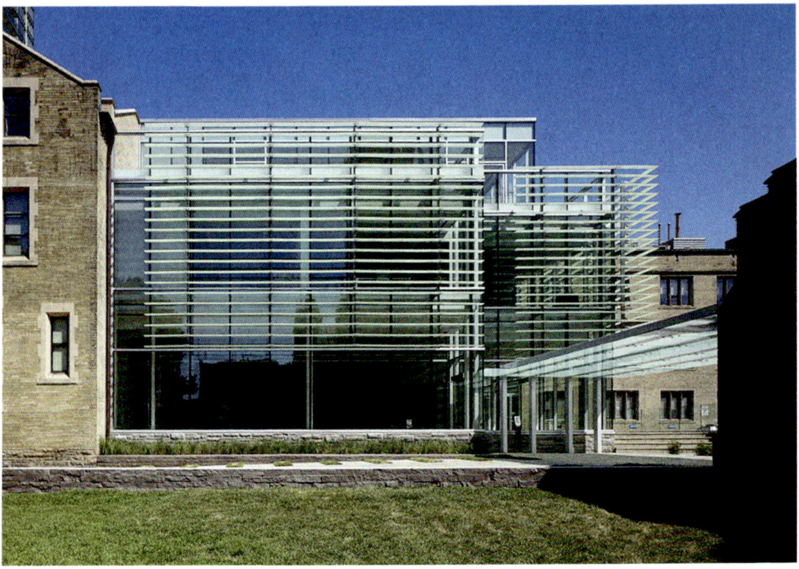

↑ Abb.: Glasanbau.

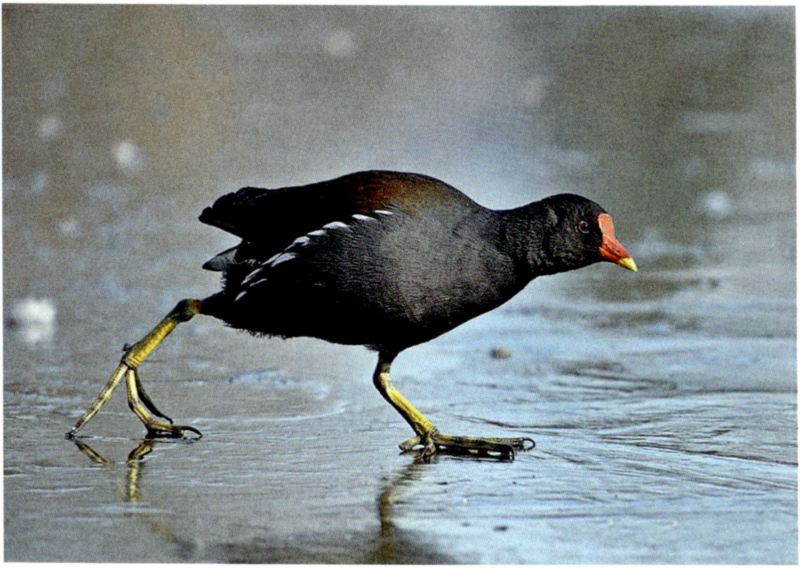

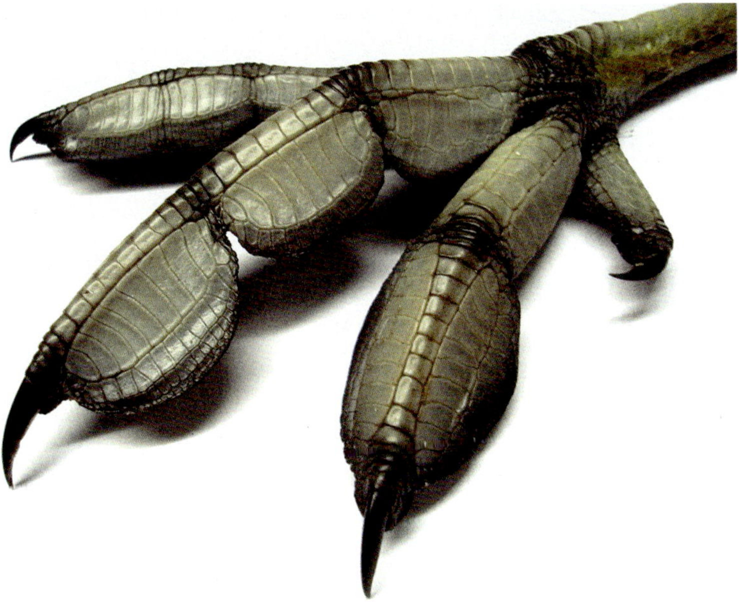

↑ Abb.: Ralle überquert morastiges Gebiet.
Foto: Udo Schlottmann.
↓ Abb.: Kralle einer Ralle.

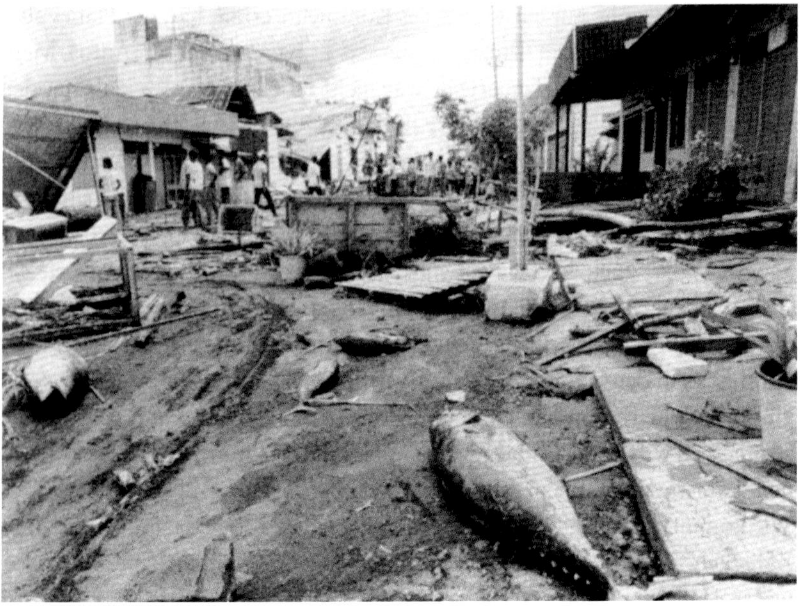

Venedig, in etruskischer Zeit
auf Sumpf gebaut

Auf Sumpf gebaut:
Museumsinsel Berlin

Element Erde
Element Wasser

Wie baut man auf Sumpf?

↑ Abb.: El Niño hat das Land überflutet. Noch liegen, unaufgeräumt, große Fische vor den zerstörten Gebäuden. Die Meeres- und Regenflut bedroht die Küste jeweils um die Weihnachtszeit.

EINE SINTFLUT AUS MATSCH

Die Wassermassen, die einen Kontinent ertränken, kommen nicht als Flutwelle. Sie kommen nicht vom Meeresstrand, sie kommen über uns auch nicht als Regenströme. Sie kommen über uns und unsere Häuser als Schlammflut. Wir können darin nicht schwimmen, nicht tauchen. Der Schlamm wälzte sich, von den Bergen zur Küste, rascher heran, als wir fliehen konnten.

Es war wenige Tage vor Heiligabend. Noch wurde in der Schlammwüste gesucht. Von den Dächern, die aus dem Schlamm herausragten, wurden Familien gerettet. Bald zeigten sich wieder die Embleme des Gottessohnes: Tannenbäume, Dekorationen, Lametta um Tannenzweige gewunden.

Wie kommt das? fragte der Südamerika-Forscher Don Peterson. Woher diese Zähigkeit, die den christianisierten Planeten immer erneut zum Feiern bewegt? Auch gewiss nicht erklärbar durch eine Nachricht aus Bethlehem von vor zweitausend Jahren, von der Forschung her gesehen ein Irrläufer. WOHER KOMMEN UND WOHIN FÜHREN DIE TRAMPELPFADE DES GEMÜTS? Ist das die Quittung der Götter? Geht diese Kraft von den Indios aus, die sagen: Ja, man konnte uns massakrieren, uns erschrecken; aber jede Katastrophe zeigt, daß wir zwar nicht überlebt haben, aber Ihr, unsere Unterdrücker, werdet ebensowenig überleben; es gibt ein GLEICH unter den Elementen!

INSEL AUS SUMPF UND IDEE

Man muss sich den Eindruck der Republik Venedig auf Nordeuropa im 17. Jahrhundert als „gewaltig-strahlend“ vorstellen. Der Zar Peter der Große baut nach diesem Idol St. Petersburg in die Sümpfe Russlands. In Berlin – das sich erst im folgenden Jahrhundert Spree-Athen nennen wird – entspricht die Bebauung der Museumsinsel dem russischen Vorbild. Die Insel bleibt DAS VENEZIANISCHE MOLEKÜL IN DER HAUPTSTADT PREUSSENS.

Es wird auf KOLKE gebaut, einem von Wasser gesättigtem Bauuntergrund, Sumpfland.

LUXUSINSEL DER KÖNIGE
GEWERBEORT
MUSEUMSINSEL

Preußens erster König, prachtliebend, Emporkömmling unter den Fürsten, legte an den Flussarmen der Spree, äquivalent zu seinem frischgeschneiderten Krönungsmantel, Treibhäuser an, den *Pomeranzenhof*. Das Glas spiegelte die spärliche Sonne Preußens, ver-dichtete sie nach unten zur künstlichen Erdkrume, auf der die Apfelsinenbäume kärglich blühten. Der Sohn dieses generösen Fürsten riss den GLASANBAU nieder und errichtete einen *Gewerbeort*. Mit Mehllagerhaus und Krananlage, manufakturiell. Ein weiter Weg vom Gewerbefleiss zum „begehbaren Schrank der Geschichte“ von heute.

A.K.

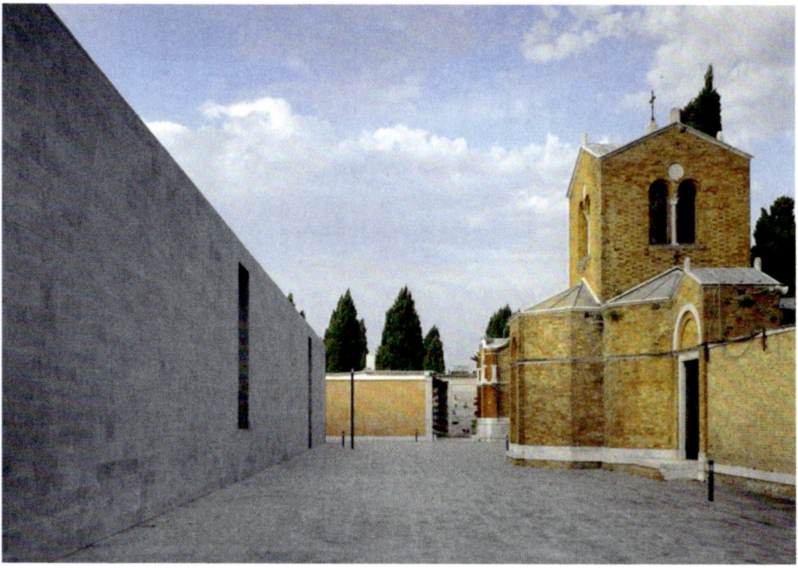

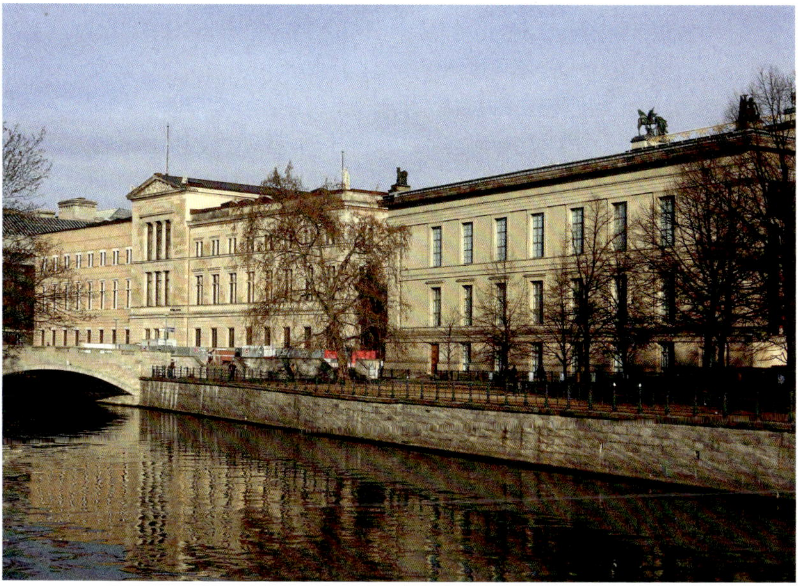

↑ Abb.: Bauprojekt auf der Toteninsel San Michele in Venedig. Architekt: David Chipperfield.
↓ Abb.: Westfassade des Neuen Museums auf der Museumsinsel Berlin. Mehr als 60 Jahre Ruine. Vom Architekten David Chipperfield neu aufgebaut.

EIN DOKUMENT FRÜHINDUSTRIELLER EISENBAUKUNST

Acht Jahre, bevor der Gärtner und Ingenieur Paxton aus Glas und Eisen den Kristallpalast in London für die Weltausstellung erbaute, sah sich der preußische Oberbaurat Stüler bei der Errichtung des Neuen Museums (für die ägyptischen Sammlungen) vor das Problem gestellt, das Gewicht dieses Neubaus an den sumpfigen Untergrund der Museumsinsel anzupassen. So entstand ein frühindustrieller Durchbruch im Bauwesen. Die Lösung war ein elegantes Eisenskelett aus Spannbögen, an dem die übrigen Gewichte aufgehängt waren. Nichts ist so luftig wie Eisenbau. Im Stundentakt wurden von der Firma Borsig in Ber lin-Nord die Eisenteile zur Baustelle herangefahren. Aus der Schmiedepresse zum Baugrund. Das war im Jahre 1843.

Der Schadensschätzer am Reichsrechnungshof, Ingenieur Erwin Bechtold, der nach der Bombennacht vom 22. November 1943 die Löcher, welche die Sprengbomben in das Neue Museum gerissen hatten, taxierte (mit dem Ziel der Vorausschätzung des Budgets für den Wiederaufbau im Jahr 1950, also nach dem Sieg), war fasziniert von der Eleganz der durch die Bomben freigelegten Eisenkonstruktion. Alle Verkleidung, der Gips, die schamhafte Übertünchung der technischen Neuerungen von 1843 waren durch die Zerstörung freigelegt. In seinem Bericht kam der Schadensschätzer, der außer Finanzwissenschaften Eisenbau studiert hatte, zu einem positiven Ergebnis. Die freigelegte Ruine erhielt von ihm eine Bewertung in Höhe von 200 Millionen Reichsmark (als vorgefundenes Museumsstück frühindustrieller Bautugend). Dem stand ein Schaden von 90 Millionen Reichsmark, in den Kosten für den Wiederaufbau zu bilanzieren, gegenüber. So war die Eisenbaumoderne, erschaffen von Stüler aus der Not des sumpfigen Bodens der Museumsinsel, noch mitten im Krieg von Wert.

WARUM EISEN SO LEICHT IST

„Das Eisen ist an Festigkeit dem Stein vierzigfach, dem Holz zehnfach überlegen und hat jenem gegenüber trotzdem nur das vierfache, diesem gegenüber nur das achtfache Eigengewicht. Ein Eisenkörper besitzt also im Vergleich mit einem gleichgroßen Steinvolumen bei nur viermal größerer Schwere eine vierzigmal größere Tragkraft." Alfred Gotthold Meyer: *Eisenbauten*, zitiert in: EISENKONSTRUKTION, in Walter Benjamin, *Das Passagen-Werk*, Erster Band, Seite 219.

NACHTS, WENN NIEMAND AUFPASST

Die mit Museumsbauten belegte Insel in Berlin-Mitte, von der Spree umflossen, ist eigentlich ein Schiff. Nachts, wenn niemand aufpasst, fährt dieses ZEITSCHIFF in die frühe Epoche Klein-Asiens um 500 vor Christus. Und dann weiter bis Uruk, Aššur, und Ninive. Bauarbeiter und Monteure, welche an den Museen täglich reparieren, finden die Insel samt ihren ANTIQUITÄTENCONTAINERN morgens an der erwarteten Stelle. Wanderer zwischen den Zeiten wie die Museen, sind an festen Orten nicht zu halten. Sie leben wie die Zugvögel.

IN DEN TIEFKELLERN DER MUSEEN AM SPREE-UFER

In den Tiefkellern der Museen am anderen Spreeufer, die noch aus der Zeit preußischer Könige herüberragen, sind Büros gefunden worden. Die dortigen Akten wurden zu Beginn des Feldzugs angelegt, in welchem 1941 Griechenland erobert wurde. Sie überdauerten, unbemerkt von den wechselnden politischen Spitzen, 40 Jahre DDR und sind nun, anlässlich der Erdarbeiten am Spreebogen, entdeckt worden.

Durch die großzügigen Fenster des Palasthotels Radisson konnte noch längere Zeit nach dem Zerfall der DDR der Frühstückende den gleichen Blick auf den Palast der Republik und die Museumsinsel werfen, wie ihn 1989 ein Delegationsmitglied eines exotischen Landes hatte, als belohnter Gast der Hauptstadt der Deutschen Demokratischen Republik. Für den planenden Blick des Architekten war dieses Hotel am Spreeufer aber bereits damals vollständig abgerissen und durch Neubauten überwölbt. Insofern ist das, was das Auge sieht, nichts Wirkliches, die Sessel, in denen Gäste ruhen, die Brote, die gefrühstückt werden, sind schon verwandelt durch das, was neu gebaut sein wird.

WIEDERKEHR DER GÖTTER

Ich bin in der glücklichsten Phase meines Lebens. In mir wächst ein Kind heran. Ich bin Arabistin. Wir fügen etwas zusammen, was zweimal zerstört wurde. Aus 27 000 Fragmenten erschaffen wir Götterstatuen.

Der Restaurator Hermann G., ein technischer Tausendsassa, also mein Mann und ich, haben uns durch dieses Projekt kennengelernt. Es bewahrt uns recht dauerhaft vor Arbeitslosigkeit.

Die Fragmente stammen vom Eingang des Westpalastes von Guzama. An den Orthostaten vom Eingang des Westpalastes haften dicke Brandkrusten. Das Tor des Westpalastes zeigte die Götterfamilie. Auch ein Tyrann wie der Assyrerkönig Sanherib (745 – 680 v. Chr.) kann nicht einfach befehlen, eine unterworfene Stadt abzubrennen. Das darf er erst dann, wenn diese Stadt, nachdem sie unterworfen wurde, DURCH EINEN AUFSTAND SICH GEGEN IHN AUFGELEHNT HAT. Dieser „Vertragsbruch der Unterworfenen" gibt dem König das Recht zur Verwüstung.

Feuer allein vermag dem vulkanischen Basalt nichts anzuhaben. Auch ist es unmöglich, die Deckenbalken, die sich in mehreren Metern Höhe befinden, anders zu entzünden, als dass man die Halle vollständig mit Brennmaterial füllt und in Brand setzt. Wird die Halle, durch den Brand erhitzt, dann mit Wasser abgekühlt, zerspringen die Steine.

Die Fragmente dieser Verwüstung aus der Zeit 700 Jahre v. Chr. wurden 1929 auf der Museusmsinsel in Berlin ausgestellt. In der Nacht vom 22. auf den 23. November 1943 zerstörten dann die Spreng- und Brandbomben Gebäude und Skulpturen. Im Dezember wurden die Trümmer in Kisten verpackt. Der Steinmetzbetrieb Zeidler und Wimmel verlagerte das, was wie ein wertloses Gestein aussah, die zersprungenen Fragmente, in neue zugewiesene Räume: 60 Kisten und loses Material, so lagen die Funde am 27. Mai 1945 in Kellern der Museumsinsel. Wir Kundigen gelangten nach der Wende an das Material. Jetzt aber sehen wir die Götter uns gegenüber, neu zusammengesetzt, und zwar unter Vermeidung von Klebe- und Restaurationsfehlern, die einst aus dem Transport von Syrien nach Berlin resultierten. Wir sorgen dafür, dass Licht und Dämmerungen ihnen den Wandel erlauben, den sie in ihrer Tempelanlage gewohnt waren. Es wächst zusammen, was zusammengehört.

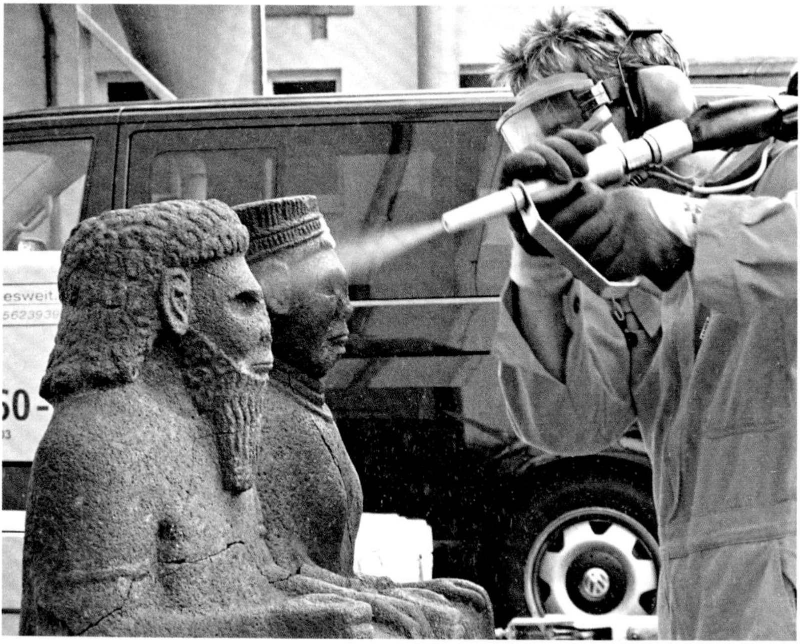

↑ Abb.: Säubern der Götter.

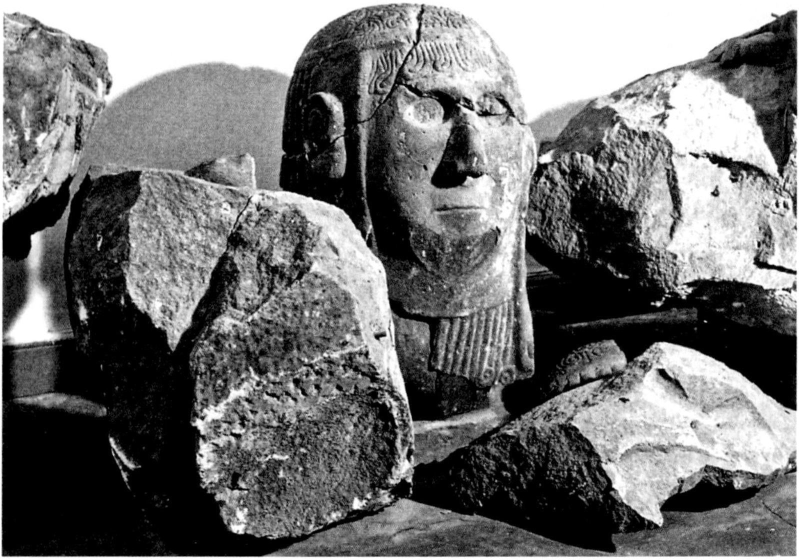

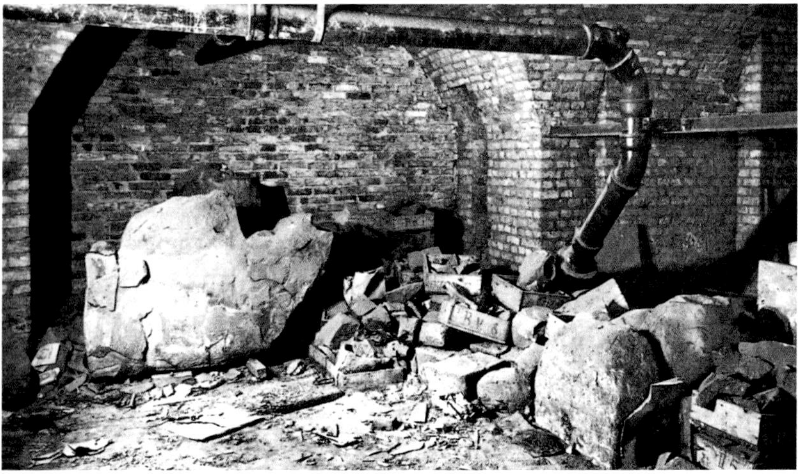

↑ Abb.: Götter.
↓ Abb.: Gerettete Fragmente, 1943 im Keller des Pergamonmuseums.

ELEMENTARE VERHÄLTNISSE NACH KARL MARX

In seinem Tiergarten („teargarden") der 280 Arten des Kapitalismus (13 Arten sind ausgestorben), den der Heimatforscher Fred Tacke, früher Kreissekretär einer sozialistischen Partei, in einer der Höhlen der Spiegelsberge bei Halberstadt eingerichtet hat, ist ein Spezialkabinett den Begriffen FEST, FLÜSSIG, und MATSCHIG gewidmet, angewendet auf die Kategorien Ware, Geld, Eigentum und Produktionsverhältnis. Frisches Geld, so Tacke, ist stets flüssig. In einer Sparbüchse verwahrt, wird es für längere Zeit zu fester Materie. Gespartes wird am Ende, staatlich angeeignet, zu Eisen, das auf den Feind gefeuert wird, den es doch nach solcher Ware nicht verlangt.

Inwiefern bildet Geld, fragt Tacke, einen bebaubaren Boden? Kann man auf Geld Häuser errichten? Nein, heißt die Antwort. Geld braucht den Kontakt zur Materie, wie ein 3-D-Drucker Stoff braucht. Dies in zweierlei Gestalt, nämlich als lebendige Arbeit und als Ding. Mit inadäquater Materie fest verknüpft, wird Geld zu Sumpf. (Es versinkt in Börsentiefe, so Tacke, und kann sich doch aus der Knetmasse der Investition nicht herausziehen, weil Geld keinen Zopf hat.)

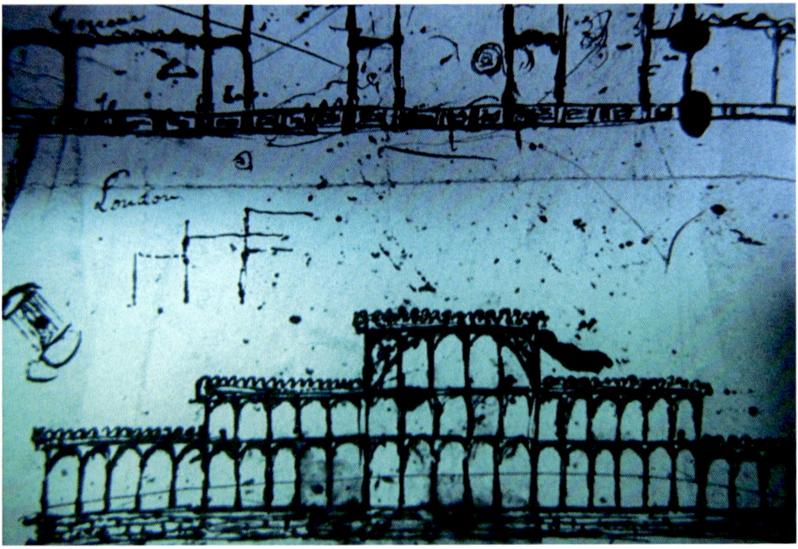

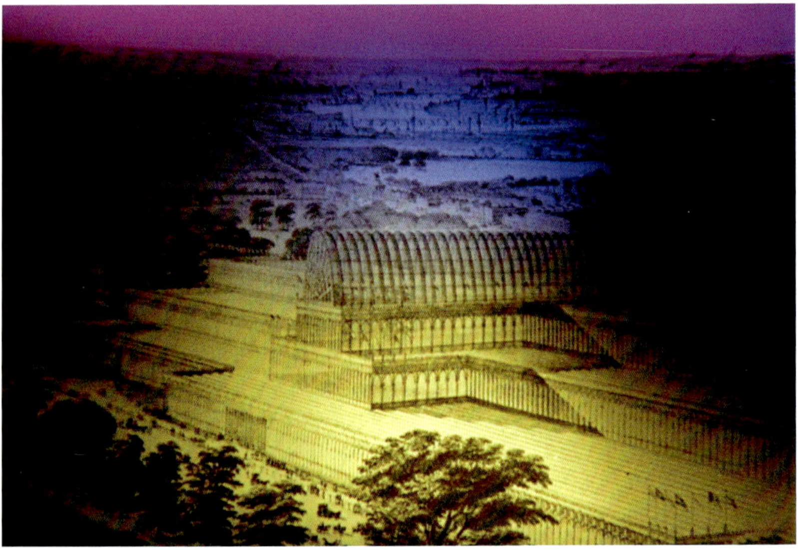

↑ Abb.: Der Vorfahr aller Bauten aus Eisen und Glas ist der Kristallpalast, das Gebäude der großen Weltausstellung von 1851. Der Bau erinnert an ein gigantisches Treibhaus. In der Mitte eine Ulme, grün und mächtig. Von den Gärtnern der Königin mit edelsten Humusböden aus allen Kolonialreichen Englands gefüttert.

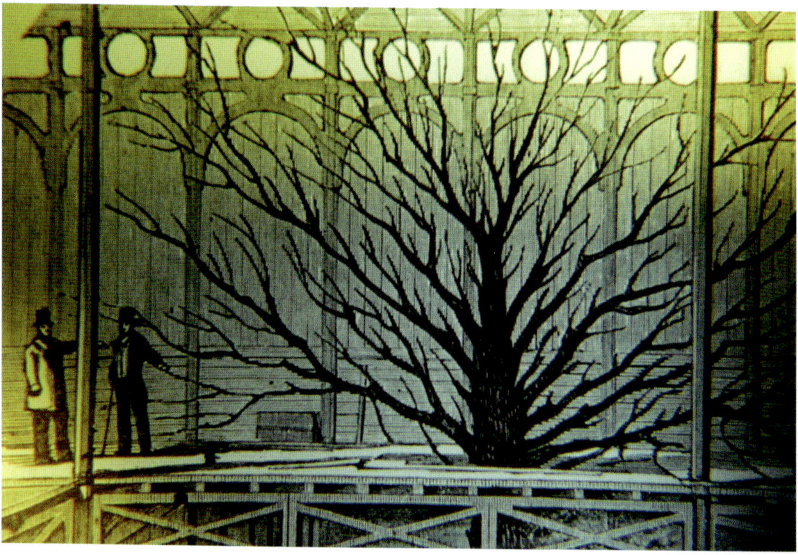

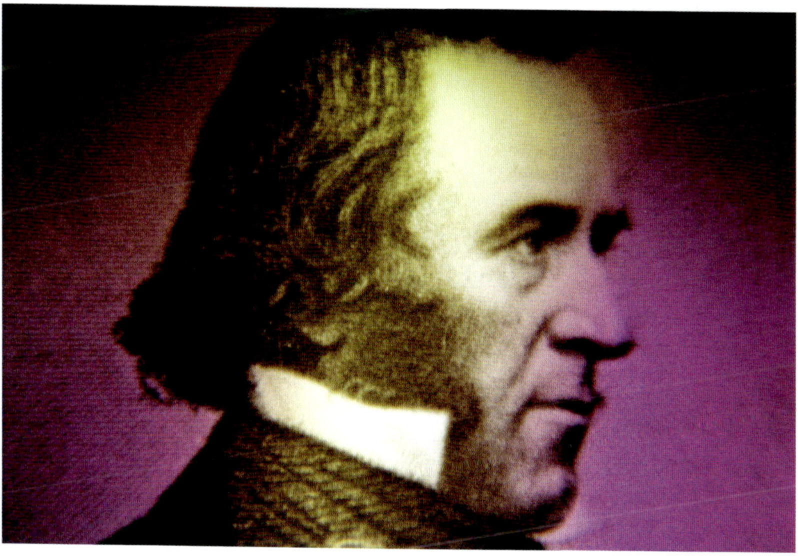

↓ Abb.: Paxton, der „Gärtner der Königin“, der den Kristallpalast errichtete.

SEQUENZ 53 AUS: *DIE MACHT DER GEFÜHLE*

„Einmal, es war Mitte des 19. Jahrhunderts, versammelten sich alle wertvollen Dinge der Welt in London. Alle Waren der Welt sandten ihre Repräsentanten: Der Funkentelegraph von Siemens. Stahlwaren aus Solingen. Britische Eisenwaren. Chaiselongue mit Waschecke aus Pappe. Krupp-Kanone – zu jenem Zeitpunkt unverkäuflich. Von diesen Ahnen stammen alle modernen Güter …“

Musik.

Ein Treibhausgelände. Die Bauskizze des späteren Crystal-Palace, ein Treibhausbau, in dem die Weltausstellung von 1851 Platz fand. Bauarbeiter errichten die ersten Pfeiler. Die Queen Victoria, eines ihrer Kinder, der Prinzgemahl.

Mr. Paxton. Gesamtanlage der Weltausstellung mit Abendhorizont. Zwei Bäume des Hyde-Park. Sie werden durch das Treibhausgebäude umbaut.

KOMMENTAR: „Das Gebäude entwarf der Gärtner des Herzogs von Devonshire, Mr. Paxton. Er gab seinem Entwurf die Gestalt eines Treibhauses. Die Bäume des Parks mussten nicht abgeholzt werden, sie passten in dieses Haus.“

Arbeiter der Baustelle. Das brennende Gebäude der Weltausstellung 1937. Ein Zeuge betrachtet es.

KOMMENTAR: „Die Leute, die den Glaspalast erbauten … Im Jahre 1937 verbrannte der Londoner Gemeinschaftsbau. Vier Jahre nach dem Reichstagsbrand. Seither haben die Dinge kein Parlament …“

GESPRÄCH ÜBER DAS STADTBILD

In der Höhe von 2000 Metern über dem Meer pulst das Blut von Flachlandbewohnern rascher durch die Kapillaren. David Chipperfields Haut (zusätzlich, weil er die Sauna nutzt) ist rötlicher als in England. Man weiß, dass Astronauten, wenn sie hoch im Orbit ihre Körpertemperatur prüfen, ein Fieber von 39 Grad messen. Das liegt am Abstand des Körpers vom Erdmittelpunkt. Das Blut fließt bei geringerer Schwerkraft hitziger. Im Hochgebirge führt das Phänomen dazu, dass die Freunde, die sich über Weihnachten und Silvester im Hotel Waldhaus in Sils-Maria zusammengefunden haben, wie bei einem leichten Schwips ins SCHNELLERREDEN kommen.

Dem Architekten David Chipperfield geht es um die Zukunft der Städte. Sein Beispiel ist London. Investoren fluten dort das „Stadtbild“. Sollen Architekten überhaupt noch, fragt Chipperfield in die Runde, an ihrem Idol festhalten, eine Stadt oder Metropole solle einen „shape“ haben, sie solle Kennzeichen und eine Identität besitzen in ihren Bauten?

> „36 Kirchtürme zeugten vom Selbstbewusstsein der Stadt.“ (Mainz)

„Jeder, der im Umkreis der Stadt wohnte, wusste, dass jedermann in einem Ernstfall auf die Agora stürmen konnte, die in der Mitte der Stadt lag." (Florenz)

Gleich von drei Seiten wurde geantwortet: Kapitalismus ist keine Natur. Die Evolution, die ohne Architekten und ohne „planerischen Shape" auskommt, ist kein Muster für das, was in unserer Zeit in den Städten geschieht.

Nach einer Weile Übereinstimmung: Einige Formen des Kapitalismus sind für die Errichtung von Wohnsitzen von Menschen geeignet, andere sind ungeeignet. Sind Investoren überhaupt Kapitalisten? Oder eine Zwischenform, so wie das Dazwischen von Wasser und Land Sumpf heißt?

„SCHWERFÄLLIG WIE DIE RALLEN HAUSEN DIE MENSCHEN"

„Dichterisch wohnet der Mensch". In der Interpretation Martin Heideggers über den Hymnus von Hölderlin wird behauptet, dass Menschen ohne ihre Träume nicht leben können. Um ihre Körper brauchen sie einen Raum („Ellenbogenfreiheit"). Und um diesen Raum ihres Domizils (nach der „zweiten Haut der Kleider" ihre dritte Haut) brauchen sie wiederum einen Raum, in dem sie ihre Gemeinsamkeiten unterbringen: die

Republik, die Städte. Diese Häuser der vierten Haut haben kein Dach. Aber schon Leibniz weist darauf hin, dass sie über Keller verfügen, unterirdische Etagen, bis zu sieben Stockwerke tief.

Am dritten Tag verlagerten sich die Spaziergänge der Debattiergruppe aus dem Hotel Waldhaus in Sils-Maria von ihren Wegen ins Fextal hin zu den Seen und zur Chastè, einem bewaldeten Hügel, der in einen der Seen hineinragt. Mit der Änderung des Wanderwegs änderte sich auch die Richtung der Diskussion.

Es war kälter geworden. Der Abend senkte sich vom Malojapass kommend auf die Landschaft. Die Wanderdebatte konzentrierte sich auf die „Gestalt des Wohnens". Für den Nomaden: das Zelt. Günstig für das glückliche Entkommen im Gefahrenfall: die Schiffe der Helden in der Antike. So entweicht Ulysses dem zornigen Meeresgott wie dem Riesen Polyphem. Solcher Notausgang namens freie See existiert für die Bewohner des europäischen Kontinents nirgends. Man kann die Häuser nicht davonschaffen, wenn bewaffnete Horden oder eine wüste Natur zuschlagen. Schwerfällig wie die Rallen hausen die Menschen. Bleibt die Verschanzung, die Verbarrikadierung der Tür.

Immer handelt es sich dennoch entweder um festen Boden, auf dem ich baue oder um das flüssige Element, in dem ich segle. Auch in Agglomerationen wie der „Metropolc" Lagos in Nigeria finden Menschen entweder im Wasser oder auf der Erde zu ihren Improvisationen. Das gilt nicht, warf Thomas Demand ein, im *Sumpfgelände*. Im Matsch kann man nicht bauen und nicht wohnen. Man kann dort nicht „leben" und nicht „sterben".

LANDSTADT FLORENZ
SEESTÄDTE VENEDIG UND GENUA
INVESTORENSUMPF LONDON

HIMMELWÄRTS-RICHTUNG DES KAPITALS

Die Tendenz, auf dem teuren Boden von Londons Mitte in die Tiefe zu bauen, hatte epidemieartig die Hirne investorenorientierter Planer angesteckt und wurde zur gängigen Praxis. Plötzlich und doch in unmerklichen Einzelschritten geschah etwas, was in Paris nicht möglich gewesen wäre, da der Tiefbau zu den dortigen Kata-Katakomben von der Bauaufsicht verboten ist. Wie aber der Pfeil erfahrener Skythen auf der Sehne des Bogens in entgegengesetzter Richtung zum Ziel weggezogen wird, um dieses um so energiereicher zu treffen, ist die Verlagerung vieler zusätzlicher Stockwerke in die Tiefe, kommentiert Richard Sennett den Vorgang, nur die Vorbereitung dessen, dass in Wahrheit sich die CITY OF LONDON ALS EINE ART RAUMSCHIFF VOM ERDBALL LÖSEN WILL. Schon jetzt sind die Fesseln durchtrennt, die das Kapital am Boden festhalten.

Mit Gewalt wird sich das Ungetüm, das wir noch für einen Teil der Stadt halten, in den Himmel erheben. Jede Bahn im Orbit wird das Geschoss durchstoßen und als IMPARTIAL SPECTATOR wird der Raumkörper City aus der Weite des Weltraums auf den Planeten zurückblicken, dem er einmal entstammte.

In einer der im Flugkomplex mitgeführten Büchereien (kein Gebrauchsgegenstand, sondern eine Zierleiste, eine Fehlleistung der Planer) findet sich eine Dokumentation über die sogenannten „ENCLOSURES“: DAS NIEDERBRENNEN DER HÜTTEN UND DIE EINZÄUNUNG DER ÄCKER IM

16. JAHRHUNDERT, das der Moderne vorausging. Es ist unvereinbar mit dem Zweck, dass Schafe auf englischen Böden weiden, deren Wolle von dem Magnet der „Antwerpener Börse" vehement angezogen wird, dass Menschen aus angestammter Gewohnheit den Tieren den Weide- und Fressplatz streitig machen, nur weil auf dieser Fläche die Hütten stehen. Die Renditen aus dieser URSPRÜNGLICHEN TRANSPLANTATION zählen bis heute zur Antriebsmasse, die jene Raumschiffe aus umbauten Raum, der einst City hieß, in Bewegung setzen.

Tatsächlich sind diese Elemente Geister, bestehend aus elektronischen Zählmustern, die zwischen den Zahlen 0 und 1 wechseln. SPIRITUELLE ZEPPELINE (Typ eines Luftfahrzeugs, das sich in der schnöden Realität des 20. Jahrhunderts nicht durchsetzte und und nunmehr als Finanzblase seinen evolutionären Durchbruch erzielt, hinaufstoßend in Gottes Nähe). GOTTESKITZLER werden diese Umläufer des Planeten genannt. Die Astronomen in der Atacamawüste verfolgen mit ihren Teleskopen diese machtvollen Körper – eher akustisch als visuell – auf ihren Flügen. Das Unheimliche, sagen die Sterndeuter, liegt darin, dass diese Körper ganze Schwärme abgetrennter Seelenteile von verstorbenen oder jetzt noch lebenden Menschen, auch viel FEDERLESEN nicht-menschlicher Kreatur, mit sich führen, so dass die artistischen Kapriolen dieser Geschosse, die man zunächst für eine Art Himmelserscheinung halten könnte, „bittere Kulissenschieber des Schicksals" darstellen.

DER UNESCO VORGESCHLAGEN ALS „DENKMAL DES GUTEN BEAMTEN“

Gegenüber der Alten Nationalgalerie liegt seit dem 18. Jahrhundert ein Kastanienhain. An bestimmten Tagen im Sommer lagern dort Zehntausende von Staren auf ihren Schlafplätzen in den Ästen. Preußische Beamte, eingewandert aus Frankreich, brachten es zwei Jahre vor Ausbruch des Siebenjährigen Kriegs fertig, mit Lockmitteln diese THINGSTÄTTE DER NATUR (eine zoologische Republik) anzulegen. Das Landegebiet im Kastanienhain liegt zwölf Meilen abseits der ursprünglichen Vogelfluglinie der Stare in der Sommerzeit. Materielle Anreize (Futterplätze von den Beamten erdacht) waren es, die den Zug der Vögel umlenkten. Zunächst auf kurze Zeit. Die Zeit einer Übernachtung. Die Sitte der Vögel hielt sich dann über die Zeiten hinweg, beharrte auf der Gewohnheit während der Bombardierungen 1944, überstand drei Regierungswechsel bis 1989.

FRANZ KAFKA: *DAS NÄCHSTE DORF*

Mein Großvater pflegte zu sagen: „Das Leben ist erstaunlich kurz. Jetzt in der Erinnerung drängt es sich mir so zusammen, dass ich zum Beispiel kaum begreife, wie ein junger Mensch sich entschließen kann ins nächste Dorf zu reiten, ohne zu fürchten, dass – von unglücklichen Zufällen ganz abgesehen – schon die Zeit des gewöhnlichen, glücklich ablaufenden Lebens für einen solchen Ritt bei weitem nicht hinreicht."

KEIN GRUND KOPFHÄNGERISCHE GESCHICHTEN ZU ERZÄHLEN

Der praktisch gesinnte Ingenieur Kurt Fenske aus Halle an der Saale, literarisch ein Banause, aber mit viel Feingefühl für die Instandhaltung seiner Maschinen (die sind inzwischen verschrottet, die Fabrik wie die meisten Betriebe der ehemaligen

DDR aufgelöst), kritisierte das DEFÄTISTISCHE an Kafkas Geschichte „Das nächste Dorf". Es sei vielmehr ausreichend, behauptete er, dass einer in Gestalt seiner Ur-Enkel ins nächste Dorf gelange. Nur für Verzögerlichkeit sei kein Platz. Er verfügte über Unterlagen eines Max-Planck-Instituts für Menschheitsgeschichte in Jena, erstellt von Prof. Dr. Krause, auf denen eine Karte eingetragen war, wie die Vorfahren, alles Migratoren, pro Jahr nicht weiter als 15 Kilometer mit ihren Wohnsitzen gewandert seien. Im Grunde waren sie nicht gewandert, sondern die nächste Generation hatte sich in 15 Kilometer Entfernung neu angesiedelt. Sie hatten gehaust, gelebt und waren doch als Teil der Menschheit vorangekommen. Sie gelangten, wie Fenske es bezeichnete: „mühelos vom Schwarzen Meer und dem Delta der Donau bis in die Gegend von Blaubeuren", also in die Nähe der Quelle des großen Stroms. In diesem Sinne sind wir Menschen, sagte Ingenieur Fenske Zugvögel, „Horizontwanderer". Zur Freiheit geboren.

„DIE SPANNE EINES NORMALEN GLÜCKLICHEN LEBENS FÄLLT KÜRZER AUS ALS DIE ZEIT, DIE

MAN BRAUCHT, ZEITZEUGE ZU WERDEN“

Von der Sekretärin Lenins, die im November 1917 im Smolny für ihn die Nächte hindurch arbeitete, weiß man, dass sie sich später, als sie ihre Erlebnisse ihrer Tochter, die nachfragte, wiedergeben wollte, sich als eine eine unzuverlässige Beobachterin erwies. Sie hatte gearbeitet, war ein schlechter Zeitzeuge. Sie war mit den Tasten ihrer Maschine beschäftigt gewesen. Wer war noch im Raum? Weiß sie nicht.

Erst in der siebenten Generation nach jener der Revolutionäre, kommentierte der Genosse Tretjakow diese Beobachtung, wird man einen Menschentyp haben, der gleichzeitig Produzent und Beobachter seines Lebens sein wird. Sieben Generationen, das sind zweieindrittel Menschenalter (lifetimes). Vorausgesetzt, dass die Revolution für diesen Zeitraum andauert und die nötigen Ausbildungsschritte auch tatsächlich vorgenommen werden. Mit Schärfung einzelner Sinne des Gedächtnisses oder mit Arbeitsteilung ist die Frage nicht zu lösen.

Die Augen der Sekretärin Lenins lagen, wie gesagt, auf den Schriftstücken und auf den Tasten ihrer Schreibmaschine, auch streiften ihre Augen die um zwei Uhr früh müden Gesichtszüge des Vorsitzenden des Rates der Volkskommissare. Sie überlegte, ob sie ihm ein Glas Wasser anbieten solle. Die Ohren geschlossen (obwohl die keine Lider haben), damit sie nicht abgelenkt wird, dass sie sich nicht verschreibt.

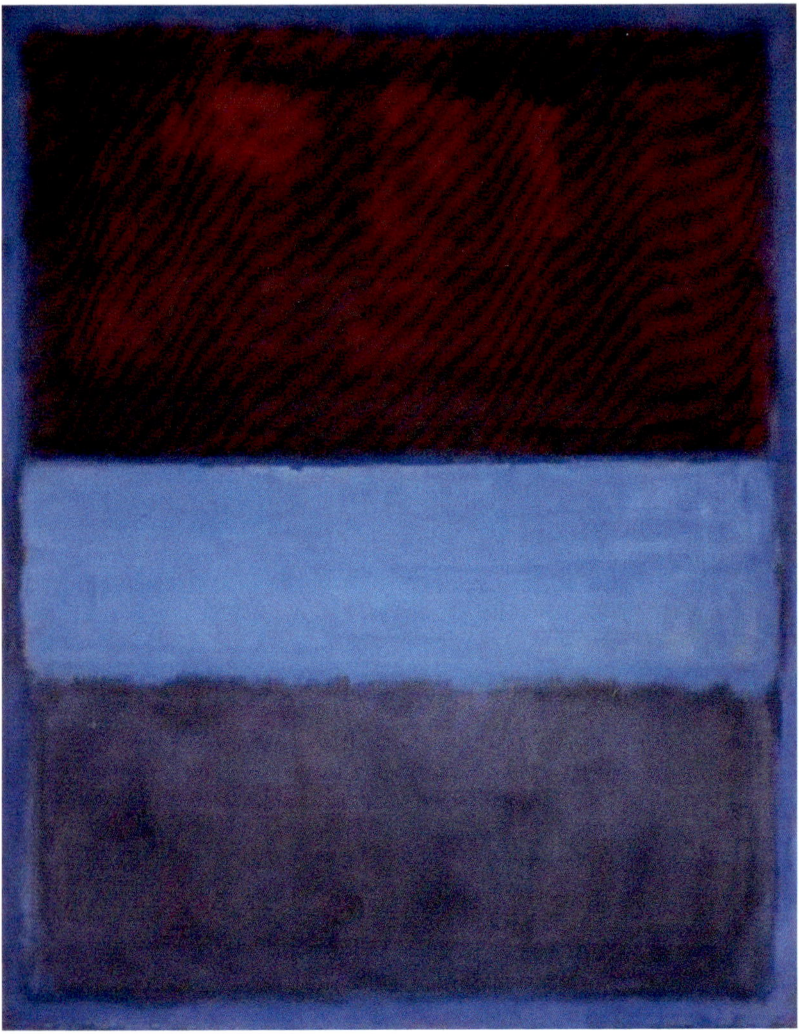

↑ Abb.: *No. 61 (Rust and Blue)* von Mark Rothko.

INSEL 3

THEODOR FONTANE UND DIE TAY-BRÜCKE

8 GESCHICHTEN VON ALEXANDER KLUGE

317

Königlich privilegirte Berlinische Zeitung
von Staats- und gelehrten Sachen.
Vossische Zeitung.

Im Verlage Vossischer Erben. | Redaktion und Expedition Breite Straße No. 8., Berlin C. | Redacteur Hermann Kletke in Berlin.

BERICHTERSTATTUNG ZUM TAYBRÜCKEN-UNGLÜCK

29. Dezember – 31. Januar 1880

Nr. 362, Montag, 29. Dezember 1879
Abend-Ausgabe, S. 1, Sp. 2 u.

Noch wartet man in England weiterer Nachrichten über das Schiffsunglück der „Borussia", als schon wieder die Kunde von einem neuen großen Eisenbahnunglück aus Dundee von heute früh eintrifft. Durch einen außerordentlich heftigen Sturm – so meldet der Telegraph – wurde ein Theil der über den Tay führenden Brücke zerstört, während der Personenzug von Edinburg nach Dundee gestern Abend 7 ¼ Uhr die Brücke passierte. Der Zug stürzte in den Fluß, man fürchtet, daß sämmtliche Passagiere (über 200) ihren Tod in den Wellen gefunden haben. Ein nach der Unglücksstätte abgegangenes Dampfboot ist noch nicht zurückgekehrt.

Nr. 363, Dienstag, 30. Dezember 1879,
Abend-Ausgabe, S. 1, Sp. 2 u.

Wenn das Eisenbahnunglück auf der Brücke über den Tay sich auch nicht als ganz so groß herausstellt, als anfangs verlautete, so ist es doch noch beklagenswerth genug, um das allgemeine Mitgefühl herauszufordern. Wie es jetzt in den telegraphischen Meldungen heißt, sind ungefähr 80 Personen umgekommen, von denen Niemand hat gerettet werden können.

Nr. 364, Mittwoch, 31. Dezember 1879
Abend-Ausgabe, S. 2, Sp. 2 u. – 3 o.

Das Eisenbahnunglück auf der Taybrücke.

Die Eisenbahnbrücke über den Firth of Tay, der breiten meerartigen Mündung des Tay, die im Mai vorigen Jahres dem Verkehr übergeben wurde, ist eines der Wunder der Brückenbaukunst gewesen; sie ist ohne Frage die längste Brücke in der Welt, sofern die Breite des fließenden Wassers, welches überspannt ist, in Betracht gezogen wird. […] Die größten Schwierigkeiten bot der Grund. Am Ufer machte der felsige Boden die Fundirung der Pfeiler leicht, in der Mitte dagegen mußte durch mit Beton gefüllte Zylinder fester Grund gewonnen werden. Die Plattform auf der Spitze der Pfeiler, welche nur für ein Schienengleis Raum bietet, ist 15 Fuß breit. Die Brücke ist nicht ganz gerade, sondern am Nordende biegt sie sich etwas östlich, um östlich von Dundee zu landen. […]

Die telegraphischen Meldungen über das Unglück besagen Folgendes: Ein entsetzlicher Sturm fegte heute (Sonntag) Nacht über Dundee hin und riß einen Theil der Taybrücke nieder, auf welcher sich der um 7¼ Uhr fällige Eisenbahnzug aus Edinburg befand. Man nimmt an, daß der Zug im Wasser begraben ist, allein der Sturm ist noch immer so heftig, daß kein Dampfboot im Stande war, sich der Brücke zu nähern. Von der Südseite war gehörig signalisiert worden, daß der Zug 14 Minuten nach 7 Uhr die Dundeebrücke überschritten habe; man hat denselben auch auf der Brücke gesehen und kurz darauf einen plötzlichen Feuerstrahl. Man glaubt, daß der Zug die Schienen verlassen und über die Brücke gestürzt sei.

Diejenigen, welche das Unglück mit angesehen, eilten sofort zur Taybrückenstation in Dundee und ertheilten dem Stationsvorsteher Bericht. Derselbe setzte sich sofort in telegraphische Verbindung mit dem Signalisten auf der Nordseite der Brücke; als man den Telegraph über die Brücke spielen lassen wollte, ergab es sich, daß die Drähte gerissen waren. Der Stationsvorsteher und der Lokomotivsuperintendent entschlossen sich hierauf, ungeachtet des furchtbaren Sturmes so weit als möglich auf der Brücke vorzudringen [...].

Die Scenen am Bahnhof von Dundee, woselbst Angehörige der auf dem Zuge befindlichen Reisenden deren Ankunft erwartet hatten, sollen über alle Maßen ergreifend gewesen sein. Gestern (Sonntag) Abend trieben bei Broughty Ferry (unweit Dundee) ein halb Dutzend Briefsäcke an Land, und (Montag) Morgen wurden dort eine Anzahl von Schleiern, Muffs, Shawls und Reisesäcken aufgefischt.

Nr. 9, Freitag, 9. Januar 1880,
Morgen-Ausgabe, S. 3, Sp. 2 o.

Gestern wurden weitere Leichen aus der Tay gefischt und recognisziert. Die Leichen der Opfer des traurigen Eisenbahnunglücks scheinen im Sande ganz in der Nähe der zerstörten Brücke zu stecken [...].

Nr. 18, Sonntag, 18. Januar 1880,
Morgen-Ausgabe, S. 4, Sp. 3 o.

Die Direktoren der Nordbritischen Eisenbahn faßten in einer gestern abgehaltenen Sitzung den einstimmigen Beschluß, die Brücke über den Tay in einer Höhe von 60 Fuß, anstatt von 88 Fuß wieder aufzubauen [...].

WAS HEISST LYRISCHE ENTGLEISUNG?

Der Jahreswechsel von 1879 auf 1880 führte, wie die österreichische Lyrikerin Ann Cotten betont, nicht nur zu dem Unfall des Tay-Brücken-Gedichts von McGonagall (darin stimmt sie Ben Lerner zu), sondern zu weiteren poetischen Karambolagen. Dazu zählt sie das Gedicht von Theodor Fontane „Die Brück' am Tay“ (Erstveröffentlichung in *Die Gegenwart. Wochenschrift für Literatur, Kunst und öffentliches Leben* vom 10. Januar 1880).

Die dichterische Rückführung einer offensichtlich durch Mängel der Ingenieurskunst, durch Sturm sowie Eisen- und Holzbau ausgelösten Katastrophe auf schottische Hexen aus einem Bühnenstück von Shakespeare sei eine „lyrische Entgleisung“. In der Frage, ob die Dichtung McGonagalls oder die Theodor Fontanes den Rang der schlechtesten Dichtung der Welt beanspruchen könne, wolle sie nicht Stellung nehmen. Dagegen stimme sie zu, dass auch schlechte Dichtung eine gute Vorlage für „innere Bilder des Lesers“ sein könne.

SPONTANER POETISCHER EINFALL FONTANES

Der Tag, an dem der preußische Publizist und Dichter Theodor Fontane die Nachricht vom Einsturz der Tay-Brücke in der *Vossischen Zeitung* las, war der Tag vor seinem sechzigsten Geburtstag. Im Kopf des Dichters traf die Nachricht auf schwermütige Überlegungen des Poeten in Bezug auf seinen eigenen Tod. Der konnte in wenigen Jahren sich ereignen, „spätestens aber binnen vierzig Jahren würde er stattfinden“. Die Toten und die sturmgepeitschte Wasserfläche im fernen Schottland – das waren Bilder, die er auf sich selbst bezog. Und so ergriff ihn die Idee, er solle mit der Rasanz, in der die modernen Presseorgane ihre Nachrichten hervorbrachten (auch in der telegrafischen Energie dieser Rasanz), ein Gedicht über das Eisenbahnunglück seinem Geburtstag widmen.

Noch in der Nacht festigte sich in seinem Kopf die Hexenmetapher. Die Verse fanden ihren Weg aufs Papier. Noch keine Woche war es her, dass er Verdis Oper *Macbeth* in der Staatsoper Unter den Linden gesehen und in der Zeitung besprochen hatte.

Wenn der Dichter stirbt, bleiben die Katastrophen. „When will we three meet again“, sagen die Hexen. Der Fortschritt steht auf Eisenstreben. Sie sind ungenügend im Boden verankert. Der Poet muss, während er schreibt, so wie einer durch Summen in seinem Innern zu einer Melodie findet, den Subtext aufspüren.

A.K.

Die Empfindungsquelle für den klugen, politisch erfahrenen Fontane (also der Subtext für das Gedicht) war nicht nur sein Älterwerden und der Absturz eines „über die Brücke donnernden Zuges in die kalte See", sondern die von ihm das ganze Jahr schon beobachtete WANDLUNG IN DEN ZEITVERHÄLTNISSEN. Im Jahr 1879 wechselten in England, in Deutschland und in Frankreich die politischen Kader in den Ministerien, die das Jahrhundert bis dahin regiert hatten. Junge Leute treten heran. Eine erfahrene Generation zieht sich zurück.

Noch wehrte sich der massive, hysterische Körper des Reichskanzlers Bismarck gegen den Generationswechsel. Man zählte später die Jahre von 1879 bis 1905 zur SCHARNIERZEIT. Das sind „Brückenjahre".

Hieß es vorher „Politik ist die Kunst des Möglichen", heißt es jetzt: „Die Erforderlichkeit des Unmöglichen. Prolegomena zu einer Theorie der Politik und zu anderen Theorien" (Titel einer Arbeit von Kurt Riezler, persönlicher Referent des deutschen Reichskanzlers bei Kriegsausbruch 1914).

Personen des Gedichts:
ICH
Das sagt der Eilzug.
„Ich komme, trotz Nacht und Sturmesflug,
Ich, der Edinburger Zug."

Die Brücknersleut'
im Nordturm der Konstruktion

Die Fenster ihres Beobachtungsstandes sind nach Süden gerichtet. Auf den Verlauf der Brücke hin. Ein Licht wird es sein, das den Zug sichtbar macht. Vermutlich wird das Licht rötlich aussehen. Und nach kurzer Zeit wird man im Lichtfleck Funken erkennen. Feuer und Ruß aus dem Schornstein der Lokomotive. Es gibt aber auch Konstellationen des Windes, die solche

Funken ganz verschwinden lassen. Das Licht, das aus den Fenstern des Zuges nach außen dringt, wird man von den Fenstern der Nordbrücke erst im letzten Moment sehen können, wenn der Zug bereits am Turm vorbeifährt.

„Und die Brücknersleut'" (Fontane setzt konsequent den Apostroph, der Rezensent und Journalist, der er ist, muss sich als Poet erst in die Verse hineinsteigern und tut das, indem er die Worte gegenüber der üblichen Schreibweise entaktualisiert: Brück', Brücknersleut'): „Ohne Rast und Ruh" und „in Bangen" – also mit einer Vorahnung – blicken die Brücknersleut' nach Süden. Es ist eine Annahme des Dichters, dass von dort soeben die Hexe Nr. 3 heraneilt. Die Wächter im Brückenhaus, ein Ehepaar, sind erfahrene Leute und erwarten zu diesem Zeitpunkt aus keiner Richtung Gespenster oder Hexenwesen.

Die Hexen sprechen:
„Wann treffen wir drei wieder zusamm?"
„Um die siebente Stund', am Brückendamm."
„Ich lösche die Flamm." (Erste Hexe)
„Ich mit." (Zweite Hexe)
„Ich komme von Norden her." (Erste Hexe)
„Und ich von Süden." (Dritte Hexe)

Johnie

Dies ist der Sohn des Brückenwärterpaares. Er ist Mitreisender im Zug. Seine Ankunft wird von den Eltern im Nordturm der Brücke in elf Minuten erwartet. Der Zug wird kurz halten, der Junge aussteigen. Dann fährt der Zug weiter.

Zum Empfang ihres Kindes sind die Lichter im Herzen der beiden Brückenwächter angezündet. Bald werden auch die Lichter des Weihnachtsbaumes im Nordturm leuchten. Für die Wirkung von Fontanes Gedicht im Deutschen Reich ist das Datum des Unfalls wesentlich, die Stimmung zwischen den Weihnachtstagen und Silvester.

Johnie ist Patriot der neuen Zeit. Er empfindet in seinem Sinn die Kessel der Lokomotive wie ein eigenes körperliches Organ. Er ist stolz auf die Brücke, die von seinen Eltern bewacht wird. Er erinnert sich, so jung er ist, noch an die gefährliche und langandauernde Überfahrt mit dem Fährboot. Er erkennt die Gefährlichkeit des Sturms, dessen Tücke. Sie liegt darin, dass sich Windstöße von Süden, von Osten (dem Meer), dem Westen (von den Bergen her) und von Norden zu „unordentlichen Knäueln der Plötzlichkeit“ verknüpfen. Das ist „unbeherrschbare Natur“. Demgegenüber ist Johnie fortschrittsgläubig. Das alles nennt der Dichter „der Winde Spiel“.

Feuer vom Himmel

Es „erglüht in niederschießender Pracht“. Irritierend für die innig wartenden Brückenwächter. Dieses Feuer ist gleich darauf erloschen. In späteren Untersuchungen wird vermutet, dass die Erscheinung „noch elf Minuten entfernt“ von den Beobachtern im Nordturm gar nicht gesehen werden konnte. Der Feuerschein entstand nachträglich beim (verzweifelten) Erzählen. Andere Zeugen, ein Fischer, näher am Geschehen, berichten von einer *Feuerzunge*. Das muss der Absturz der Lokomotive gewesen sein. Glühmasse und Gase in der Lokomotive, erklärten Ingenieure, hätten sich „bei Versetzung der Lokomotive in die Vertikale“ explosionsartig befreit.

Die drei Hexen

Sie treffen einander anfangs am „Brückendamm“ und am Schluss am „Bergeskamm“. Schon sind sie bereit, neue Katastrophen in Gang zu setzen.

„Hei,
Wie Splitter brach es entzwei."
„Tand, Tand,
Ist das Gebilde von Menschenhand."

HISTORISCHER BRÜCKENBAU IM 30-JAHRE-RHYTHMUS

30 Jahre nennt man eine Generation. In jeder Generation wechseln die Ämter, die Industrien, die Gewohnheiten.

1879
30 Jahre.
1909
30 Jahre.
1939
30 Jahre.
1969
30 Jahre.
1999
30 Jahre.
2029

(30 Jahre nach 1879 plus 5 = 1914; 30 Jahre nach 1909 = 1939; die 11 Jahre von 2018 bis 2029 kennen wir nicht.)

WIE DIE BELEGSCHAFT EINER EINGESTÜRZTEN BRÜCKE IN AUSTRALIEN DIE INITIATIVE ERGRIFF

In Australien stürzte ein 116 m hoher Träger einer im Bau befindlichen Brücke ein. 35 Arbeiter und Ingenieure wurden getötet. Der Unfall war das Resultat von „Fehlern, ungenauen Kalkulationen, Mangel an Kommunikation unter den beteiligten Firmen und barer Unfähigkeit“.

Wegen der Toten und der Höhe des Schadens wurde eine Royal Commission unter Vorsitz des Berufsrichters Davis gebildet, die sich 80 Tage mit der Ursache der Katastrophe befasste. Da die Journalisten die Zahlenwerke des Berichtes, den diese Kommission anfertigte, nicht verstehen konnten, zählten sie die Seiten: Der Bericht umfasst 300 Seiten, es wurden 52 Zeugen versammelt.

Zum Einsturz des Trägers der überdimensionalen Brücke kam es, nachdem eine australische Baufirma die Entfernung von 30 Bolzen angeordnet hatte.
Mit dieser Maßnahme sollte zusätzliches Gewicht auf

den Sockel des Trägers verlagert werden, da dieser Träger um etwa zehn Zentimeter (bei insgesamt 116 m) überhöht war.

Am Morgen des folgenden Tages, nach dem Entfernen der Bolzen, hatte Ingenieur Jack Hindshaw Bedenken. Er stand auf dem Oberteil der Brücke und telefonierte von dort aus mit Vertretern der Firma. Ingenieur Hindshaw: „Soll ich die Jungen vom Träger runterholen?“ 34 willige Facharbeiter und ungelernte Arbeiter beschäftigten sich auf dem gefährdeten Träger. Wenige Minuten später stürzte der Brückenteil zusammen.

Für Richter Davis kam es vor allem auf eine präzise Bewertung der Schuld der einzelnen am Bau beteiligten Gruppen und Individuen an, wenn schon die Katastrophe ein gemeinschaftliches Unglück blieb. Schuld war danach die Firma Freeman, Fox and Partners in London, Führerin des Baukonsortiums, auf deren weltweiten Ruf und deren Erfahrung sich die australischen Firmen und Bauexperten verlassen hatten. Davis formulierte: „Eine Zusammenarbeit zwischen London und Melbourne fand keineswegs statt. Die Londoner Firma erkundigte sich über keine Einzelheiten, noch waren ihre Auskünfte auf Kalkulationen gegründet; sie beantwortete weder Briefe noch Telexanfragen – auch nicht solche dringender Art. Ein Partner dieser Firma, Dr. W. C. Brown, hat sich hierbei *in besonderem Umfang von rationaler Analyse isoliert* und Entscheidungen hauptsächlich auf Grund von Intuition getroffen …“

Mitglieder der Untersuchungskommission, die der Unternehmerseite freundlich gegenüberstanden, setzten demgegenüber folgende Zusatzformulierung durch: „Aber auch die Arbeiterschaft muss einen Teil der Schuld tragen. Sechs Monate individueller Sabotage haben das Projekt so sehr aufgehalten, dass der Träger, der später zusammenstürzte, sich in schwachem

Zustand befand. Zwischen der *Metallarbeitergewerkschaft* und der *Gewerkschaft der Bauarbeiter* brachen Kompetenzstreitigkeiten aus, da es sich zweifellos um *Bautätigkeit* handelt, bei der jedoch *Metallteile* und *Metallkonstruktionen* verwendet wurden. Unter dem Druck der Metallarbeitergewerkschaft war die Konstruktionsfirma, die die örtliche Aufsicht führte, gezwungen, 22 Arbeiter wieder einzustellen, was die Dispositionen verwirrte. Weitere Erörterungen führten dazu, dass der Träger an seiner Unterseite nicht rechtzeitig verstärkt wurde. Schließlich zwangen beide Gewerkschaften gemeinsam durch ihr Gesamtverhalten das Firmenkonsortium, mehrere Leute zu rekrutieren, die den Firmen nicht genehm waren."

Einige Ingenieure, Blackman, Soult und Müller-Eisert, sowie zahlreiche gewerkschaftlich organisierte Arbeiter, die an der Beerdigung der 35 Unfallopfer teilnahmen, fassten im Anschluss an die Beerdigungsfeier den Entschluss, die Brücke in eigener Verantwortung zu Ende zu bauen.

In dieser Stimmung war es möglich, dass die Belegschaft der Baustelle unter Leitung einiger bei den Arbeitern beliebter Ingenieure den Bau in eigene Regie nahm. Es entstand ein neuer Träger von 116 m Höhe. In zwei Wochen rückte der Brückenbau – ohne Beteiligung oder Anweisung einer der Firmen des Konsortiums – um 40 m vor.[4]

Später erschienen Beauftragte der Londoner Firma, einer Bank und des Konsortiums, das den Bau ursprünglich koordinieren sollte, und beanspruchten die Wiederherstellung des früheren Autoritätszustandes. Nach kurzem Streit wurden die Ingenieure Blackman, Soult und Müller-Eisert sowie ein

4 Ingenieur Müller-Eisert: Gegenüber den Planziffern des Konsortiums arbeiten wir zwei Tage länger, als wir unter alter Leitung gearbeitet hätten. Dafür war dieser Bauteil sorgfältiger gebaut und hält schätzungsweise 40-60 Jahre länger als die übrige Brücke. Ingenieur Blackman: Was nützt aber ein 40 m langes Brückenfragment, das noch steht, wenn die übrige Brücke längst eingestürzt ist? Man kann da ja nicht mehr hinauffahren, um den Fluss und die Schlucht zu überqueren? Müller-Eisert: Sie stellen die Zweckmässigkeitsfrage falsch. Die solide Bauweise hat ihren Zweck in sich. Diese 40 Meter besser gebaute Brücke dienen unserer Zufriedenheit.

Teil der Belegschaft entlassen. Die Metallarbeitergewerkschaft antwortete auf diesen Schritt mit einer Streikdrohung. Die höheren Instanzen der Gewerkschaft bestanden darauf, dass *aus rechtlichen Gründen* kein Streik stattfände. Die Firmen waren bereit, 50 zusätzliche Arbeitsplätze sowie Gespräche über einen verbesserten Tarif zuzusagen. So konnten die mit der Firma Freeman jetzt eng verbündeten Firmen ihre Autorität noch einmal herstellen und übergaben nach mehreren Monaten eine intakte Brücke mit schachtelförmigen Brückenpfeilern dem Verkehr.

Die entlassenen Ingenieure blieben eine Zeitlang in brieflichem Kontakt mit den entlassenen Arbeitern. Später ließen sie sich von Anwälten beraten und erhoben Klage. Sie stützten sich darauf, dass die Brücke in Länge von 40 m von ihnen und den von ihren angeleiteten Arbeitern hergestellt sei. Diese Arbeiten hätten sie ohne vertragliche Bindungen, also selber als Unternehmer, geleistet. Sie forderten für sich und die entlassenen Arbeiter den auf diese 40 Meter entfallenden Bruchteil des Gewinns; an den Risiken des Gesamtbaus seien sie ohnehin beteiligt gewesen, sie hätten Freunde verloren. Diese Klage wurde abgewiesen. Es nutzte den drei Ingenieuren nichts, dass sie in der Pressekonferenz, in der das Firmenkonsortium von „unserer Brücke“ sprach, sich in einer der hinteren Reihen erhoben und sagten: „Wir möchten darauf hinweisen, dass 40 Meter dieser Brücke von uns gebaut worden sind.“

Die Ingenieure Blackman, Soult und Müller-Eisert hatten einen solchen Fehlschlag ihrer Bemühungen erwartet. Sie stellten Anträge bei der Metallarbeitergewerkschaft, sie in einer besonderen Sektion als Mitglieder aufzunehmen, Ziel sei die Kooperation von Ingenieuren und Metallarbeitern. Hierfür fühlte sich die Gewerkschaft nicht zuständig. Sie lehnte die Anträge von Blackman, Soult und Müller-Eisert wegen deren Qualifikation als Ingenieure ab. Sie arbeiten daher heute noch in abhängiger Stellung für fremde Firmen. Bei der Seltenheit des Baus wirklich großer Brücken summieren sich die Katastrophen nicht so, dass sich das Verhalten der Institutionen rasch genug ändert.

EINE SOUVERÄNE IDENTITÄT

Die Eisenteile, zusammengefügt zu Waggons, gezogen von einer Dampfmaschine, die, auf einen Schienenweg gesetzt, von Brücken vor Abgründen geschützt – dies war samt Fahrplänen, Patenten, Vorgeschichte und erwarteter Lebensdauer (Amortisierungszeit) ein Lebewesen, das zurecht

ICH

sagen konnte.

Ein solches Geschöpf zog noch Ende 1942, auf seiner Fahrt 18 Mal kohlebunkernd, mit einer Ladung von Schinken, von Schleswig-Holstein über die Schneeflächen Südrusslands bis zu einem Ausladebahnhof 104 Kilometer vor Stalingrad. Dort wurde die Ware ausgeladen und erfror in einem Lattenverschlag. Dort wurde sie zwei Jahre später von Bauern gefunden. Die hungernde Armee in Stalingrad erreichte die kost bare Sendung nie.

Eine Armee kann nämlich niemals

ICH

sagen. Ihre Einzelteile zerstreuen sich, wenn sie das je versucht.

UNGEWOLLTE FOLGE MODERNER GLEICH-MACHEREI

In gewissen Bauwerken Le Corbusiers in Indien, deren Endausführung er nicht selbst überwachte (er war Planer), waren die Wasch- und Abortzellen in den sechsstöckigen Wohnmaschinen gleichmacherisch und funktionell, ohne Rücksicht auf die Verschiedenheit des Geschlechts und der Körpergröße gebaut worden. Die Abstände zwischen porzellanbraunem Becken und dem auf der Toilettenbrille Sitzenden reichten nicht aus, Sack und Feger der männlichen Bewohner berührungsfrei unterzubringen. Entweder berührten die Geschlechtsteile die Kloschüsselwand, die nie ganz sauber zu halten war, oder sie mussten mit der Hand auf Abstand gehalten werden. Budgetmittel zur nachträglichen Ausbeulung der Vorrichtung waren im Plan nicht vorgesehen. Seither ist ins Gedächtnis der Moderne eingeschrieben, dass innovative Bauten, vor allem wenn sie mit Standardisierung verbunden sind, ein Zusatzbudget einplanen müssen, so dass der Ideengeber des Baus die Vereinbarkeit mit den anthropologischen Maßen auch im Endergebnis gewährleisten kann.

A.K.

333

„PLANDENKEN“

Thinking in skyscraper-structure

Was geschieht, wenn in einem Systemgebäude die Aufzüge verkorkst gehängt sind? Gewöhnung an Treppensteigen in Gedankengebäuden von bis zu 900 Metern Höhe. Ist das ein aussichtsloses Unterfangen, angesichts der Muskelschwäche von Städtern?

Zum Hochausbau zählen Stabilität gegenüber Orkanwinden und Flexibilität der Gesamtkonstruktion bei Erdstössen. Das gilt es zu übertragen auf Denkgebäude. Nicht gelernt werden kann Flexibilität gegenüber Attentaten wie bei dem Angriff vom 11. September, weil diese Angriffe stets anders erfolgen, als es Planer voraussehen. Bauten aus Gedankenklinkern oder spirituellem Beton kommen sperrig in den Köpfen der Menschen zu sitzen. Kalk in den Adern. Verengte und verschnürte Blutgefäße. Darmschlinge im Leistenbruch verhakt (Notfallmedizin). Beispiele wie diese geben eine gute Analogie für winzige Risse im Gedankenplan. Glück liegt darin, dass Gedankengebäude selten in Echtzeit ausgeführt, sondern häufig in Büchern abgelegt und „getrocknet“ werden. Ehe Ideen die Massen ergreifen, vergeht Entwicklungszeit, so dass oft in den Grundrissen großer Systempläne neue Bauten emporwachsen, ehe die geplanten sich zu einem Unfall auswachsen.

IDIOME DER BLINDHEIT

Arm, Herz, Bruder, Brot, Sterne, Wasser sind den Worten *arm*, *heart*, *brother*, *bread*, *stars* und *water* sehr ähnlich. Willy Laube aus Zilly am Huy, Sprachforscher noch aus DDR-Zeiten, hat 4780 Reihen von je sechs Worten gesammelt, die im Angelsächsischen und im Deutschen solche Analogiereihen ermöglichen. Nimmt man die obrige Sechserreihe dagegen im Ungarischen, so erinnert kein Wort an das Deutsche oder das Englische: kar, szív, testvér, csillagok, víz.

Vor Zeiten ließ eine Gruppe ungarischer Reiter, die sich metzelnd in Richtung Augsburg vorgearbeitet hatten, nur aus dem Grund, weil sie müde waren, die Einwohner eines Dorfes ungeschoren. Aus den Nachfahren dieser überlebenden Bauern aus der Zeit Ottos des Großen wurden 1848 Einwanderer in den USA, die rasch von der Ostküste, an der sie gelandet waren, zu den Blaugrasflächen im Inneren des Kontinents vorrückten. Eine aktive, selbstbewusste DNA- und Sprachgruppe (die gaben sie bald auf), wie neugeboren, sobald sie eigenen Grund und Boden in Besitz genommen hatten. Das verdankten sie dem Zusammenspiel von Trägheit der Fremden und eigener geschickter Unauffälligkeit im 10. Jahrhundert. Keine Reden, Buchstaben oder Worte hätten das bewirkt.

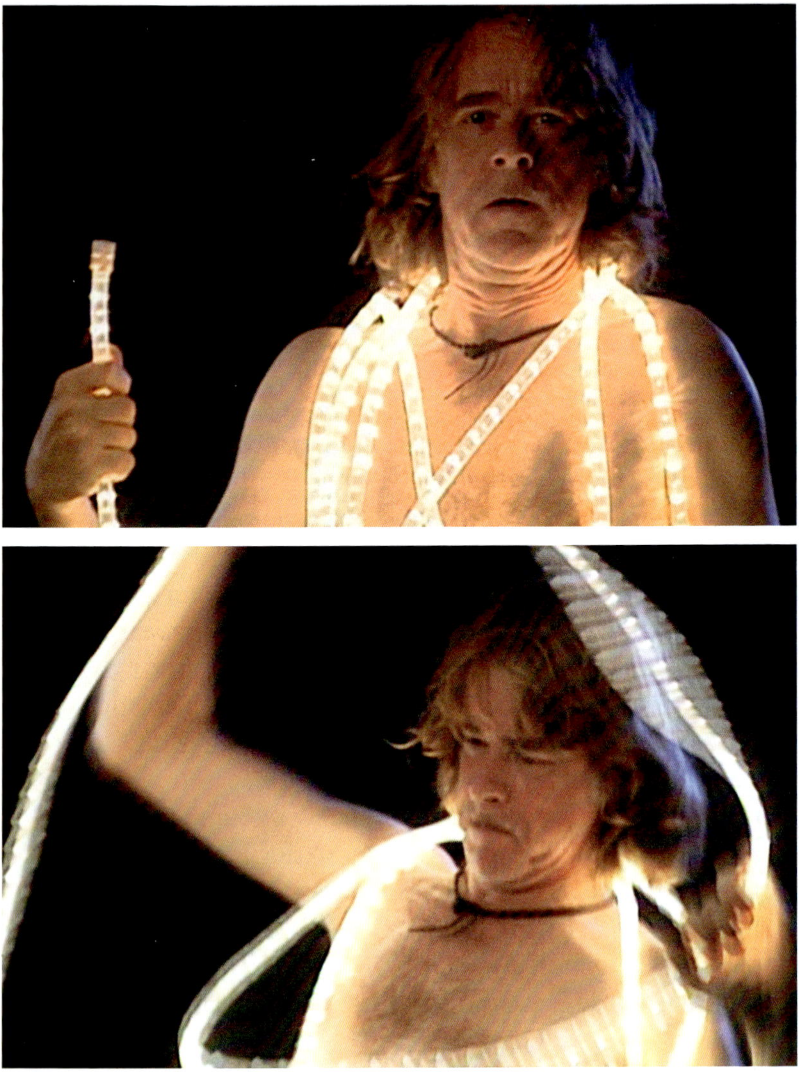

↑ Abb.: Mein Freund Helge Schneider spielte 2017 für mich den Lichtschlangenmenschen aus einem Film von Edison aus dem Jahr 1902.

INSEL 4

LICHTENBERG UND DIE ELEKTRIZITÄT

9 GESCHICHTEN VON ALEXANDER KLUGE

337

SICHTBAR MACHEN DURCH ELEKTRIZITÄT

Meine Großmutter mütterlicherseits schenkte mir zum neunten Geburtstag – zu Anfang des Kriegsjahres 1941 – eine winzige Glühlampe, die von einem schützenden Blechdach umgeben war, mit nur einer Öffnung für den Lichtstrahl. Ich konnte, wenn ich die Bettdecke als Zelt über mich zog, in dieser Höhle nachts lesen. Wegen der Fliegergefahr waren die Fenster meines Zimmers durch Jalousien verdunkelt. Aber es blieben an den Seiten Ritzen. Mein Vater hätte es auf einem seiner Kontrollgänge gesehen (er ging spät abends und nachts auf die Straße, um die Verdunkelung des Hauses zu überprüfen), wenn ich bei offenem Licht gelesen hätte.

Dem winzigen Leuchtkörper verdanke ich üppige, unerlaubte Lesezeit nachts: besser als jedes Träumen! Auch resultiert daraus meine Kurzsichtigkeit, sagen die Ärzte. Auge und Buch sind einander unter der Decke zu nahe. Im Alter ist diese Kurzsichtigkeit inzwischen durch Weitsichtigkeit kompensiert, sodass ich wenig sehe, das aber ohne Brille.

IM 18. JAHRHUNDERT GILT DIE ELEKTRIZITÄT ALS SO UNSICHTBAR WIE HEUTE DIE DUNKLE ENERGIE

Für den Physiker und Aufklärer Lichtenberg im 18. Jahrhundert gehört die Elektrizität zu den „unsichtbaren Kräften". Umso interessanter ist für ihn, diese machtvollen Kräfte wenigstens für Momente als „Feuerzungen" sichtbar zu machen.

Auf seinem Dach hat er einen „Strahlableiter" installiert, eine dünne Eisenstange, die vier Fuß in die Erde reicht und acht Fuß über dem höchsten Punkt des Hauses sich erhebt. Ihr Ende läuft in einem zugespitzten Messingdraht aus. Damit kann man in der von Benjamin Franklin erprobten Weise, die parallel von dem Pfarrer Prokop Diwisch in Mähren erfunden wurde das Haus vor Blitzeinschlag bewahren. Man kann aber auch Blitze in einem metallbewehrten Drachen fangen und für Sekunden sichtbar machen. Ein weiter Weg führt vom Wetterstrahl Jupiters zum Taschenblitz im Göttinger Labor Lichtenbergs.

A.K.

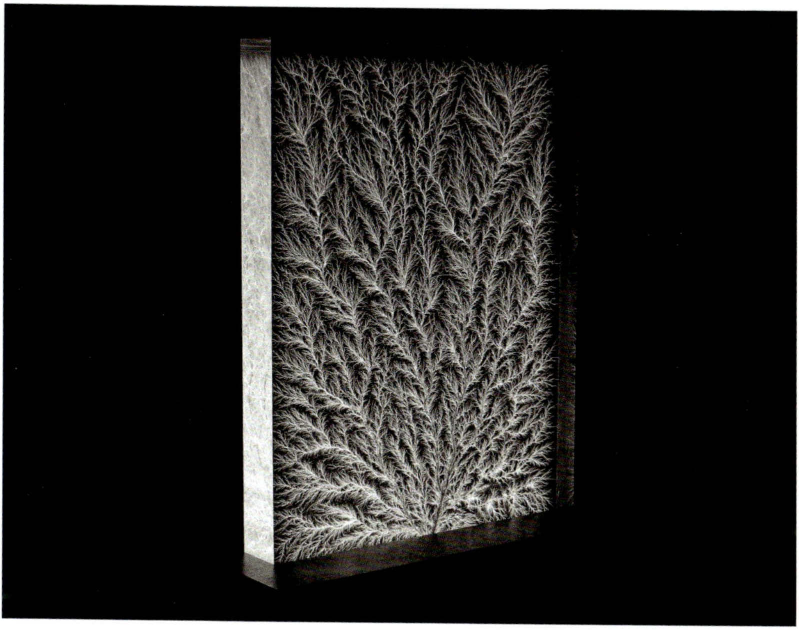

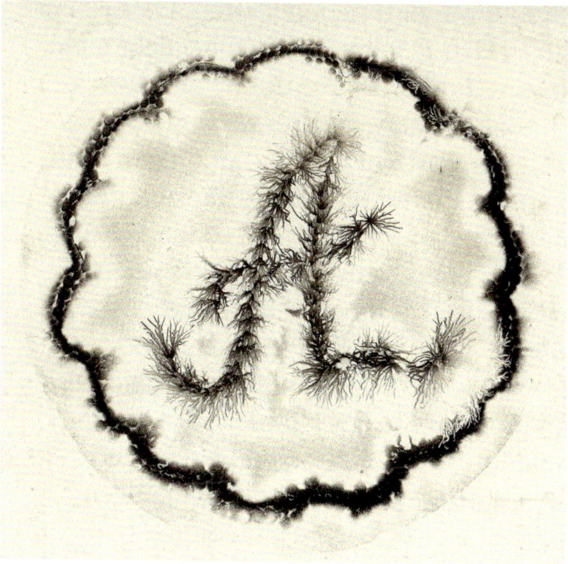

↑ Abb.: Lichtenbergfiguren: „Asymmetrische Rhizome“.
↓ Abb.: Abdruck des mit den Lichtenbergfiguren hergestellten Buchstabens „A“ von Adolf Traugott von Gersdorf.

DAS DAUER-HAFTE ELEMENT DER DICHTUNG: DIE BUCHSTABEN

Nicht das Wort, der Buchstabe ist das Element. Was gibt es Kleineres unterhalb des Buchstabens? Die Mündlichkeit, antwortet Herder. Der authentische Ton eines sprechenden Menschen – ein Brunnen voller Abgrund und ein Pfeil, der fließt. Das entspricht einem Vogelschwarm. Er erhebt sich ohne Anführer, krächzend, jubilierend und wandert in den Lüften. Dies ist ein REICH DER FREIHEIT, seit wir dem Ohr nicht mehr allein vertrauen (seit die Töne der Stimme als altbacken gelten und von Redaktionen verwaltet werden). Seit es die Schriften gibt (also seit kurzer Zeit im langen Lauf der Menschen), ist die Phonetik, die Musik, sind die Gesten, das Stammeln und Flüstern des freien Gefühls, überdeckt von Pfosten und Latten wie Pfahlbauten, aber solche, die Fluss und Seen ganz überlagern, so dass Regen in dieser ZONALITÄT quer zum Boden fällt, eine Parallelnatur. Es regnet über Venedig nicht vertikal, sondern parallel wie der Handelsgeist weht: Und kein Tropfen berührt mehr das Land, das von Buchstaben wie von Pflastersteinen bedeckt ist – eine Straße. Mündlichkeit ist des Poeten Pulver.

Die Placken der Alphabete aber, den Schollen und und Kontinentalplatten der Erde ähnlich (über dem Magma der nicht sprachfähigen Empfindungen), halten sich an ihre grammatische Struktur. Dicht darunter die Sinngehalte. Die „schwimmen" auf den Formaten und Sätzen. Sie navigieren auf den (oft schlammigen) Worten, diese auf Silben – und erst zuletzt, aber in Wahrheit von Anfang an, ruhte alles auf den Felsblöcken, dem Treibsand der Buchstaben.

Warum organisieren sich die elementaren Zeichen (Abbild von noch nicht Bekanntem, konzentrierte Möglichkeit) in der griechischen Antike zwischen Alpha und Omega? In den Sprachen Europas und Amerikas dagegen von A bis Z? Auf den Schreibmaschinen dagegen nach dem Schema QWERTZ oder QWERTY.

Da reist nach den Wirren der Großen Französischen Revolution, um die Jahrhundertwende, Wilhelm von Humboldt ins Baskenland. Ihn begleitet seine schwangere Frau. Für sie und das Kind ist das eine gefährliche Reise. Im Interesse seiner ernsthaften Suche nimmt Humboldt das in Kauf. Er ist neugierig. Auch altgierig. Er folgt einer Ahnung, dass diese Menschen südlich der Gascogne, nördlich des formlosen Spanien, also im Land ohne feste Grenzen, seit mehr als tausend Jahren etwas Fremdes sind. Er lernt die Sprache. Das Interesse, diese „Insel der Fremdheit im Schema der Völker", diese einfachste Kritik am Nationalismus, diese OFFENE BESONDERHEIT zu studieren, verlässt ihn Zeit seines Lebens nie.

Im Jahr 2018 sind auf einer Karte der DNA-Alphabete Europas im Max-Planck-Institut für Menschheitsgeschichte in Jena Zeichenkolonnen zu sehen, die bestätigen, wie fündig Wilhelm von Humboldt gewesen war. Tatsächlich gehören der Jäger Ötzi, die Bewohner Sardiniens und die Basken genetisch zu den *ursprünglichen* Sammlern und Jägern des Kontinents, bevor diese von dem neuen Schub der Einwanderer aus Afrika im übrigen Europa verdrängt wurden.

WAS DAS AUGE SIEHT, GILT ALS WISSEN

Seit der Antike, heißt es in Lichtenbergs SUDELBÜCHER, genießt das Auge ein Privileg über die Sinne. Der Gesichtssinn steht an der Spitze. Danach folgen das Gehör, der Geruch und der Geschmack. Dem übrigen Sinneseindruck, dem „Gefühl", wird der letzte Platz zugewiesen. Das ist der Seelensack, ein unruhiger Bettler.

Demgemäß geht es darum, das elektrische Geheimnis der Natur dem Auge offenzulegen. Lichtenberg lässt durch einen qualifizierten Mechaniker in sei-nem Hause einen ELEKTROPHOREN einrichten. Das riesenhafte Gerät kann Funken in Länge von mehreren Handbreiten erzeugen.

ELEKTRIZITÄT UND HAUT-KONTAKT

Der Vorrang des Gesichtssinns ist nicht unbestritten. Es gibt das sogenannte MOLYNEUX-PROBLEM. In diesem Gedankenexperiment geht es darum, ob ein Blindgeborener, der durch seinen Tastsinn zwischen Kubus und Kugel unterscheiden kann, nach seiner

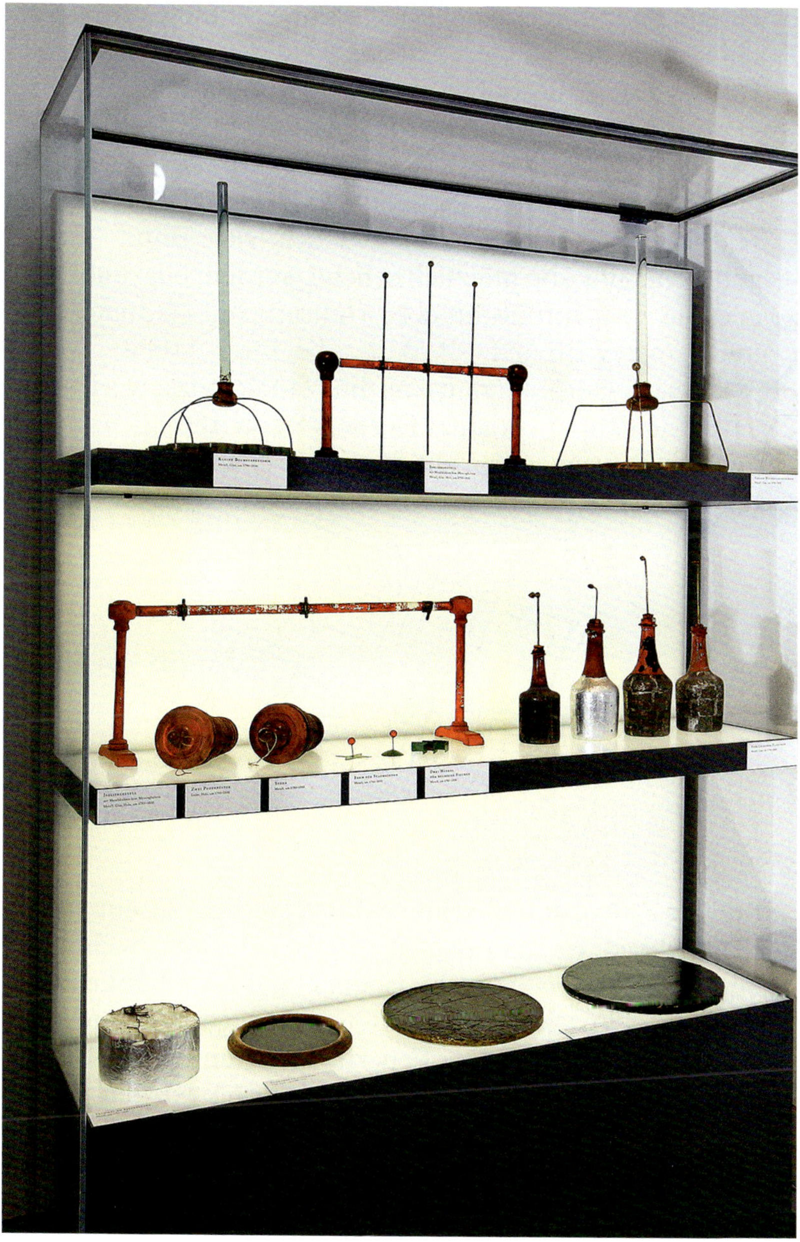

↑ Abb.: Gerätschaften Adolf Traugott von Gersdorfs zur Erzeugung von Lichtenbergfiguren, aufbewahrt in der Sammlung des Kulturhistorischen Museums Görlitz.

Heilung nur durch den Gesichtssinn, also ohne seine Hände, die beiden Gegenstände wiedererkennen könnte. Die Philosophen streiten hierüber.

Johann Gottfried Herder, in seiner Schrift PLASTIK DER HAND, plädiert rückhaltlos für den Vorrang des Tastsinns vor dem Gesichtssinn. Er hat Praktiker, Handwerker an der Hand. Da es nicht viele Blindgeborene gibt, die plötzlich sehend werden, begründet er seine Behauptung aus der Erfahrung mit Hammer- und Zangengriffen der Praktiker bei ihrer Arbeit: „Das Auge begleitet nur, was die Hände längst wissen".

Lichtenberg ergänzt Herders Beobachtungen. Fängt man, sagt er, den aus der Spitze eines elektrisierten Körpers strömenden

FEUER-
PINSEL

mit der Zunge auf, so schmeckt er säuerlich, zusammenziehend. Es fühlt sich an, als ob man das Gesicht in ein Spinnengewebe taucht. Erweckt man den Funken aus der Elektrisiermaschine mit dem Finger, so empfindet man einen Stich. Der Feuerpinsel schmilzt Goldblättchen. Lichtenbergs Freund, Polycarp Erxleben, ergänzt: Der „erschütternde" Funken kann kleine Tiere töten. Wäre die Maschine größer, könnte sie Menschen umbringen. Lichtenberg, Erxleben und Herder bedauern, dass elektrische Funken stets nur „unter beträchtlicher Beteiligung von Unsichtbarem" empfunden werden können.

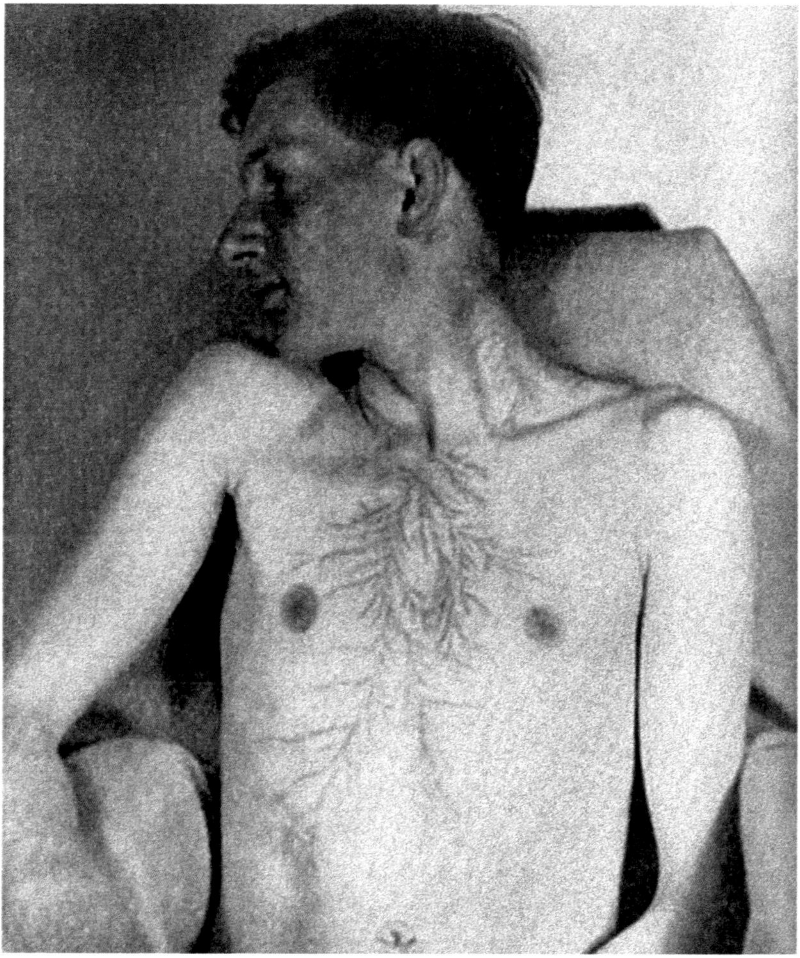

↑ Abb.: Lichtenbergfiguren auf dem Körper eines Blitzopfers.

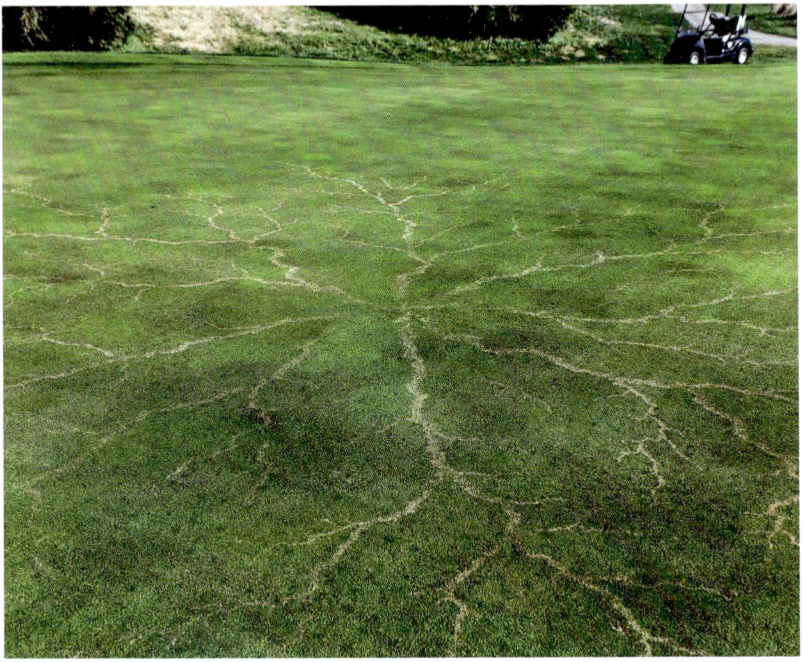

↑ Abb.: Lichtenbergfiguren auf Grasfläche
nach Blitzeinschlag.

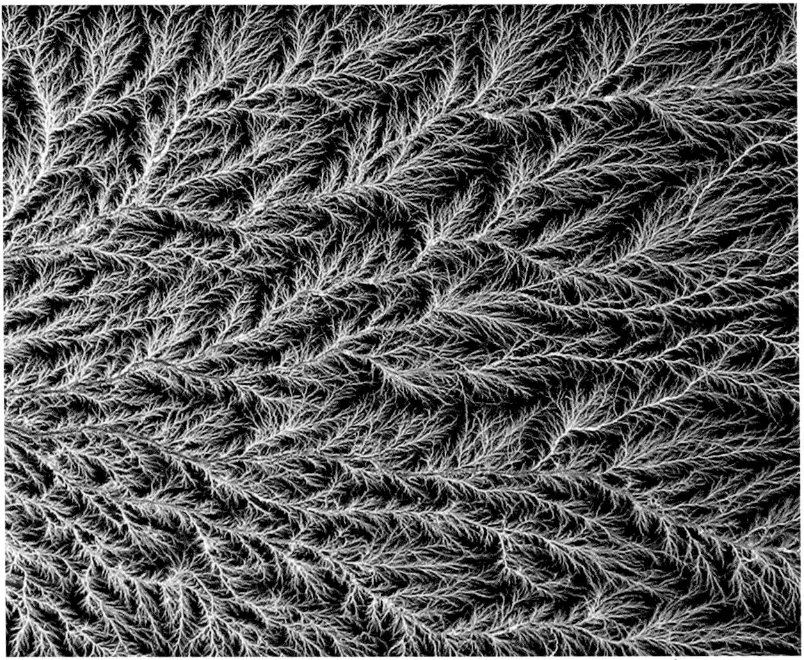

↑ Abb.: Lauter Bifurkationen von Lichtenbergfiguren.

ELEKTROSKOP (STATT MIKROSKOP)

Zwei leichte Körper auf dem Versuchstisch. Korkkügelchen oder Goldblätter. Diese elektrisiert man. Sie stoßen einander ab, wenn sie gleichartig elektrisiert sind, positiv oder negativ. Die Lichterscheinung am Ende eines elektrifizierten Körpers (Lichtenberg benutzt dazu die Spitze einer Schreibfeder) zeigt ein „Feuer", ein „Strahlenbündel", bei positiver Elektrizität und einen „Stern" oder „leuchtenden Punkt" bei negativer Elektrizität. Die Büschel oder Sternchen sind die einzigen Mittel, die Art der Elektrizität *unmittelbar* festzustellen. Lichtenberg bedauert, dass dies nur an dunklen Orten möglich ist.

LICHTENBERG ENTDECKT DIE LICHTENBERGFIGUREN

Lichtenbergs Elektrophor war ein Instrument, das aus einem FUNDAMENT aus nicht-leitendem Material (Harz) und einem DECKEL oder SCHILD aus leitendem Material bestand. Das „schöne Tier" erhielt ein eigenes Zimmer. Durch das Abhobeln und Glätten des Fundaments lag nach dem Aufstellen des Geräts überall im Raum feinster Harzstaub. Die Zugluft wehte ihn auch über den Schild.

Als Lichtenberg den Deckel oder Schild an die Zimmerdecke hängen ließ, geschah es, dass auf der Grundfläche sich der Staub zu Sternen anordnete. Anfangs matt und schwer. Als aber Lichtenberg Staub nachstreute, ergaben sich Figuren, die artistischen Arbeiten glichen: Kunst. Lichtenbergfiguren entstehen durch Ionisierung von Gas, ausgelöst durch die Entladung in der Umgebung des Isolators. Heutige Verwendung: Xerographie, Fraktale, Plasmaphysik.

LICHTENBERG: „REDE DER ZIFFER 8 AM JÜNGSTEN TAG DES JAHRES 1798, IM GROSSEN RAT DER ZIFFERN GEHALTEN“

Den Silvestertermin 1799, auf welchen das veränderungswütige Jahrhundert als *Jahrhundertwechsel* zustrebte (obwohl das kalendarische 19. Jahrhundert erst zu Silvester 1800 auf 1801 beginnt), hat Lichtenbergs Körper nicht mehr erlebt. Er starb im Februar. Sein Ahnungsvermögen aber hat jenes Silvesterdatum ertastet. Seit 899 n. Chr. (Kaiser Leo VI. von Byzanz), sagt er in seiner Rede, ist die Ziffer 8 nicht mehr in den Jahrhundertnamen vorgerückt. Erst im Jahre 2800 werde dies erneut geschehen.

SIEG DER MENSCHHEIT ÜBER NACHT UND WÜSTE

Einige Jahre nach Verdis *Aida* und der Eröffnung des Suezkanals wurde Marencos Ballett EXCELSIOR an den Opernhäusern und in großen Unterhaltungsstätten gespielt. Es geht um eine Auseinandersetzung zwischen dem GEIST DER DUNKELHEIT und dem GEIST DES LICHTS. Getanzt von einer professionellen Gruppe aus Paris von 120 Mitgliedern.

Im dritten Bild dringt das Licht in alle nächtlich dunklen Zonen der Erde vor. Im sechsten Bild beruft sich der Geist der Dunkelheit nur noch auf seine letzten nach Ende des Tages unberührten Gelände in der Wüste. Kaum je ein Blitz dort, für Feuer kein Stoff. Allenfalls Sterne, und die sind nicht von Menschen gemacht. Ein Zug Fackeln brächte kaum Licht in diese Dünen.

Da brechen überraschend die HEERSCHAREN DER ELEKTRISCHEN INDUSTRIE, Tänzer als

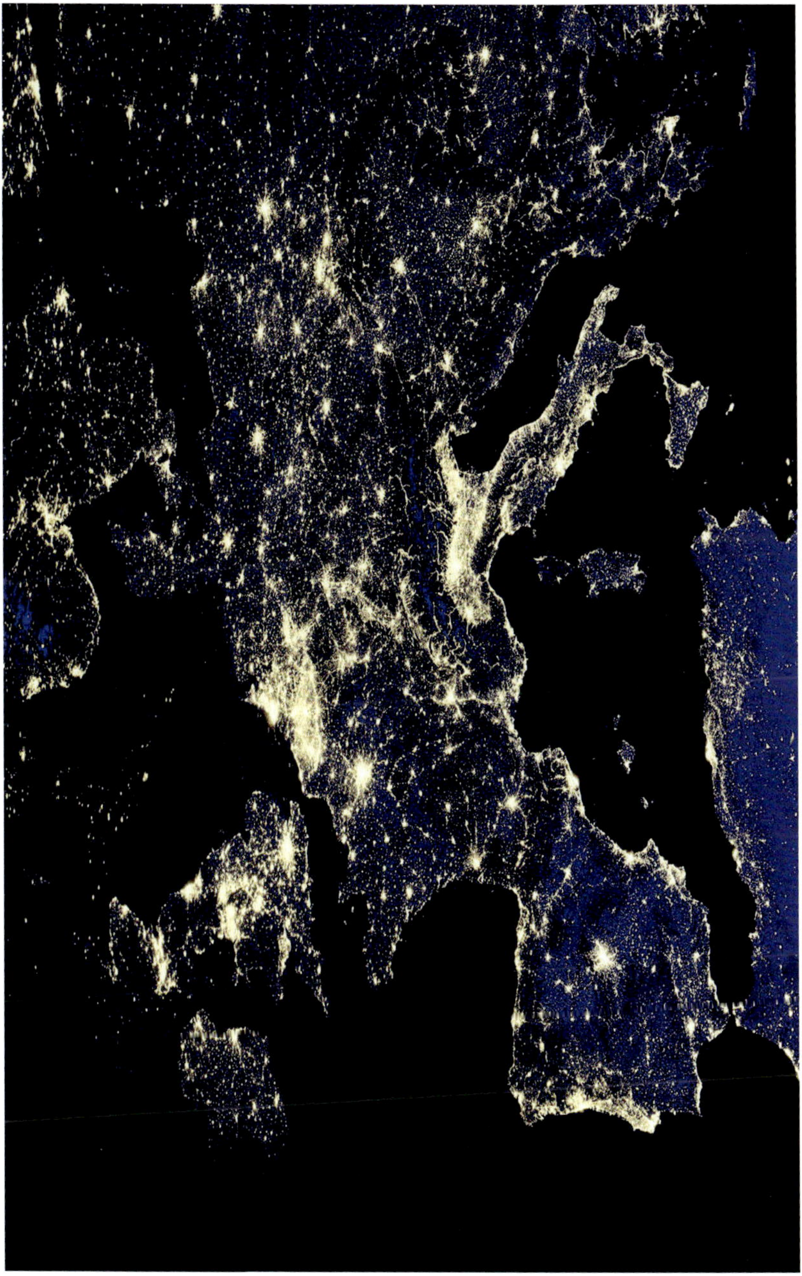

↑ Abb.: Nächtliche Metropolen des Blauen Planeten, markiert durch ihr Streulicht.

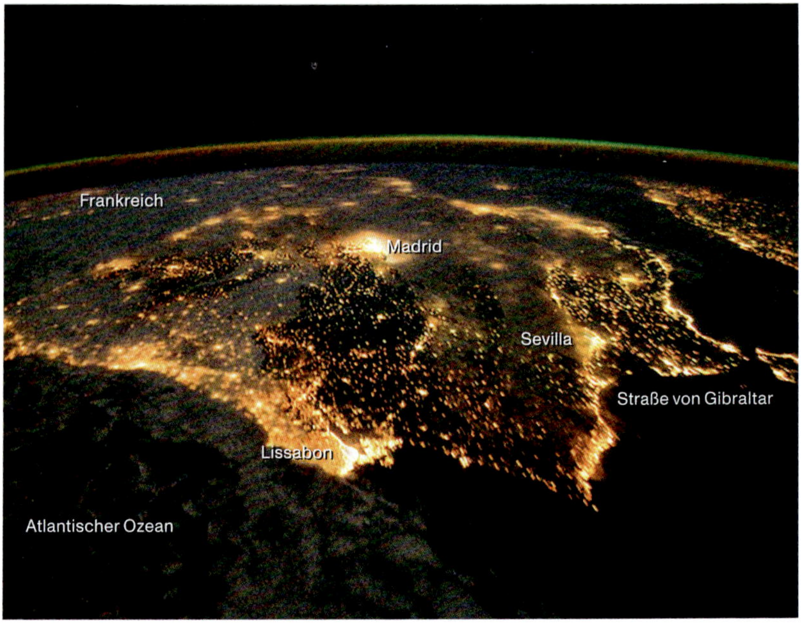

„... drüben in Katalanien
gibt es die katatonische Liebe“

↑ Abb.: Rechts oben, neben Madrid: Katalonien.

Glühbirnen kostümiert, in diese Idylle des dunklen Geistes herein, jagen ihn und sein Schattenballett in die Flucht. Sand, mittels Windmaschinen zu Wanderdünen gehäuft, die sich über die Bühne hinweg als große Haufen von links nach rechts bewegen. Es sind nämlich Dampfer unterwegs. Man sieht sie hinter den Sandhaufen im Bühnenhintergrund vorüberziehen, mit viel Rauchentwicklung von rechts nach links. Ferngläser, aber auch Suchscheinwerfer beleuchten das Ballett, die Sandhaufen, die Dampfer, die Rampe und leuchten auch ins Publikum hinein. Eine Vierergruppe aus Figuren, die England, China, die Türkei und Spanien darstellen, tanzt die *Habanera* von Sebastián de Yradier.

TRUNKEN VOR LICHT

100 Jahre nach Lichtenbergs Tod: Edisons Glühbirnen überwältigen auf allen Kontinenten die Nacht. Licht-Etablissements. Eine Orgie der Unterhaltung. Die jetzt SICHTBARE ELEKTRISCHE KRAFT wird mit Hilfe der Filmkameras festgehalten und kann auf eine Wand projiziert werden. Die Glühlampe erobert die Nächte. Was sind Kolonien gegen die Eroberung der Nachtzeiten Sibiriens? Für Analphabeten: Lesezeit. In manchen Nächten sind Teile der Erdbevölkerung „trunken vor Licht“.

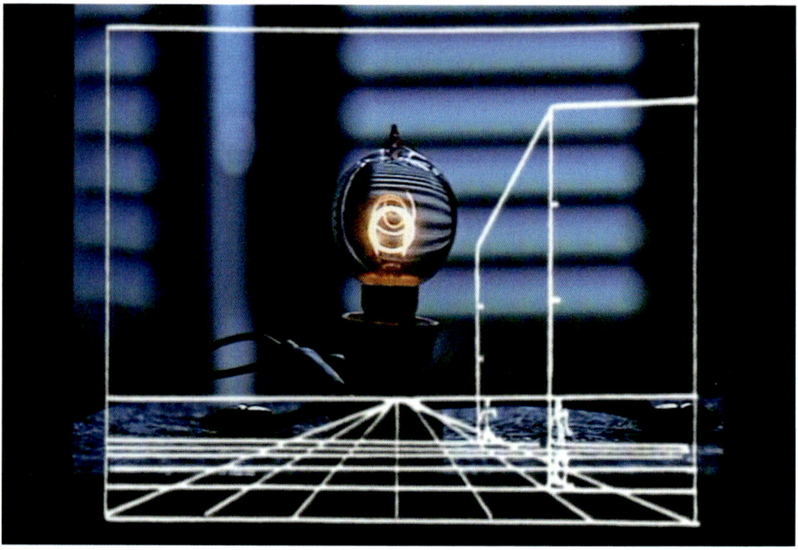

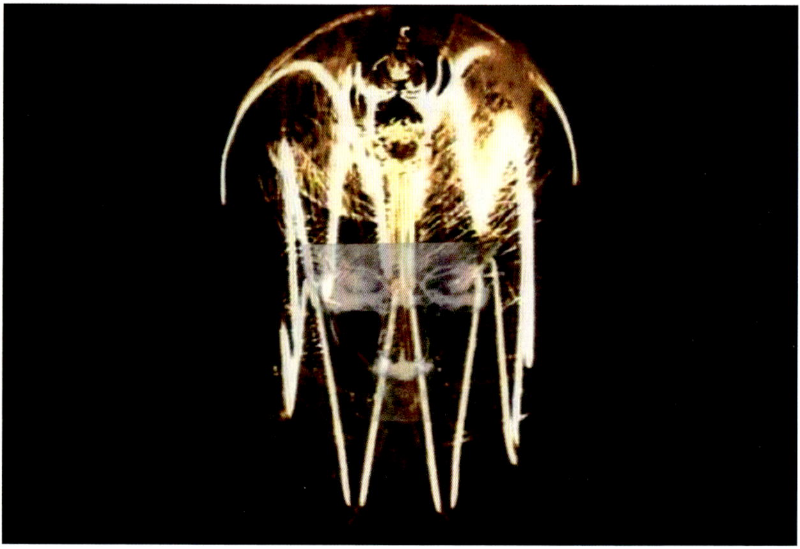

INHALTSVERZEICHNIS

DIE POETISCHE KRAFT DER THEORIE 197

„LIKE A TORNADO TOUCHING DOWN“ 221

INSEL 3 THEODOR FONTANE UND DIE TAY-BRÜCKE 317

INSEL 4 LICHTENBERG UND DIE ELEKTRIZITÄT 337

NACHWEISE DER ZITATE VON BEN LERNER

„This is snow falling on venice“
– Ben Lerner, The Snows of Venice. Slow Sonnets for Alexander Kluge, in: *The Boat is Leaking. The Captain Lied*, S. 11. Deutsche Übersetzung von Steffen Popp in *Schreibheft*, Nr. 89, August 2017, S. 7. („Das ist Schnee, der auf Venedig fällt [in einem Roman]“).

„In medieval angelology, there are nine orders of snow“
– Ben Lerner, *Die Lichtenbergfiguren*. Gedichte. Zweisprachig, S. 52. („Die scholastische Engelskunde kennt neun Ordnungen Schnee.“)

„History pauses / for emphasis“
– Ben Lerner, *Die Lichtenbergfiguren*. Gedichte. Zweisprachig, S. 18. („Geschichte hält zur Betonung / inne.“)

„The sky stops painting and turns to criticism“
– Ben Lerner, *Die Lichtenbergfiguren*. Gedichte. Zweisprachig, S. 22. („Der Himmel hört auf zu malen und wendet sich der Kritik zu.“)

„Music strikes an area, not a point / It goes up one leg and stops the heart“
– Ben Lerner, The Snows of Venice. Slow Sonnets for Alexander Kluge, in: *The Boat is Leaking. The Captain Lied*, S. 21. Deutsche Übersetzung von Steffen Popp in *Schreibheft*, Nr. 89, August 2017, S. 13. („Musik berührt ein Gebiet, keinen Punkt / Sie steigt an einem Bein hoch und hält das Herz an“.)

„Take the violinist on the sinking liner / The tone is painfully rich und mellow“
– Ben Lerner, The Snows of Venice. Slow Sonnets for Alexander Kluge, in: *The Boat is Leaking. The Captain Lied*, S. 29. Deutsche Übersetzung von

Steffen Popp in *Schreibheft*, Nr. 89, August 2017, S. 16. („Nimm den Geiger auf dem sinkenden Linienschiff / Der Ton ist schmerzhaft voll und weich".)

„For any adequate theory of labor must account for the counter-labor of paradoxical sleep"
– Ben Lerner, The Snows of Venice. Slow Sonnets for Alexander Kluge, in: *The Boat Is Leaking. The Captain Lied*, S. 13. Deutsche Übersetzung von Steffen Popp in *Schreibheft*, Nr. 89, August 2017, S. 9. („Denn jede adäquate Theorie der Arbeit muss mit der Gegenarbeit von paradoxem Schlaf rechnen".)

„Support your polis: chop the air"
– Ben Lerner, *No Art* (Angle of Yaw), S. 70.

„To squander the mind's ultimate candela on the mimetic"
– Ben Lerner, *Die Lichtenbergfiguren*. Gedichte. Zweisprachig, S. 33. („Den letzten Funken Verstand an Abbildung verschwenden.")

„Politically speaking, I'm kind of an animal"
– Ben Lerner, *Die Lichtenbergfiguren*. Gedichte. Zweisprachig, S. 29. („Politisch gesprochen, bin ich eine Art Tier.")

Wake up, it's time to begin
– Ben Lerner, *No Art* (Mean Free Path), S. 200.

„All hands / To the pathos"
– Ben Lerner, *No Art* (Mean Free Path), S. 204.

„Theory like swimming in the storm"
– Ben Lerner, *No Art* (Mean Free Path), S. 200.

„the body's seven claims to buoyancy"
– Ben Lerner, *Die Lichtenbergfiguren*. Gedichte. Zweisprachig, S. 3. („die sieben Verlangen des Körpers nach Auftrieb".)

„Coughing / Blood into a handkerchief in Russia"
– Ben Lerner, *No Art* (Mean Free Path), S. 243.

„Beauty rears her ugly head“
– Ben Lerner, *Die Lichtenbergfiguren*. Gedichte. Zweisprachig, S. 50. („Schönheit hebt ihr hässliches Haupt.“)

„Like a tornado touching down / The dream selects its sleeper“
– Ben Lerner, The Snows of Venice. Slow Sonnets for Alexander Kluge, in: *The Boat is Leaking. The Captain Lied*, S. 21. Deutsche Übersetzung von Steffen Popp in *Schreibheft*, Nr. 89, August 2017, S. 13. („Der Traum wählt den Schläfer / Wie ein Tornado aufsetzt.“)

„… drüben in Katalanien / gibt es die katatonische Liebe“
– Friederike Mayröcker, huertas, in: *Gesammelte Gedichte*, S. 81

HINWEIS ZU DEN ÜBERSETZUNGEN

Ben Lerners Gedichte in diesem Band sind von Steffen Popp ins Deutsche übersetzt worden, ebenso die Texte „Wie Klees *Angelus Novus* zeigt …“ und „Glasanbau“. Das Gedicht „Mean Free Path“ hat Steffen Popp zusammen mit Monika Rinck übertragen. Der Text „Mit Anfang Zwanzig, in den ersten Jahren des neuen Jahrtausends …“ und die Gespräche zwischen Alexander Kluge und Ben Lerner wurden von Thomas Combrink übertragen.

IMPRESSUM

Band #2 der Reihe *Volte expanded*, herausgegeben von Jörn Dege, Mathias Zeiske und Jan Wenzel

Texte: Alexander Kluge und Ben Lerner
Gestaltung: Pascal Storz und Fabian Bremer
Satz: Edith Spettig
Bildbearbeitung: ScanColor, Leipzig
Druck / Bindung: DZA Druckerei zu Altenburg GmbH
Erschienen bei: Spector Books, Leipzig, www.spectorbooks.com

Vertrieb:
Deutschland, Österreich: GVA, Gemeinsame Verlagsauslieferung Göttingen GmbH & Co. KG, gva-verlage.de
Schweiz: AVA Verlagsauslieferung AG, ava.ch

Erste Auflage
Printed in Germany
ISBN 978-3-95905-253-5